Capture the Essence of English Grammar
to Improve Your Command
of English Effectively

真の英語力を
身につける

英文法・語法
完全マスター

植田一三
編著

上田敏子・中坂あき子
著

ベレ出版

プロローグ

　皆さんお元気ですか、英語の勉強はいかがですか。第1弾の『発信型英語スーパーレベル英文法』の後、第2弾の『スーパーレベルパーフェクト英文法』が出版されてから10年の歳月が流れましたが、お陰様で2冊ともベストセラーとなり、スタッフ共々非常に喜んでおります。

　英文法といえば、英文法学者によって作られた多くのルールを、中学・高校の英語教師によって、原理、ニュアンス、使用頻度も分からないまま暗記させられているのが現状でしょう。しかし、洋画やドラマやタイムやエコノミストなど生の英語教材を用いて英語の勉強をしていると、学校で習った英文法の知識とは食い違っていたり、習った内容が不自然で今ではほとんど使われなかったりした経験がよくあると思います。特に、助動詞の言いかえ、能動態と受動態の転換、関係代名詞を用いた2文1文変換など、ニュアンスの違いを無視した書き換え練習で身についた知識は誤解を引き起こします。さらに英文法の知識は時代とともに進化しているけれど、テキストはほとんどアップデートされずに昔と同じ内容を教えられていたりすることがよくあります。

　そこで、2作目に改善を加えてさらにバージョンUPした第3弾『真の英語力が身につく英文法・語法完全マスター』の特長は次の7つです。

1. 序章で、英語学習の中上級者や英語教育者がよく疑問を抱く、英文法に関するチャレンジングな質問をあげることによって、読者の英文法力を診断し、英語学習へのモチベーションを上げることを目指しています。

2. 覚えにくい文法必須事項は、そのコンセプトを分かりやすく説明し、記憶しやすいように分類して、かつ重要なものはビジュアルも用いて解説し、できるだけ「なぜそうなるかの原理」を記しました。

3. 学校の英語の授業で誤解を招く和訳で覚えてしまった英文法項目は、できるだけ元の英語の発想に近い意味の和訳をつけることで正確に理解できるようにしました。

4. 実際の英語コミュニケーションのコンテクストで効果的に使えるよう

に、中学・高校で覚える英文法必須事項が英語でのコミュニケーションでどれだけ使われるか、その「使用頻度」を徹底的に検証しました。

5. 英文法を様々な状況に応じて正しく使え、また英文法のどんな質問にも答えられるように、レクチャー形式とＱ＆Ａ形式で説明し、ニュアンスの解説も充実させました。

6. 誤文訂正問題や英文法必須事項の詰まったダイアログを用いて、英文法の知識を定着できるように工夫しました。

7. 英文法を会得し、簡潔で論理明快な英文が書けるように、英文法アプローチによる「英文引き締めトレーニング」を取り入れました。

　本書は、効果的で実践的かつエジュテイニングな英文法の学習ができ、読み物としてもエンジョイしていただけるように様々な工夫をしました。本書を何度も読んでその内容をマスターすれば、英文法の仕組みが頭とハートで完全に分かるようになるばかりでなく、英文法を習得することで、ライティング力、スピーキング力など「英語の発信力」が数段 UP することでしょう。また、文法・語法ニュアンスの違いなどが分かることで、英語の文献がより深く味わえるようになり、さらに英語のティーチングを職業にしている方の英語指導力も数段 UP するものと信じています。そして、英検や TOEIC や IELTS、iBT TOEFL などの英語検定試験で高得点がゲットできればこの上もない喜びです。

　本書の制作に当たり、惜しみない努力をしてくれたアスパイアスタッフの中坂あき子氏（第 6 〜 10 章執筆、質問制作）、上田敏子氏（第 1 〜 5 章執筆）、中原美里氏（コラム制作と質問制作協力）、星野隆子氏（前置詞執筆協力）、山平千佳氏（質問制作協力）に感謝の意を表したいと思います。それから何よりも、われわれの努力の結晶である著書をいつも愛読してくださる読者の皆さんには、心からお礼を申し上げます。それでは明日に向かって英悟の道を

Let's enjoy the process! （陽は必ず昇る！）

植田一三（Ichy Ueda）

CONTENTS

第２章　｜　冠詞・名詞を一気にマスター！

第３章 | 前置詞を一気にマスター！

第4章　代名詞を一気にマスター！

第5章　形容詞・副詞を一気にマスター！

第6章 ｜ 比較を一気にマスター！

第7章　準動詞を一気にマスター！

第8章　仮定法を一気にマスター！

第9章　関係詞・接続詞を一気にマスター！

第10章 | ワンランク UP！ 論理的で引き締まった英文を書く技術をマスター！

序　章

あなたの英文法の
知識をチェック

英語学習の中上級者や英語教育者がよく疑問を抱く、英文法に関するチャレンジングな問題です。あなたの英文法力を診断し、英語学習へのモチベーションを上げることを目指しています。

19

Q59 「百聞は一見にしかず」を英語で言う場合に、Seeing is believing.（動名詞を用いた場合）、To see is to believe.（不定詞を用いた場合）、Seeing activity is believing activity.（分詞を用いた場合）に違いがありますか。　　　　　p.289

Q60 「彼が今、ここにいたらいいのにな」の英訳で、① I wish he could be here now.　② I wish he were here now.　③ I wish he be here now. の違いは何ですか。　　　　　p.303

Q61 If I knew his phone number, I would call him. のように、現在の事実ではないことを表すときになぜ knew と過去形を使うのですか。
　　　　　p.303

Q62 「彼はまるで何でも知っているかのように話す」は He talks as if he knew everything. ですが He talks as if he knows everything. は間違いですか。　　　　　p.306

Q63 関係代名詞 which と that はどのようにして使い分けるのですか。
　　　　　p.321

Q64 「国際会議に出席した経験がある」を、that を用いて、I have experience that I attended an international　conference. のように言えますか。　　　　　p.337

Q65 Someone must be outside, for my dog is barking at the door. の文の、接続詞 for を because に変えても使えますか。　　　p.339

Q66 接続詞 that が省略される場合とされない場合とはどんなときですか。
p.343

Q67 「譲歩・様態」を表す even if と even though はどのように使い分けるのですか。　　　　　p.348

Q68 「譲歩」を表す although と though はどのように使い分けるのですか。
　　　　　p.349

いかがでしたか。半分以上答えることができたら、あなたの英文法の知識は相当なものと言えます。4分の1も答えられなかった人は、英文法の知識に問題があると言えるので、本書を通して発信力 UP につながる英文法の知識を深めましょう！

　それでは早速、第 1 章の「動詞＆時制＆助動詞」にまいりましょう！

第 1 章

動詞＆時制＆助動詞を一気にマスター！

①
「アクションを決定する３種類の動詞の語法」を完全マスター！

　英語では「言語コミュニケーション」のことを「バーバルコミュニケーション（verbal communication）」といい、バーバルには「動詞の」という意味があります。それだけ英語では動詞の働きが重要で、まず「アクションを決定する動詞の語法」について学ぶ必要があります。その分類には全部で３種類あり、この他のバリエーションとして、「時制（tense）」と「仮定法（subjunctive mood）」がありますが、それらは別のセクションで扱います。

　１つ目は「動的（active and dynamic）」かどうかの違いによる分類で、具体的には「プロセスか結果か」「動的（dynamic）か状態的（stative）か」「能動的（active）か受動的（passive）か」「自然現象（自動詞）か人為的現象（他動詞）か」の分類です。これらに関しては、ほとんどの英語学習者は大体分かった気になっていますが、クリアに理解していないため、使い分けが正確にできていないケースが多く見られますので、これらをこの章で完全にマスターします。

　２つ目は、「文型上の分類」です。これによると、「第１文型」に用いられる動詞は「自動詞（他者に影響を与えず与えられることもない動詞）」で「補語（主語や目的語の性質・状態を表す語）」を伴わないものです。「第２文型」では「subject（動作の主体：主語）」の性質・状態、「第５文型」では「object（動作の対象：目的語）」の性質・状態を表す「補語（complement）」を伴います。「第３文型」では「他動詞（他者に影響を与える動詞）と対象を表す「目的語」が１つだけ用いられ、「第４文型」では「直接目的語（direct object：「〜を」をとる語）」と「間接目的語（indirect object：「〜に」をとる語）」の２つの目的語を伴います。これらは高校の英文法の授業で習うものですが、ほとんどの英語学習者はそれらのコンセプトと用法を深く理解しておらず、また幅広く応用もできないまま英語を使っているようです。

　最後は、「動詞のベクトル（力と方向）」によって、「1. 滞・在・有　2. 合・閉・定　3. 動（上・下・転）　4. 運（上・下・転）　5. 内（取り込む）　6.

外に出す（与える）　7. 開・広　8. 打・触　9. 断・壊」の9つに分類することができます。この分類は高校や大学では教えていないのでほとんどの人は知りませんが、これも重要な動詞の分類で、これを知っていると「力と方向」の点で正しく動詞を使い分けることができます。

1.「動的（active and dynamic）」かどうかの使い分けをマスター！

「プロセス／結果」「動的／状態的」「能動的／受動的」「自然現象／人為的現象」の4つの分類の1つ目の動詞の「プロセスか結果か」についてです。英語の動詞というのは、その使い分けによって「**これから動作を行うのか**」「**動作の途中なのか**」「**動作が完了したのか**」という動作の「**プロセスの段階**」を見極める必要があります。そこで次の問題にチャレンジしてみてください。

問題

Q.「そのビルに入ろう」と言うのは次のどちらがいいですか。
Let's <u>enter</u> the building.
Let's <u>get into</u> the building.

A. Let's get into the building.
前置詞の into を伴なわない前者は、enter という「入るプロセス」ではなく、「結果」を表す他動詞を用いているので、「これから入ろう」というプロセスを表すときには、後者の get into がベターです。逆に単に「彼らはそのビルに入った」という「結果」を表す場合は、They entered the building. がよくなります。

実際 Google 検索をしてみても、「これから入る」場合は get into が enter の何十倍も多いのに対して、「入った」場合は entered の方が got into より倍以上多くなってきます。

同様に、事務用品の買いだめをしている人への質問として、次の2つの英語の違いが分かりますか。

> **Q.**「事務用品の買いだめかい？」は次のどちらがいいですか。
> Are you <u>stocking</u> office supplies?
> Are you <u>stocking up on</u> office supplies?

A. この２つの違いは、後者はプロセスを重視して、「どんどん蓄えていく」ニュアンスがありますが、前者は結果的に「ため込んだ」と言っているだけなので、「過去形」では stocked office supplies が stocked up on office supplies より圧倒的に多くなりますが、「進行形」だと同じように用いられます。

同様に「車のブレーキを緩めてください」という場合も、結果を表す Ease the brake. よりも、Ease up on the brake.（<u>ブレーキをどんどん緩めていってください</u>）のようにプロセスを表す方が何十倍も多くなります。「ブレーキを緩めた」という場合は、eased the brake. の方が、<u>eased up on the brake</u> よりも何倍も多くなります。

また、「〜に着く」という場合も、「今から向かう」場合は "How can I get to the station?" のように "get to" や "head for" を用い、「〜に向かって到着ですよ」という場合は、"We will be arriving at the station." のように使い、「やっと着きましたよ」のように結果を重視する場合は "reach" を用います。それから、finish the job に対して、finish off the job、finish up the job という場合がありますが、finish が「単に仕事を終わらせる」と言っているのに対して、finish off は「発・離」を表す off が入っているために、「早く切り上げてしまって仕事から去ろう」という「躍動感」が加わり、finish up は「完了・満了」を表す up がついているために、「いいものに仕上げていって完成させよう」というニュアンスになります。

さらに、次の improve と improve on の違いも考えてみてください。

問題

> **Q.**「彼らは前のモデルを今のモデルに改良した」を意味するのは次のう
>   ちどちらですか。
>
> They <u>improved</u> the model.
>
> They <u>improved on</u> the model.

A. improve と improve on では、improve は「何か（通常問題のある
もの）を改良（改善）する」、improved であれば「以前のモデルから今
のモデルへと改善した」と言っているのに対して、improve on は、on に
「加える」という用法があるので、on 以下のものを元にして「今のモデル
に改良を加えてより良いものを作る」というニュアンスになります。

　それから「考慮・検討している」を表す、consider と consider on の
違いも同様に考えてみてください。

問題

> **Q.** ビジネスプロポーザルを出されて、それに対して「目下検討中です」
>   に近いのは次のどちらですか。
>
> I am <u>considering</u> it.
>
> I am <u>considering on</u> it.

A. 前者の前置詞 "on（〜に関して）" のない**他動詞 considering** は、「直
接的・結果的」と言えるもので、実際にやってみようと**前向きに検討して**
いる場合で、「〜をやってみようかと思っています」に近くなります。よっ
て、You are considering marrying her? と言えば、「彼女と結婚しようと
思っているね？」となり、You are seriously considering marrying her?
と言えば、さらに意味が強くなって「本気で結婚しようと思っているね？」
に近くなります。それに対して、**"considering on"** と言うと on で「考え
るプロセス」が長くなって意味が弱まり、「**するかどうか検討して迷ってい
る、ちょうど fifty-fifty**」の状態に近くなります。ちなみに、同義の "take 〜
into consideration" は、「〜を考慮の中に入れる」といった間延びした表
現で、「考えておきましょう」のように本当にアクションを起こそうとす

る気持ちのなさを表します。また、同じく前置詞を伴った "be thinking of [about] 〜ing" は、同様に of [about] がプロセスを表し、「〜しようかなと思っている」という「しようと思っているが迷っている状態」を表します。気持ちを数値的に表すと次のようになります。

■「〜しようとする気持ちの度合い」

> **be seriously considering** 〜は「やろうとする気持ち 90％」
>
> **be considering** 〜は「やろうとする気持ち 70 〜 80％」
>
> **be thinking of [about]** 〜は「やろうとする気持ち 60％ぐらい」
>
> **be considering on** 〜は「やろうとする気持ち 50％」
>
> **take 〜 into consideration** は「やろうとする気持ち 20 〜 30％」

この他にも「プロセスか結果か」を表すパターンで知っておいてほしいものがあります。1つは「第5文型」に関するもので、もう1つは第4文型に関するものです。第5文型（S＋V＋O＋C）に関しては、モノを動かす動詞が重要で、「開け閉め」を表す動詞のグループ（blast、blow、clamp、force、jam、kick、nail、pry、pull、push、shut、slam、slide、spread、yank）などがそうです。

問題

> **Q**. 次の文を比べてみてください。違いを感じますか。
> 「彼女はドアを蹴って開けた」
> She <u>kicked</u> the door <u>open</u>.
> She <u>kicked</u> open the door.

A. 前者は「ドアを蹴ると開いた」という「蹴る」という行為と「開く」動作の間に動作のプロセスがあるニュアンスで、後者は「ドアを蹴り開けた」という「同時動作」のニュアンスです。同様に、

☐ **throw the window open**（ぱっと窓を開ける）→ throw open the door より2倍多い。

☐ **slum the door shut**（ばたんとドアを閉める）→ slum shut the door

28

より4倍多い。

□ **turn the lid open**（蓋を回して開ける）→ turn open the lid より60倍多い

□ **pry open the door**（ドアをこじ開ける）→ pry the door open より7倍多い。

□ **nail the door shut**（釘を打ってドアを閉める）→ nail shut the door より7倍多い。

□ **spread its wings wide**（翼を大きく広げる）→ spread wide its wings より3倍多い。

2.「動的（dynamic）か状態的（stative）か」の使い分けをマスター！

1987年に出版された『ジーニアス英和辞典』（大修館書店）は、dynamic（動的）か stative（状態）かの違いを示した画期的な辞書として有名ですが、文法的には、動詞では、

1.「動作・動き・変化・行為」を表す「動作動詞」

2.「感情・感覚・知覚・所有」など「継続的状態」を表す「状態動詞」

3. 両方の機能を持った「動作状態動詞」

の3分類があります。

1. 動作動詞

大部分の一般動詞に当てはまり、「短時間にオン・オフを繰り返す」ことができ、「進行形」にできる動詞で、play、run、write、sing、study、read などのように、急にやめたり、繰り返すことができる動詞です。ちなみに、動作動詞を現在形で用いた場合、I eat breakfast every morning.（私は毎朝朝食をとります）のように、現在を中心に過去から未来にわたって繰り返される「習慣的動作」を表します。

2. 状態動詞

状態動詞は次のような「継続的状態」を表す動詞です。

・感情：**like**、**love**、**hate**、**dislike**、**want**、**need**

・感覚・知覚：**believe**、**understand**、**remember**、**seem**、**sound**

・所有：**belong**、**own**、**contain**、**weigh**

3. 動作状態動詞

次のように、have（持っている、食べる、する、生む）のような多義語と、think、live、resemble のような、原形で「継続的な状態」、〜 ing 形で「一時的な状態」を表す動詞があります。

動詞	動作動詞の用法	状態動詞の用法
live	一時的に住む（すぐにやめたり、すぐに始めることができる状態） Birds are **living** in that tree. （あの木には鳥が（一時的に）住んでいる）	変わらず・長期的に住む I **live** in Tokyo. （東京在住です）
have	食べる・する She is **having** lunch right now. （彼女は今、昼食をとっている）	持っている She **has** a car. （彼女は車を持っている）
look	見る・検討する He is **looking** at the picture. （彼は絵を見ている）	〜に見える She **looks** happy. （彼女は幸せそうに見える）
hold	一時的に手に持つ・近々開催しようとしている She is **holding** a baby. （彼女は赤ちゃんを抱いている）	支える・持続する・待つ・心に抱く・有効である The statue **holds** a torch. （その像はたいまつを持っている）
resemble	段々似てきている（変化や動的な過程を強調） As she's growing up, she's **resembling** her mother more and more.（成長するにつれて、彼女は母親にますます似てきている）	似ている She **resembles** her mother. （彼女は母親に似ている）
smell	匂いをかぐ She is **smelling** the roses. （彼女はバラの香りを嗅いでいる）	匂いがする・感づく The flowers **smell** nice. （花はいい香りがする）

taste	味わう・経験する・味見をする She is **tasting** the wine. （彼女はワインを試飲中だ）	味がする This soup **tastes** salty. （このスープは塩辛い味がする）
sit	座る・試験を受ける **be sitting** だと「今座っている」ニュアンス He is **sitting** on the chair. （彼は椅子に今座っている）	存在する・置いてある・しっくりくる・のしかかる・座席がある He **sits** in the corner. （彼はコーナーに座席がある）
feel	今ちょっと感じている I'm not **feeling** well. （私は今気分が悪い）	長いこと感じている I **feel** confident in my decision. （自分の決断には自信を感じている）
think	具体的に何かについて今考えている・〜しようと思う She is **thinking** of〔about〕her plans. （彼女は計画について今考えている）	意見として継続的に思う I **think** she is nice. （彼女はいい人だと思う）
see	交際する I am **seeing** her. （彼女と交際中だ）	会う・見なす・予測する・理解する I **see** a beautiful rainbow. （美しい虹が見える）
hear	聴取する・審問する The committee is **hearing** the details from all parties involved. （委員会は当事者全員から詳細を聴取中だ）	聞く・聞こえる・伝え聞く I **hear** a noise. （雑音が聞こえる）
hope	今、希望〔期待〕している（現在の希望や期待を強調する） I'm **hoping** to visit Europe next summer.（次の夏は欧州訪問を希望している）	継続的に希望・期待する I **hope** for a better future. （私はより良い未来を望んでいる）
pretend	まさに今だけふりをしている She is **pretending** to be asleep. （彼女は今寝ているふりをしている）	ずっとふりをしている He **pretended** to be my friend all the time.（彼はずっと私の友達のふりをしていた）

　状態動詞は意味的に変化しにくいことを表しているため、突然の変化を前提とする進行形と相性が悪く、状態動詞は原則進行形にはしませんが、要注意なのは3の「動作状態動詞」の用法です。

3.「能動的(active)か受動的(passive)か」の使い分けをマスター!

　英語は日本語より「能動態(active voice)」で表現することが多く、概して「主語(動作の主体)」を明確にしますが、日本語では主語は基本的に述べず、受身表現でメッセージをぼかすことが多くなっています。そこで、日英の発想の違いを理解するために次の問題にトライしてみてください。

問題

Q. 次の日本語を英語で言ってみましょう。

1. (私は)給料を上げてもらったの。

2. 誰にも見つかるなよ。

3. 睡魔に負けるなよ。

4. 財布を盗まれた! (彼が盗んだことが分かっている場合)

解答&解説

1. **I got a raise.** (My pay was raised. では弱い。S+V+O の「第3文型」で能動的に表現して引き締まってパンチが効いている!)

2. **Don't let anybody see you.** (Don't be found by anybody. では弱い。(S) +V+O+C の「第5文型」で能動的に表現して、話者の「意志」がはっきり表れている!)

3. **You should fight off sleep.** (Don't be overwhelmed by sleep. ではなく能動態で決める! 同様に、「夏の暑さに負けるな」も、Don't be beaten by the summer heat. ではなく、能動的に Don't let the summer heat get you down [beat you]. が一般的)

4. **He took [stole] my wallet!** (日本語では「彼に財布を盗まれた」と受動態で言ってしまいますが、英語では動作の主体が分かっている場合、My wallet was stolen by him. ではなく、能動的に表現します。ちなみに、誰が盗んだか分からない場合は、次の2通りが言えます。違いが分かりますか。

☐　**I had my purse stolen.**

☐　**My purse was stolen.**

前者は、主語が「自分」で、盗まれたという被害・ダメージ意識が強い場合で、後者は主語が「財布」で、事実を客観的に述べているだけなので、被害意識が弱く、淡々としている感じです。だいぶ印象が違うので、そのニュアンスを理解して使い分けましょう。(→ p.280 の **Q** 参照)

このように英語では、基本的に受動態より能動態が好まれると述べましたが、英語でも基本的に「受け身」が使われる場合が次のように 6 パターンありますので、ぜひマスターしてください。

英語で受動態が使われる場合はこれだ！

１．行為の主体が不明な場合

２．行為の主体が重要でないので述べる必要がない場合

３．行為の主体をぼかしたい場合

４．主語が長すぎてバランスが悪い場合

５．噂や一般論を述べる場合

６．感情を表現する場合

例えば、次の日本語を英語で言うと

・この国では英語が公用語です。→ English is spoken in this country.

・オリンピックは 4 年ごとに開かれる。→ The Olympic Games are held every four years.

・この建物は 1800 年に建てられた。→ The building was built in 1800.

・これは英文手紙です。→ This letter is written in English.

となり、これらはそれぞれ、「公用語」「4 年ごとの開催」「1800 年の建立」「英文手紙」がポイントであって、誰がしたかは重要ではないので、英語でも受動態で言い表します。同様に、「行為者が分からない場合」や「行為者を言いたくない」と発信者が判断した場合にも使われます。次の例はいかがでしょうか。

The decision was made this morning.

（決定が下されたことが重要で、行為者は重要でないケース）

The important document was stolen from our company.

（行為者が分からないか言いたくないケース）

The custom has been handed down from generation to generation.

（行為者は重要でなく代々伝えられていることが重要なケース）

4の「主語が長すぎてバランスが悪い場合」は次のようなケースです。

The world-famous American scientist who was born in 1920 created the product.

The illustrious three-star rank Italian chef made the dish.

これは頭でっかち（**top-heavy**）でバランスが悪いので、それぞれ受け身にして

The product was created by the world-famous American scientist who was born in 1920.

The dish was made by the illustrious three-star rank Italian chef. のようにします。ちなみに、The very old and ineffective sales promotion strategy of our company was improved by them. のような、受動にしても能動にしてもバランスと語呂が悪い場合は、There was an improvement in the very old and ineffective sales promotion strategy of our company. のように、「**there is** を使った倒置構文」を用いてバランスを良くします。

5の「噂や一般論を述べる場合」も次のように受け身を使います。

It is often pointed out that ～（～であるとよく言われている）

It is generally believed that ～（～であると一般に信じられている）

It is widely known that ～（～であると広く知られている）

It is often said that ～（～とよく言われている）

It is reported that ～（～と報告されている）

最後に「感情」を表す表現は、**excited、disappointed、amazed、surprised、overwhelmed、interested、bored、satisfied、impressed** のような動詞の過去分詞が形容詞の機能を持っている場合で、

I'm excited about the trip.（その旅行はすごく楽しみだ）

I'm disappointed in you.（君のことは見損なったよ）

のように「（何かによって）～な気持ちにさせられる」という解釈で、感情を表す表現が受け身になります。そして、その感情を表す形容詞の主語は主に「人」となります。

ちなみに、受動態の好まれやすい日本語でもそれが不自然な場合があります。

---

1. **This system is used by him.** （このシステムは彼に使われている）
2. **That car is driven by her.** （その車は彼女に運転される）
3. **Kimonos are worn by both sexes.** （着物は男女に着られる）

1と2は英語・日本語共に、個人に使われている場合は能動態が自然でしょう。various companies［organizations］のような集団に使われている場合は、This system is used by various companies.（このシステムはいろんな会社に使われている）のように受身形で問題ありません。3は英語では問題ないですが、日本語では能動態でないと不自然になります。

4.「自然現象（自動詞）か人為的現象（他動詞）か」の使い分けをマスター！

これは非常に重要な視点で、英語の自動詞は「自然に起こった現象」を表し、他動詞は「人為的に起こした現象」を表す点に要注意です。例えば、次の２つの例文を見比べてください。両方とも同じように用いられますが混同して使っていませんか。

The restaurant **opened** in this area several years ago.

The decision **came** this morning.

The restaurant **was opened** in this area several years ago.

The decision **was made** this morning.

前の２文は、「誰が開業した」「誰かが決定した」というのは問題ではなく、とにかく「オープンした」「決定がなされた」とオープン、決定したという事実・出来事を重視して言っている場合です。それに対して、後の２文は「誰かが開業した」「誰かによって決定がなされた」という人為的要素を強調している例で、それぞれ by 以下が省略されています。同様に次の例も見てください。

The sales **have increased** by 10％ for the last month.

The sales **have been increased** by 10％ for the last month.

前者は単に売り上げが伸びたと言っているだけで自然に伸びたかもしれないのに対して、後者は、セールスプロモーションなど何らかのファクターで人為的に売り上げが伸ばされたという意味になります。英語を発信する際、この使い分けができていない人が多いので、自動詞・他動詞用法が両方ある動詞（ほとんどの動詞がそうである）を用いる場合は、自動詞は「自然現象的」、他動詞は「人為因果関係的」と見なして使い分けするようにしましょう。

　そこで、学校の英文法の授業で他動詞しかないと習ったけれど、意味によっては自動詞用法もあるものと、本当に他動詞用法しかないものをまとめておきます。まずは「他動詞に見えて自動詞用法もあるもの」からです。

問題

> **Q. enjoy** は学校で他動詞と習いますが、自動詞用法もありますか。

　A. enjoy は基本的に「何かを楽しむ」という「他動詞」ですが、日常会話では、特に命令形で **Enjoy!** （楽しんでください）という意味で具体的な対象を省略して、自動詞のように使われることがよくあります。この用法は一般的な会話で広く受け入れられており、対象が文脈から明らかな場合には問題なく幅広く使われています。

他動詞に見えて自動詞用法もあるものに要注意！

単語	他動詞用法	自動詞用法
give	与える・捧げる	たわむ・譲歩する（The floor gave under my weight.）
answer	答える・応じる・目的に合う（answer the need [purpose]、answer the description）	責任を負う・返事する・目的に合う（answer for the mistake、answer to the description）
attend	出席する・世話をする・付き添う・注意する（Nurses attended the patient. 看護士たちが患者に付き添った。）	対応する・対処する・出席する（attend to で deal with、serve、take care of の意味が出てくる。例：problems to attend to、customers to attend to）

address	取り組む・話しかける・演説する（address the issue 問題に取り組む）	演説する（他動詞の方が 10 倍以上多い）
approach	接近する・取り組む・提案する（approach the runway 滑走路に近づく）	接近する（他動詞の方が 10 倍以上多い）（The winter is approaching.）
enjoy	楽しむ・味わう・享受する・恵まれる（enjoy my vacation）	楽しむ（この用法では自動詞が数倍以上多い）（The food is ready. Please enjoy!）
finish	終える・食べ切る・けりをつける・（人）にとどめを刺す	終わる・仕事を終える・〜位になる
marry	結婚する・結婚させる・統合する（「結婚して 10 年になる」は have been married for ten years が一般的）	結婚する（marry for money、marry into a rich family などがある）
admit	認める・入ることを許す（The university admitted 100 new students. 大学は 100 名新しい学生を受け入れた）	認める・余地がある（admit of no delay 遅延を許さない）
reach	達する・届く・連絡する・影響が及ぶ（The company reached its sales target. その会社は販売目標に達した）	伸びる・及ぶ・努力する・取ろうとする（reach (out) for 〜）
enter	参加する・記入する（enter the competition 競技に参加する）	参加する・始める（enter into negotiations 交渉を開始する）
visit	訪問する・視察する・見舞う（visit the museum 美術館を訪ねる）	訪問する・見舞う she's not well, so I thought I'd visit 彼女の具合が良くないので、見舞いに行こうと思った）
graduate	卒業させる・等級をつける・卒業する（The university graduated 100 students.）	卒業する・レベルが上がる（「卒業する」の意味では自動詞が 2 倍以上多い）（graduate from Harvard ハーバードを卒業する）
join	参加する・結合する	参加する（この意味では他動詞用法が数倍多い）
buy	買う・買収する・おごる・受け入れる・時間を稼ぐ（buy you a drink 一杯おごる）	買う（特に株を買うときに用いられる）

contact	接触する・連絡を取る	接触する・連絡を取る（contact with him より contact him が 2 倍多い）
consider	～と見なす・検討する	よく考える
leave	出発する・やめる・別れる・残す・置き忘れる・そのままにしておく・捨てる・任す・預ける	去る・出発する
send	送る・出す・引き起こす	呼びに行かせる（send for）、依頼する・送信できる

　ちなみに become は「なる（自動詞）」以外に「似合う・ふさわしい」という他動詞用法があります。次に他動詞用法だけの動詞には次のようなものがあります。

問題

Q.「食事は終わりましたか」と聞く場合、Are you finished?、Have you finished?（自動詞用法）、Have you finished your meal?（他動詞用法）のどれが一般的ですか。

　A. finished は「終えた」という意味の形容詞と、finish の「過去分詞」の用法があり、さらに自動詞と他動詞の用法があって紛らわしい使い方要注意語です。この問題の場合、すべて OK ですが、文脈によって Are you finished? または Have you finished? のどちらを使用するかが変わります。Are you finished? は、相手が食事を終えたかどうか「現在の状態」について尋ねるカジュアルな状況でよく使われる表現で、Have you finished? は、食事が完了したかどうかの「行為」に焦点を当て、より正確で明確に「完了した」かどうかを尋ねる言い方です。ただし、これらより Have you finished your meal? や Have you finished eating? の「他動詞用法」の方が一般的です。ちなみに、finish の他動詞用法には、finish this work（仕事を終える）、finish my coffee（コーヒーを飲み干す）、finish him（彼ににとどめを刺す）などがあり、自動詞用法には、The play finished at 9:30.（その劇は 9 時 30 分に終わった）、Let's finish!（〔仕事などを〕片付けよう）、finished second in the race（レースで 2 位でゴールした）などがあります。

他動詞用法だけの動詞を徹底マスター！

discuss（論じる・話し合う）、**mention**（述べる）、**admire**（感心する）、**need**（必要とする）、**affect**（影響する）、**avoid**（避ける）、**complete**（完成させる）、**damage**（傷つける）、**describe**（特徴を述べる）、**express**（表現する）、**find**（見つける、〜と思う）、**have**（持つ）、**include**（含む）、**introduce**（紹介する）、**like**（好きである）、**prevent**（妨げる）、**support**（支持する）、**use**（使う）、**resemble**（〜に似ている）、**seat**（〜を座らせる）、**raise**（上げる［ギャンブルで掛け金を上げるという意味の自動詞用法があるが特殊］）、**accept**（受け入れる）、**acknowledge**（認知する）、**aggravate**（悪化させる）、**obey**（従う）、**oppose**（反対する）、**emphasize**（強調する・目立たせる）、**love**（愛する・大好きである）、**suggest**（提案する・示唆する）

　ちなみに、「自動詞」だけの用法しかない動詞には次のようなものがあります。

apologize to 人 for 事〜（人に〜のことで謝る）

agree with［**to**、**on**］〜（〜に同意する・体に合う・一致する）

belong to〜（〜に所属している・いる［ある］べきところにある）

complain to［**about**］〜（〜にぐちを言う・訴える）

experiment with［**on**、**in**］〜（〜の実験を行う）

endeavor to〜（〜しようと務める）

listen to［**in on**］〜（〜に耳を傾ける）

object to〜（〜に反対する）

5. 基本文型に基づく動詞の使い分けを完全マスター！

　「第1文型」に用いられる動詞は「自動詞（他者に影響を与えず与えられることもない動詞）」で「補語（主語や目的語の性質・状態を表す語）」を伴わないものです。「第2文型」では「subject（動作の主体：主語）」の性質・状態、「第5文型」では「object（動作の対象：目的語）」の性質・状態を表す「補語（complement）」を伴います。「第3文型」では「他動詞（他者に影響を与える動詞）と対象を表す「目的語」が1つだけ用いられ、「第4文型」では「直接目的語（direct object:「〜を」をとる語）」と「間

接目的語（**indirect object**:「〜に」をとる語）」の２つの目的語を伴います。これらは高校の英文法の授業で習うものですが、ほとんどの英語学習者はそれらのコンセプトと用法を深く理解しておらず、また幅広く応用もできないまま英語を使っているようです。

　英文の構造は「５つの文型」によって明確になりますが、分かりにくいのは「補語」を含む第２文型と第５文型、それと目的語を２つ持つ第４文型です。第２文型は、be動詞、「なる」「思える」を意味する動詞以外も会話でよく用いられるわりには理解が足りず、第５文型についても同様のことが言えます。第４文型もどの動詞がよく使えるか分からないままになって第３文型にしようか迷っている状態です。文の構造は「主部（**subject**）」と「述部（**predicate**）」に分かれており、後者は動詞（verb）と目的語（object）と補語（complement）を含んでおり、特に目的語と補語の違いが分からない人が多いようです。「目的語」とは動詞の力が向けられる対象なので、「〜を見る、書く」のように「を」を伴って言い表すことができるものです。それに対して、「補語」とは主語や目的語を描写するものなので、主語［目的語］＝補語と言えます。そこでまず「補語」を含む第２文型から完全にマスターしていただくために次のクイズにチャレンジしてみてください。

英会話力を数段 UP！第２文型のクイズにチャレンジ！

問題

　次の（　）に最も適切な語を［　］内から選んでください。
　1.（　　　　　）open to my ideas.（私の意見に耳を傾けて）
　2. Clouds are（　　　　）low.（雲が低く垂れ込めている）
　3. The screw（　　　　）loose.（ねじが緩んだ）
　4. The window（　　　　）open.（窓はぱっと開いた）
　5. Don't（　　　　）innocent［dumb］.（とぼけるなよ）
　6. The plaster will soon（　　　）hard.（石膏はすぐに固まるだろう）
　［set / flew / stay / hang / play / come］

解答

1. stay　2. hanging　3. came が圧倒的に多く、got、worked も可　4.

flew［blew、burst］5. play　6. set

　問題はいかがでしたか。よくできましたか。補語を含んだ第 2 文型は奥が深く、大きく次の 5 つのタイプに分かれます。

第 2 文型 5 つの必須パターンを使い分ける！

1.「である・居る・なる」グループを完全制覇！

(**be、keep、stay、remain、hold、go、lie、pass、rank、stand、become、come、run、turn、fall、end［wind］up、turn［work、come］out、prove、hang、sit、wear**)

- [ ] **Stay** open to my ideas.（私の意見に耳を傾けて）「ままである」を表す **stay、hold、keep、remain** の順に「持続性」が強くなる。**hold** は hold true（当てはまる）、hold good（有効である）のように使う。「雪が積る」は言えそうで言えない表現。
- [ ] The negligence **went**［**passed**］unnoticed.（過失は見過ごされた）「～のままで進む」は uncontrolled［unchecked］（抑制されない）、unchallenged（まかり通る）、unresolved（未解決の）、untreated（治療されていない）
- [ ] Sustainability **ranks** high on the agenda.（持続可能性が重要な事項である）
- [ ] **Stand** ready for anything that may happen.（何事があってもいいように待機しておけ）
  stand tall（堂々たる態度を取る）も同様の第 2 文型。
- [ ] Don't **fall** asleep at the wheel.（居眠り運転するな）
- [ ] The man **wound**［**end**］up broke.（その男は文無しになってしまった）
- [ ] It **worked out**［**turned out、proved**］true.（それは本当だった）
- [ ] Clouds are **hanging** low.（雲が低く垂れ込めている）
- [ ] The tool **sits** unused in the barn.（その道具は用いられず納屋にある）
- [ ] She **stood** still［motionless］, waiting.（彼女はじっと立って待っていた）
- [ ] Time **hangs**［**weighs**］heavy on me.（暇をもてあましている）

□ His patience is **wearing** very thin. （彼も我慢の限界だ）
□ He **waxed** lyrical about the game. （彼は試合について熱弁した）

2.「思える」グループをマスター！

(appear、feel、look、seem、smell、sound、taste)

□ The skin **feels** smooth. （肌がすべすべだ）
□ This food **tastes** bland. （この食べ物は味が薄い）「にんにくの味が
　する」は taste of garlic と of が必要。
□ The story **smells** fishy. （その話はあやしい）「ほこりの匂いがする」
　は It smells of dust.

look は「視覚的判断」、**sound** は「聴覚的判断」、**feel** は「感情・印象・触覚」
と用法が多い。**taste** は「味覚」、**smell** は「嗅覚」の判断だが、後者は例文
のように比喩的にも用いる。また **seem** は「印象や推測」を表すが、
appear は「印象」のみを表すので使い分けに要注意。

3.「現れる・離れる」グループをマスター！

**(arrive、emerge、come、draw、return、escape、grow up、break、
pull、rattle、roll、squirm、struggle、work、wrench、wriggle)**

□ He **returned** alive ［unharmed］ from the island. （彼は島から無
　事に戻ってきた）
□ My father **died** young. （父は早死にした）
□ He **married** young ［late］ in life. （彼は早婚［晩婚］だ）
□ Winter is **drawing** ［coming］ near. （冬が近づいてきた）
□ He **came** to the party uninvited. （彼は招待もなくパーティーに来た）
□ I tried to **wiggle** ［**squirm**］ free. （くねくね身をよじって自由にな
　ろうとした）
□ The screw **came** ［**got、worked**］ loose. （ねじが緩んだ）
「現れる」グループの動詞の後にはこの他に、blindfold（目隠しされて）、
empty-handed（手ぶらの）、incognito（お忍びで）、stark-naked（素っ
裸の）、unarmed（丸腰の）、unattended［unassisted］（付き添いなしの）、
unnoticed［undetected］（気づかれない）などが使える。

4.「屈んで跳ぶ」グループをマスター！

(bend、crouch、fly、jump、leap、soar、stoop、swoop)

＊これを知らないと「高く飛ぶ」が言えないのでぜひ覚えておこう！
- [ ] He **jumped** higher than other players.（彼は他の選手より高く飛んだ）＊ jump highly（大いに飛ぶ）としないように！
- [ ] She **bent**［**crouched**、**stooped**］low to pick it up.（彼女はそれを拾うためにかがんだ）

5．「パーッと開閉する」グループをマスター！
(bang、blow、burst、clang、slam、slide、snap、spring、swing)
＊ドアの開閉時に用いる！
- [ ] The door **banged**［**slammed**］shut.（ドアはばたんと閉まった）
- [ ] The window **blew**［**burst**］open.（窓はぱっと開いた）

この他にも、その他の第2文型「S+V+C構文」として覚えてほしいものを補足しておきましょう。

「終始」グループをマスター！
(close、creep、edge、end、finish、inch、open)
＊株価やレースで必ず出てくる必須表現！
- [ ] Stock **closed** lower on Wall Street today.（ウォール街では今日、株価が下がった）
- [ ] She **finished** second in the race.（彼女はレースで2位だった）

「ふりをする」グループをマスター！
(act、play) ＊仮病を使う（play sick）表現は必須！
- [ ] Don't **play** innocent［dumb］.（とぼけるなよ）
- [ ] You need to **act** normal.（いつもどおり振舞うように）

「固まる」グループをマスター！
(freeze、set) ＊どのように固まるかが言える表現
- [ ] The ground **has frozen** solid.（地面はがちがちに凍った）
- [ ] The plaster will soon **set** hard.（石膏はすぐに固まるだろう）

「光る」グループをマスター！
(flash、flicker、gleam、glint、glisten、glow、blush、flame、flush)

- [ ] His eyes **flashed** open in surprise.（彼の目は驚きで光り大きく開いた）
- [ ] The full moon is **shining** bright.（満月が明るく輝いている）
- [ ] She **blushed** scarlet.（彼女は赤面した）

「見る」グループをマスター！
（**gaze**、**stare**、**watch**）＊どんな状態で見るのかが言える重要表現！
- [ ] He **gazed** open-mouthed at the scene.（彼は現場をぽかんと見つめた）
- [ ] She **watched** the animal aghast〔appalled〕.（彼女は怖がりながらその動物を見た）

　皆さんいかがでしたか。このように第 2 文型は学校で習ったものの何倍も多く、それらを学ぶことによって表現力がぐーんと UP します。ですからしっかりと身につけましょう。次に紛らわしい「第 3 文型・第 4 文型」の使い分けをマスターしていただきましょう。

第 3 文型と第 4 文型の使い分けを完全マスター！

　第 1 文型か第 3 文型かの違いは動詞が「自動詞」か「他動詞」かの違いですが、それは第 3 文型と第 4 文型との違いと同様、**前置詞の有無によって変わり、それによって意味合いも異なってきます。**前述のように、建物にこれから入るときは **get into** がよく使われ、入った後は **enter**、ある場所にこれから向かって行くときは **get to、head for** を使いますが、到着すれば **reach** となります。前者は動作がまだ完了しておらず「プロセス」を表しますが、後者は動作の完了、「結果」を表します。同様に、shoot at the deer（第 1 文型）と shoot the deer（第 3 文型）も、前者が「鹿を撃った（at）が、弾が鹿に当たったとは限らない」のに対して、後者は「鹿を撃ち、弾が実際に鹿に当たった（完了）」ことを表します。また、第 3 文型と第 4 文型の書き換え練習をしたりしますが、同じ動詞では圧倒的に第 4 文型の方が使用頻度が高く、両者でニュアンスや意味の違いが起こったり、第 3 文型の場合は to を伴う動詞と for を伴う動詞があります。

gave the book to him（彼が本を受け取ったか不明）→ **gave him the**

book（彼は本を受け取った）

　taught English to him（英語を教えたが彼が習得したか不明）
→ **taught him English**（彼が英語を習得した）

　showed the book to her（書類を見せたが彼女が見たか不明）→
showed her the book（彼女が書類を見た）

　sent the book to her（本を送ったが彼女に届いたか不明）→ **sent
her the book**（彼女が本を受け取った）

　前者はそれぞれ「プロセス」を表すのに対して、後者は「結果的要素」
が強く、他動詞はその目的語に強い影響を与えるのに対して、前置詞があ
ると他動詞のパワーが発揮できなくなり、前置詞の「ベクトル（力と方向）」
に左右されてプロセス的な意味が出てきます。上記の動詞の場合、第4文
型の場合の方が数十倍多く使われます。同様に buy you a drink、draw
you a map、offer you the book（service の場合は数倍）は、それぞれ
buy a drink for you、draw a map for you、offer the book to you より
も圧倒的に多く用いられます。

　次に注意すべきことは、第3文型の他動詞とその目的語の関係の重要性
です。例えば、「雪を道路から取り除く」は clear the road of the snow と
clear [remove] the snow from the road の2つの言い方がありますが、
前者は clear と「道」との関係・影響力の強さから、「道全体がきれいにな
った」を示すのに対して、後者は clear と「雪」との関係・影響力の強さ
から、「雪全体が取り除かれた」ことを示します。同様に、provide them
with food と provide food to them、spray the wall with paint と spray
paint on the wall も、それぞれ前者は「確実に人々全員に与える、壁全体に
塗る」を暗示するのに対して、後者はそれぞれ「確実に手元の食べ物すべて
を与える、手元のペンキ全部を塗る」を暗示するわけです。ちなみに provide
them with the service も、provide the service to [for] them（to の方
が頻度がやや高い）よりも圧倒的に使用頻度が高いです。

　それともう1つの注意点は、学校の英文法では give や send は **to** を、
do や make、buy などの動詞は **for**（～のために）を伴うと習いますが、
それは動詞の用法・文脈によって異なるのです。例えば、They gave him
a party.（彼らは彼の**ために**パーティーを開いた）という意味の用法では、

They gave a party **for** him. となるし、「彼はその時計に 100 ドル払った」の用法では、He gave \$100 **for** the watch. のように give であっても、「交換」を表す "**for**" が用いられるので機械的に "**to**" にしないように注意しましょう。また「私は彼に時計を売った」は、第 4 文型では I sold him my watch. ですが、第 3 文型では I sold my watch to him のように、「相手に届いて所有権が移る」を表す "**to**" が用いられます。

さてこのように第 4 文型は、第 2 文型と同様に発信力を UP させる上で非常に重要な文型であることがお分かりいただけたと思いますが、今度は第 4 文型で用いられる動詞の中で重要なものをマスターしていただきましょう。

問題

> **Q.**「雪を道路から取り除く」という場合、**clear the road of the snow** と
> **clear the snow from the road** の違いは何ですか。

A. clear the road of the snow は「道路の清掃を達成したという結果」を強調するのに対して、**clear [remove] the snow from the road** は「雪を取り除く具体的な作業のプロセス」を強調しています。使用頻度は前者の方が 4 倍程度多いです。

英会話力を数段 UP！第 4 文型のクイズにチャレンジ！

問題

次の（　　）に適切な動詞を ［　］ 内から選んでください。
1. His parents（　　　　　）him nothing.（彼の両親は彼には何でも与える）
2. I'll（　　　　）you a dinner.（君に食事をおごろう）
3. His courage（　　　　）him credit.（彼の勇気によって彼は評判をあげた）
4. His resourcefulness（　　　　　）him the job.（彼は問題解決力で仕事をゲットした）

5. I（　　　　）the company good-bye.（こんな会社はおさらばよ）

6. You（　　　　　）me a lot of favors.（いろいろ面倒見てあげただろう）

7. He（　　　　）me a sharp punch.（彼は私に鋭いパンチを食らわせた）

8.（　　　　）me the joke.（そんな冗談はやめてくれ）

［ spare / stand / earn / deal / owe / deny / kiss / land ］

解答

1. deny 2. stand（buy の方が多い）3. earned（got/landed/earned/won の順に用いられる）　4. landed　5. kissed　6. owe 7. dealt 8. Spare

いかがでしたか。難しかったですか。このように第4文型は第2文型と同様に引き締まった英文を発信することができます。それでは最重要の第4文型パターンを見ていくことにしましょう。

第4文型5つの必須パターンを完全制覇！

1.「与える・もたらす」グループをマスター！

（**advance**、**accord**、**allow**、**assign**、**deal**、**deny**［**refuse**］、**feed**、**grant**、**leave**、**loan**、**pass**、**pay**、**permit**、**promise**、**render**、**serve**、**set**）

☐ **Advance** me some money.（お金を前借りしたいのですが）

☐ They **assigned** me a small room.（私に小さな部屋を割り当てた）

☐ He **dealt** me a sharp punch.（彼は私に鋭いパンチを食らわせた）

☐ They **deny** him nothing.（彼らは彼には何でも与える）

☐ They **granted** her an entry visa.（入国ビザを彼女に与えた）

☐ Let's **pay** her a visit.（彼女を訪問しよう）

＊visit＋人はカジュアルな訪問で、pay a visit to＋人は、フォーマルな言い方で、訪問を敬意を表す行為として強調し、pay＋人＋a visit は日常会話でも使われる。さらに訪問する人物を強調した力強い言い方。

47

> **Q.**「誰かに仕返しに行く」と言うときなどによく **pay him a visit** のように、**pay** を用いて言うのはなぜですか。

A. 直接的な **visit him** に対して、フォーマルで間接的なニュアンスを持つこの表現は、通常の友好的な訪問よりも、ある種の「重要性や緊張感を伴うシチュエーション」に適しています。つまり「暗黙の脅威や圧力」を暗示しており、訪問を通じて間接的に脅迫の意図を伝えるという手法を反映しています。映画やテレビドラマなどで、マフィアや犯罪組織が「訪問」を使って脅迫や圧力を行うシーンがしばしば描かれますが、これらの描写は、「**pay + 人 + a visit**」が持つ特定の文化的な意味合いを強調しています。

□ They **permitted** him access to the gate.（ゲートへの侵入を彼に許可した）
□ I **promised** her ice cream.（彼女にアイスクリームを約束した）
□ He **set** us a practice exam.（彼は私たちのために模擬試験を設定した）
□ I'll **stand** you dinner.（君にディナーをご馳走しよう）
　＊普通は buy を用い、stand は「コストを負担する」という意味のやや古い表現。

2.「もたらす」グループをマスター

（**assure、book、cook、cut、fetch、find、fix、guarantee、land、leave、order、play、secure、sing**）
＊非常に便利で発信力数段 UP!
□ I can **assure** you his competence.（彼の有能さは保証します）
□ We can **guarantee** you the best service.（ベストサービスは保証します）
□ You **leave** me no choice.（仕方がない）
□ **Fetch** me my shirt.（私のシャツを取ってきて）
□ We can **book** you a room by phone.（電話で部屋を予約できる）
□ She **cut** me a slice of cake.（彼女は私にケーキを一切れ切ってくれた）

□ His kindness **does** him credit.（彼の親切心は彼の評判をあげる）

□ Her negotiation skills **landed** her a job.（彼女は交渉力で仕事に就いた）

　　＊get と違って land は競争の激しい中での「努力や達成感」を強調。

□ I **ordered** him a new shirt.（彼のために新しいシャツを注文した）

□ Please **play** me a sonata.（ソナタを弾いてください）

□ I **sang** my baby a lullaby.（赤ちゃんに子守唄を歌った）

□ **Wish** me good luck.（成功を祈っててね）

3.「損得」グループをマスター！

（**charge、cost、dock、earn、lose、save、win、set back**）

＊ビジネスや日常生活で非常に役立つ表現！

□ Her courage **won**［**earned**］her fame.（彼女は勇敢さで名声を勝ち取った）

　　＊win は「競争に勝つこと」を、earn は「努力と献身、功績や資格」による獲得を表す。

□ The meal **set** me back $100.（食事は 100 ドルかかった）

　　＊cost より口語的で、支払金額が予想以上に高く、予算を超えていたニュアンス。

□ **Save** me a dance.（後で踊ってね）

□ The scandal **cost** him his reputation.（スキャンダルで彼の評判が下がった）

□ I **bet** the horse $1,000.（私はその馬に 1000 ドル賭けた）

□ I **owe** you an apology.（あなたに謝らなくてはいけません）

4.「送る」グループをマスター！

（**bid、cable、cast、flash、kiss、post、quote、read、throw**）

＊感情を表せる表現！

□ I have to **bid** you farewell.（あなたにお別れを告げなければならない）

□ I **cable**［**wire**］him the money.（私は彼にお金を送金した）

□ She **cast**［**shot**］me a puzzled look.（彼女は私に当惑顔を見せた）

□ He **flashed** me a smile.（彼は私にちらっとほほえんだ）

□ She **threw** him a suggestive grin.（彼女は彼に色目を使った）

□ I **kissed** the school good-by.（私はその学校におさらばした）

5.「惜しむ」グループをマスター！

（**envy**、**excuse**、**forgive**、**spare**、**begrudge**）

＊これで「許す」表現が使える！

□ I **envy** you the position.（君の地位がうらやましい）

□ We **excused** him the petty crimes.（我々は彼の軽犯罪を許した）

□ I will never **forgive** you those wrongdoings.（君の過ちは絶対許さない）

□ **Spare** me the joke.（そんな冗談はやめてくれ）

□ I will **spare** no expenses.（お金に糸目はつけない）

さて皆さんいかがでしたか。第4文型も幅広く使えて表現力を UP させるのに非常に有益でしょう。それでは今度は第2文型と同じく「補語（complement）」を持った第5文型にまいりましょう。第5文型の補語は目的語の補語になるので、「目的格補語」と呼ばれ、「目的語＝補語（目的語は～である）」となるもので、このバリエーションをマスターすればまた表現力がぐーんと UP します。それでは皆さん頑張りましょう！

英会話力を数段 UP！第5文型のクイズにチャレンジ！

問題

次の（　）に適切な動詞を ［　］内から選んでください。

1. I will（　　　　　）him packing.　（彼をクビにしよう）
2. She（　　　　　）the wine cold.（彼女は冷えたワインを出した）
3. The man was（　　　　　）dead.（その男は死亡が報告された）
4. Autumn（　　　　　）the leaves yellow.（秋で葉が黄色くなった）
5. I will（　　　　　）you responsible for it.（君にはその責任を取ってもらう）
6. We（　　　　　）the door open.（我々はドアをこじ開けた）
7. （　　　　　）your mind clean.（頭を空にしなさい）
8. His attitude（　　　　　）me dumb.（彼の態度にはあきれて口もきけない）

9. She（　　　　）me dead.（彼女は私を見て見ぬふりをした）

10. He was（　　）a troublemaker.（彼はトラブルメーカーとレッテルを張られた）

［brand / cut / strike / send / sweep / hold / pronounce / serve / turn / pry ］

解答

1. send（「お払い箱にする」というニュアンス）2. served 3. pronounced 4. turned 5. hold 6. pried（「詮索する」という意味もある）7. Sweep 8. struck（strike は「印象を与える」）9. cut　10. branded（brand は「烙印を押す」、lable は「レッテルを張る」）

今度はいかがでしたか。第5文型は本当に引き締まった英文を作ることができ、これを使いこなせるかどうかが英語の運用力の目安になると言えます。それでは第5文型の4つの重要パターンを紹介いたしましょう。

問題

> Q. It is designated (as) a cultural asset. で as を用いる場合と用いない場合で違いは何ですか。

A. It is designated as a cultural asset は、as を用いることによって、「それ」が「資産」という特定のカテゴリーや状態に指定されることを明確に示しています。この表現は、as 以下の「分類」や「指定・変更プロセス」をより強調していると言えます。これに対して、It is designated a cultural asset は、より直接的かつ簡潔な表現で、designated に直接 a cultural asset と続けることで、「指定される行為」だけに焦点を当てています。これは appoint や nominate などを使った場合も同じです。

ここで、as をつける場合とつけない場合の3つの違いをまとめておきましょう。1つめは、as をつけると、前述のように、as 以下の「カテゴリー」を強調します。2つめは、主観を表す動詞（brand、label、rate、judge など）の場合は、as を入れると「主観による判断」を強調し、as がなければ「事実」を表します。3つめは、変更プロセスを表す動詞（certify、declare、diagnose、designate、nominate、appoint など）の場合は、as を入れる

と「変化・変更プロセス」を強調することになります。

第5文型4つの必須パターンを完全制覇！

1.「みなす」グループをマスター！

(**brand**、**label**、**call**、**certify**、**declare**、**deem**、**diagnose**、**hold**、**judge**、**presume**、**pronounce**、**prove**、**rate**、**report**、**rule**、**capture**、**catch**、**find**)

☐ He was **branded**［**labeled**］a troublemaker.（彼はトラブルメーカーとレッテルを張られた）問題10

☐ We **certified** the results correct.（我々はその結果が正しいと認定した）

☐ She was **diagnosed** incurable.（彼女は不治の病にかかっていると診断された）

＊これらの語に as を伴う場合は特定のブランド、ラベル付け、病名やステータスなどが明確に指定されたことを意味する。

☐ I **declared** the sentence false.（私はその判決の誤りを明言した）

☐ I **hold** you responsible for the incident.（君に事件の責任を取ってもらう）

＊brand、label、certify、declare、diagnose、judge、rate は「V＋O＋as 〜」の第3文型でも用いることができ、"as" をつけると、それがないときのような「事実による決定」ではなく、「主観による判断」によるものであることを示し、ややフォーマルになる。

☐ The judge **ruled** him guilty.（判事は彼を有罪と判決した）

☐ The police **presumed** him dangerous.（警察は彼を危険人物とみなした）

☐ The doctor **pronounced** the patient dead.（医者は患者の死亡を宣告した）問題3

☐ I **proved** him wrong.（私は彼の間違いを明かした）

＊I proved that he is wrong. とも言え、この方が倍以上多い。

☐ The citizens **rated** the mayor excellent.（市民は市長を優秀であると評価した）

☐ She **reported** him missing.（彼女は彼が行方不明であると届け出た）

☐ I **dubbed** her "the Campus Queen."（私は彼女をキャンパスの女

王と呼んだ）

☐ We **found** her innocent.（彼女は無実と分かった）

☐ We **captured** the animal alive.（我々は動物を生け捕りにした）

☐ I will **catch** you dead or alive.（私は生死を問わず君を捕らえるだろう）

☐ I **imagine** him capable of making decision.（彼に決断する能力があると私は思う）

2.「変える」グループをマスター！
(get、make、render、slice、color、paint、spray、turn、pitch、crank up、turn down、turn up)

☐ I **got** the machine working!（機械を直したよ！）
　＊fixやrepairと違って、ちょっと叩いたらすぐに直った場合に使える。

☐ Many glaring errors **rendered** the book worthless.（多くのひどい間違いで本が無価値になった）

☐ The butcher **sliced** the meat thin.（肉屋は肉を薄切りにした）

☐ I **painted** the house blue.（私は家を青く塗った）

☐ He **sprayed** the car red.（彼は車を赤色の塗料で吹きつけた）

☐ Autumn **turned** the leaves yellow.（秋で葉が黄色くなった）　問題4
　＊無生物主語に注意！

☐ She **pitched** the piano a little higher.（彼女はピアノを少し高く調律した）

☐ She **turned** the lid open.（彼女はふたを回して開けた）
　＊言えそうで言えない！

☐ **Wipe** the window clean.（窓を拭いてきれいにしなさい）

☐ She **scrubbed** the floor clean.（彼女は床をきれいに磨きあげた）
　＊他に 問題7 で既述の Sweep your mind clean.（頭を空にしなさい）も重要！

3.「力を加えて影響を与える」グループをマスター！
(batter、beat、drive、knock、scare、send、strike、blast、blow、force、jam、kick、nail、pry、draw、jerk、pull、yank、push、shut、slam、slide、spread、cram、shake、shoot、squeeze、stuff、sweep、wipe、burn、bury、skin)

☐ The man **beat**（**knocked**）her unconscious.（男は彼女を殴って気絶させた）

☐ You **drive** me mad［crazy］.（君には本当にイライラする）
＊会話でよく使われる！

☐ A nightmare **jolted** her awake.（悪夢に動揺して彼女は目覚めたままだった）

☐ The shocking scene **scared** her stiff.（恐ろしいシーンで彼女は固まった）

☐ I will **send** him packing.（彼をクビにしよう）問題1
＊get him packing より一般的で、send は「望ましくない人をすばやく断固として追い払う」のニュアンス。

☐ Her illness **struck** me dumb.（彼女の病気に私は呆然となった）
問題8 ＊あきれて言葉が出ない場合によく使われる！

☐ The wind **blew** the door open.（風の勢いでドアが開いた）

☐ I **yanked** the door open.（私はドアをぐいっと引っ張って開けた）

☐ She **slammed** the door shut.（彼女はドアをバタンと閉めた）

☐ We **pried** the door open.（我々はドアをこじ開けた）問題6

☐ She **nailed** the door shut.（彼女は釘で打ちつけてドアを閉めた）

☐ The bird **spread** its wings wide.（鳥は羽を大きく広げた）

☐ Don't **cram** your mouth full.（口いっぱいにほおばってはいけません）

☐ She **shook** him loose and ran off.（彼女は彼を振り払って走り去った）

☐ The criminal **shot** the man dead.（犯人はその男を射殺した）
＊これも引き締まった表現で言えるようにしておこう！

☐ The killer **burned** the man alive.（殺人鬼は男を生きたまま焼いた）

☐ The victims were **buried** alive.（犠牲者たちは生き埋めにされた）

☐ The chef **skinned** a fish alive.（シェフは生きたまま魚の皮をはいだ）＊上の3つは歴史物語でよく使われる！

4.「保つ」グループをマスター！
（**have**、**hold**、**keep**、**leave**）

☐ **Hold** the gun steady.（銃をしっかり構えて持ちなさい）問題5

☐ The anxiety **kept** him awake through the night.（心配事で彼は

一晩中寝れなかった）
- □ **Have** your appearance neat and tidy.（身なりをきちんとしなさい）
  ＊have を用いると「特定の短い間、外見を整える」一時的状況を表し、keep は「習慣や持続的努力できちんとした外見を維持する」を表すので、使い分けられるようにしよう！
- □ We **left** the problem unsolved.（我々は問題を未解決のままにしておいた）

　この他にも、All the people are **born** free and equal.（すべての人は自由と平等に生まれている）や I **like**［**want**］the texture smooth.（私は滑らかな肌触りの生地を好む）もよく使われます。

　それでは最後に、この第 5 文型特有の「動詞＋名詞＋〜ing」のパターンをご紹介しておきましょう。誰もが知っている典型的なタイプが「知覚動詞」で、「〜が〜しているのを見る」というパターンです。これにも重要 5 パターンあって、覚えれば皆さんの英語発信力が UP することでしょう。

「動詞＋名詞＋〜ing」の第 5 文型重要 5 パターンをマスター！

1.「知覚」グループ
（catch、feel、find、notice、observe、photograph、show、watch）
＊いろんな動詞を用いて、幅広く使えるように！
- □ The teacher **caught** me cheating.（先生は私の試験のカンニングを捕まえた）
- □ I **felt** her eyes following me.（私は彼女の目が私を追いかけているのを感じた）
- □ I **noticed** her cleaning the room.（私は彼女が部屋を掃除しているのに気づいた）
- □ He had been **observed** entering the house.（彼は家に入るところを目撃された）
- □ He was **photographed** leaving the house.（彼は家から出るところを写真に撮られた）
- □ He was **seen** shoplifting a book.（彼は本を万引きするところを見られた）
- □ The picture **shows** her playing in the park.（写真は彼女が公園で

遊んでいるところを写している）

2.「止める」グループ

（**avoid**、**preclude**、**prevent**、**prohibit**、**resist**、**save**、**stop**）

＊ prevent ［stop］〜 from よりも「止める勢い」が強い！

☐ They **avoided** the conflict degenerating into a full-scale war.（彼らはその衝突が全面戦争に悪化するのを避けた）

☐ My disabilities **prevented** me doing the job.（無能で私はその仕事ができなかった）

☐ He **stopped** her seeing her boyfriend.（彼は彼女が男友達に会うのを妨げた）

☐ The law **prohibits** any person under 18 being on the premises.（法律は 18 歳以下の者がその敷地に立入ることを禁じている）

☐ She **saved** herself writing an e-mail by phoning.（彼女は電話をして E メールを書く時間を省いた）

3.「もたらす」グループ

（**bring**、**have**、**keep**、**leave**、**send**、**set**）

＊ send や set まで使いこなせれば上級者！

☐ The earthquake **brought** her home crashing down.（地震で彼女の家は崩れ落ちた）

☐ The boss **kept** him working.（上司は彼を働かせ続けた）

☐ She was **left** waiting outside.（彼女は外で待たされたままだった）

☐ The scenery **set** her imagination working.（その景色は彼女の想像力を働かせた）

☐ The blast **sent** the cars flying in the air.（その爆発によって車が宙を飛んだ）

＊ get ＋ O ＋〜 ing は「因果関係と開始」を表し、set ＋ O ＋〜 ing は「特定の状態へと促す」を表し、send ＋ O ＋〜 ing は「強い勢いで追い出す」ニュアンスが出てくる。

4.「好き嫌い」グループ

（**like**、**favor want**、**bear**、**fear**、**hate**、**resent**、**stand**、**tolerate**、**anticipate**、**imagine**、**appreciate**、**remember**、**forget**）

＊このパターンを知っていると非常に便利！

☐ I **hate**〔**dislike**〕you leaving.（君に帰ってほしくない）

☐ I don't **like** you drinking so much.（君には大酒を飲んでほしくない）

☐ I don't **mind** you smoking.（タバコを吸ってもかまいませんよ）

☐ I can't **stand**〔**bear**〕him saying that.（彼がそんなこと言うなんて耐えられない）

☐ I will not **have** them pushing me around.（彼らにこき使われたくない）

☐ I **anticipate** them coming late.（彼らが遅刻するのは予測できる）

☐ We would **appreciate** you letting us know.（知らせてくれてありがとう）

☐ I'll never **forget** you doing that.（君がそんなことをしたなんて絶対忘れない）

☐ Can you **imagine** her doing that?（彼女がそんなことするなんて想像つく？）

☐ I **remember** you saying that.（君がそう言ったのを覚えているよ）

5.「含む」グループ
（mean、entail、justify、necessitate、involve）

☐ Bossing around **means** him telling you what to do.（威張り散らすということは、彼が君に何をすべきかを言うのを意味している）

☐ The competition may **necessitate** our company changing the prices.（競争で我が社は価格を変更する必要性があるかもしれない）

☐ The plan **involves** the employees having a pay cut.（計画は従業員が減給になることを含んでいる）

☐ The boom can **justify** us increasing the stuff.（好況で我々は増員を正当化できる）

　最後は、「動詞のベクトル（力と方向）」による分類です。動詞は「1.滞・在・有　2.合・閉・定　3.動（上・下・転）　4.運（上・下・転）　5.内（取り込む）　6.外に出す（与える）　7.開・広　8.打・触　9.断・壊」の9つに分類することができます。これも重要な動詞の分類で、これを知っていると正しく動詞を使い分けることができます。特に重要なのは **get、give、** have、be、take、make、put、go、come の9つの「核基本動詞」で、これらと on、off、in、out、over、up、down、to、away、around、through などの前置詞［副詞］でたいていの動きが表現できます。例えば、wear は have 〜 on で、meet は go ［come］together で、grow、rise、increase は go up で、fall、drop、decrease は go down で、turn、roll は go around で、start は get going で、leave は go away で、follow は go after で、といった具合です。さらに「核基本動詞」は keep、meet、bring、turn、see、open、hit、break などを、「基本動詞」では hold、wear、set、leave、pass、fall、carry、send、build、catch、call、touch などを網羅すると能率よく様々な動きを表現できるようになり、「準基本動詞」の raise、drop、cut、hang、shake、throw、pull、push、check、tell、spread、kick などのコンセプトをつかんですべての用法を会得すればさらに動作表現力が UP します。これらは「話し言葉」と「書き言葉」の違いを知るうえで極めて重要なので、参考までに分類表を記しておきますが、紙面の関係で本書ではその解説は割愛いたします。

基本動詞分類［ベクトル＆頻度］

カテゴリー	核基本動詞	基本動詞	準基本動詞
1. 滞・在・有	be、keep、have	stay、hold、wear (have on)、save	lie、cover、wait、stick、hang、mean、sit、stand、share、bear
2. 合・閉・定	meet（come together）	join、set	close、fix、stick、suit、fit、match、hang
3. 動（上）（下）（転）	get、come、go、make、run、go up go down go around	move、leave、pass、return、follow、grow、build、fall、turn	shake、fly、jump、rise、drop、sink、roll
4. 運（上）（下）（転）	take、put、get、run、bring、work、do、make、turn、bring up bring down get 〜 around	carry、send、play、move、try、build、grow、pass、leave	throw、drive、return、shake、push、pull、clear、blow、fly、sink、check、raise、drop、roll

5. 内 (取り込む)	get、take、see	catch、win、know、find、learn、read、buy	draw、study、understand、eat、drink、listen、try、feel、enjoy、pick、hear
6. 外に出す(与える)	give、let、show	pay、call、say	blow、speak、tell、answer、serve
7. 開・広	open	happen、begin、start（get going）、break	spread
8. 打・触	hit、reach、run into	burn、beat、kick、touch	strike、knock、push（miss は fail to hit）
9. 断・壊	break、kill	cut	blow

まとめると

1. 落ちる：drop、fall、sink
2. 上がる・上げる：raise、rise、build、grow、fly、jump
3. 打つ：hit、strike、knock、kick、beat、blow
4. ダメージを与える：burn、cut、kill
5. 引く：pull、draw、drag
6. 滞在する：stand、sit、stay、keep、lie、wait
7. 固定する：join、set、meet、fix、stick、fit、hang
8. 分かる：find、learn、catch、know、read、understand、feel
9. 起こる・始まる：open、happen、begin、start（get going）、break
10. 取り込む：eat、drink、win、buy、pick
11. 回転・揺り動かす：roll、drive、shake、push、turn、play
12. 言う：say、speak、tell、call、answer
13. 過ぎる：pass、leave
14. 至る・広がる：spread、cover、reach
15. 動かす・送る：send、carry、throw、move

となります。

次の英文を文脈から文法・語法の誤りを正してください。

The ozone layer, which **includes** relatively **low** concentrations of ozone（O_3）, **is** located **mainly** in the lower portion of **stratosphere**, approximately 30–40 km **over** earth. The layer is **virtually** important for all living things on the earth because it absorbs 97–99% of **biological** harmful ultraviolet light emitted from the sun. The **prime** cause of ozone depletion, which **became** a serious concern, is **apparently** the increase of chlorofluorocarbons（CFCs）and other **anthropological** halogen compounds often used in refrigerators, air-conditioners, or spray cans. **In order to** address the problem, major industrialized countries have been striving to come up with **innovation** solutions.

解答

文法・語法を訂正すると以下のようになります。

　The ozone layer, which ①**contains** relatively ②**high** concentrations of ozone（O₃）, is located mainly in the lower portion of ③**the stratosphere**, approximately 30-40 km ④**above the** earth. The layer is ⑤**vitally** important for all living things on the earth because it absorbs 97-99% of ⑥**biologically** harmful ultraviolet light emitted from the sun. The ⑦**primary** cause of ozone depletion, which ⑧**has become** a serious concern, is apparently the increase of chlorofluorocarbons （CFCs） and other ⑨**anthropogenic** halogen compounds often used in refrigerators, air-conditioners, or spray cans. In order to address the problem, major industrialized countries have been striving to come up with ⑩**innovative** solutions.

（オゾン層は比較的高濃度のオゾン（O₃）を含む層で、主に成層圏の下部、地上約 30 〜 40km に存在している。この層は、太陽から放射される生物学的に有害な紫外線の 97 〜 99％を吸収するため、地球上のすべての生物にとって極めて重要である。非常に懸念されているオゾン層破壊の主な原因は、明らかに冷蔵庫やエアコン、スプレー缶などに多用されているクロロフルオロカーボン（フロンガス）や、人為的なハロゲン化合物の増加であると考えられている。この問題を解決するため、主要先進国は革新的な解決策を打ち出そうと努めている）

【語注】

chlorofluorocarbons：フロンガス　halogen compounds：ハロゲン化合物

解説

　① include は、概念的な「含む」であり、contain は 物理的な「含む」という意味なので、この場合は後者が正解。

② オゾン層は、比較的高濃度のオゾン（O_3）を含む層なので、low ではなく high が正解。

③ 名詞 stratosphere（成層圏）は可算名詞で通例、定冠詞 the が必要。

④ 前置詞 over も確かに何かの上にあるイメージではあるが、覆うようなイメージでもある。例：a bridge over the river（あの川にかかっている橋）

　　しかし、この場合は「上空約 30 ～ 40km に位置している」としたいので、above が正解。また、on earth は概念的なので、この場合は on the earth がベター。しかし、moon に関しては必ず定冠詞がつくので on the moon となる。＊ The layer is vitally important for all living things on（the があっても可）earth.

⑤ 副詞 virtually は「実質的には、事実上」という意味なので、文脈に合わない。vitally「極めて」が正解。

⑥ 形容詞 harmful を修飾する必要があるので、形容詞 biological ではなく、副詞の biologically（生物学的に）が正解。

⑦ prime は「（順位などは関係なく）重要な」で、primary は「（何かと比較して）最も重要な」という意味なので、この場合は後者が正解。例：the prime minister（総理大臣）、primary interest（一番の関心事）

⑧ 訂正前の文だと過去形なので、「今もオゾン層破壊が深刻な問題である」とするには現在完了形 has become とするのが正解。

⑨ 形容詞 anthropological は「人類学の」という意味なので、文脈に合わない。正解は anthropogenic「人為的な、人間の営みによる」

⑩ innovation solutions という複合名詞はないので、形容詞 innovative「革新的な」が正解。

「英文法診断テストの評価」

（評価）

正答数 9 割以上：英文法力は素晴らしい、プロレベル！

正答数 7 割以上：英文法力はかなり高いセミプロレベル

正答数 5 割以上：英文法力はまずまず、もう一息頑張りましょう。

正答数 3 割以下：英文法力はかなり弱くトレーニングが必要。

②
時制は「過去」「継続現在」「継続未来」「未来」の４つに分かれる

　　まず、英語は「時」の概念（tense）、動作の起こった時間関係が日本語より明確です。日本語はこの点がアバウトで、時を表す言葉で文脈的に「時」を表すので、英語の時制を学ぶことは哲学的・心理学的で奥の深いものになります。その深遠な時制を理解するためにはまず、文法用語がその理解を妨げ、誤解を招いているということを認識し、「発信型実用英文法」の見地から、もう一度真剣に時制を勉強し直し、その知識を実践で活かせるように「状況的理解」をする必要があります。

　　まず「時制」を考えるときは、それが「連続性（continuum）」を持つものか否かを見極め、また「心理的に時間を捉える」必要があります。よって英語の時制は「過去」「継続現在（過去から現在まで続いている現在の習慣）」「継続未来（現在から未来に続いている）」「未来」の４つに分けることができます。現在完了や未来完了という用語自体が分かりにくいわけです。

　　日本語の場合「私はテニスをしています」というのを英語で言うと、

> **I play tennis.**（習慣的にしている）（現在形）
>
> **I am playing tennis.**（今している）（現在進行形［今だけ］）
>
> **I've been playing tennis.**（ちょっと前からしている）（現在完了進行形）

の３つの可能性があり、時制的にはどれか分かりにくくなります。

　　これに対して英語では、現在時制（the present tense）とは、「存在している」という意味と「今存在している」という２つの視点があります。そこから次の３つの用法が生まれ「継続的現在」と言えます。

> 1. いつも存在している「普遍の事実」（現在形）
>
> 2. いつも存在している「習慣」（現在形）
>
> 3. 過去の事柄でも「心理的には今起こっている」（現在完了形）

ですから、He plays tennis. と言えば

1. プロのテニスプレイヤーという自他ともに認める普遍性
2. 習慣［趣味］的にテニスをしている習慣性
3. 過去を回想して「彼はテニスをしていたな」と臨場感のある描写をする場合

の3つになりますが、大体は2のケースです。

また、「現在進行形」を使って、He is playing tennis. と言えば「今テニスをしている（進行中）」と「今からテニスをしようとしている（現在から未来への継続）」の2つの可能性があり、大体は前者の方です。

　これに対して、「現在完了形（the present perfect）」あるいは「現在完了進行形」を用いている次の文の違いが分かりますか。

> 1. **He has been playing tennis.**
>
> 2. **He has played tennis.**

　現在完了形というのは、過去から現在まで続いている状態を表し、必ず「現在」に視点を置いて「過去から現在までの連続性」を表す表現です。1の進行形の場合は「今やっている」を強調しながら、過去から現在まで続いているのを表すので、1は「ここのところずっとテニスをやっています」「昔から今もずっとテニスをやっています」という意味合いになります。ですから、I've been studying English for ten years. も「10年間英語を勉強しています」ではなく、「ずっと英語の勉強をしてきて今年で10年になります」と「継続性」と「現在」に視点をおくとニュアンスを理解することができます。

　これに対して、2の He has played tennis. は継続性が弱いですが、「今までにテニスをやってきました（ブランクはあるけどやってきて、今に至っている）」とか「今、テニスをやっていました」「最近テニスをやっています」というこれまた「過去から現在までのプロセス」を表します。

　ちなみに「経験」というのはあいまいな捉え方で、1回での経験なら「過

去形」で、I played tennis once. で十分だし、複数回でも I played tennis several times.（何回かやったことがあります［規則性なしで単に回数が数回ある］）、I used to play tennis.（昔、よくやっていました［ある程度の規則性があってやっていた］）と、「過去形」で表現できます。しかし、これらは現在とは全く関係なく、過去だけの行為であり、「現在完了形」は今もしている場合に使います。

　しかし、ここでもう１つ「心理的ファクター」が加わります。例えば「その映画を見たことがありますか」という英語の質問は次の４つの可能性があります。

---

1. **Did you see the movie?**（その映画を見ましたか。［単なる過去の出来事］）

2. **Did you ever see the movie?**（その映画をかつて一度でも見たことがありますか。［過去の経験を強調して］）

3. **Have you seen the movie?**（今までにその映画を見たことありますか。［現在までの経験］）

4. **Have you ever seen the movie?**（今までに一度でもその映画を見たことがありますか。［現在までの経験を強調］）

となって、頻度的には圧倒的に１が多く、次に４、そして２と３はかなり少なくなります。そしてまた、その答えとして４つのパターンが考えられますが、その違いが分かりますか。

　ニュアンスをつかんでもらうためにあえて和訳をつけると

---

1. **I saw it.**（見ましたよ）

2. **I ever saw it.**（昔、見たことがありますよ）

3. **I've seen it.**（見ましたよ。今でもよく覚えています！）

4. **I've ever seen it.**（もちろんです。今でもはっきり覚えています）

となって、過去形を使うと今とは関係のない過ぎ去った過去の出来事になって、１は「見たけどストーリーはあまりよく覚えてない」、２は「ストーリーはよく覚えてないけど確かに見たことは見ましたよ」のニュアンスに

なります。これに対して、現在完了形を使うと、**relive**（過去の経験であっても、今、経験しているかのごとく記憶がよみがえる）という、視点が心理的に「現在」となり、「過去の経験と現在が脳裏ではつながっている」ニュアンスになります。例えば、最愛のパートナー、友人、肉親がなくなった時など、ずっと過去を引きずって（relive）、何かのきっかけや連想でときどき思い出してはよく鬱になったり泣いてばかりになったりしますが、それこそ「現在完了形」の心理的用法なのです。「過去形」の場合は過去を引きずらず、ほとんど忘れた［忘れることができた］状態なので、落ち込みません。そして、その現在完了形の状態がずっと続いている場合は自殺まで試みてしまうかもしれない非常に苦しい状態なのです。

　これに強調の **ever** を加えて 4 の訳のような意味合いがでてくるわけです。ちなみに、**ever** は現在形、過去形、未来形、現在完了形などすべての時制で使え、基本的に、これまでの人生において「いつの時点でもいいから、一度でも」といった意味合いで次のように用います。特に現在完了形に加えると、「今までに一度でも」となります。

□ **Don't you ever see him again!**（彼に絶対に一度だって会うなよ！）

□ **I won't ever see him again!**（彼とは絶対、二度と会わないわよ！）

□ **Are we ever gonna get married?**（一体、いつになったら結婚するの［本当に結婚する気あるの］？）

□ **Did I ever make such a stupid mistake?**
　（そんな馬鹿なミスを僕が一度だってしたことあるか。）

　ところで、英語では日本語の過去を表す形として、前述の「過去形」「現在完了形」に加えて、過去より前からの動作を表す「**過去完了形（the past perfect）**」というのがありますが、これは分かりやすいでしょうか。文脈的に過去から現在を表す現在完了形ではないので、次の例文にあるような過去完了時制は理解できるでしょう。

When I went to New York with her, I'd already **been** there three times.（彼女と一緒にニューヨークに行ったときには、もう 3 回行っていました）

When she came to the office, I'd **been** already **working** for more than five hours.（彼女がオフィスに来たときには、もうすでに 5 時間

以上働いていました）

　やっかいなのが日本語の発想に全くない「**未来完了形**（the future'perfect）」です。「うっとうしいな。これをどうして覚えなくてはならないのか」と言われそうですが、この必要性を説明するために次の例を見てください。

　例えば「**この仕事をうまくやれば昇進させてあげよう**」というのを英語で言う場合、次の6つが考えられます。

---

1. **When you do this job successfully, I will give you a promotion.**
   （この仕事をうまくやれば昇進させてあげよう）

2. **When you have done this job successfully, I will give you a promotion.**
   （この仕事をうまくやり終えたら昇進させてあげよう）

3. **If you do this job successfully, I will give you a promotion.**
   （この仕事をうまくやれば昇進させてあげよう）

4. **If you will do this job successfully, I will give you a promotion.**
   （この仕事をうまくやるつもりなら［やってくれるなら］、昇進させてあげよう）

5. **If you have done this job successfully, I will give you a promotion.**
   （この仕事をうまくやり終えたら昇進させてあげよう）

6. **If you will have done this job successfully, I will give you a promotion.**
   （この仕事をうまくやり終えるつもりなら［やり終えてくれるなら］昇進させてあげよう）

　1は、whenの意味が「～する時に、～してから、～するなら（場合に）、～なので、～なのに」と多いので意味がぼやけますが、文脈から大体「成

功すれば」と分かります。3は if に「もし〜なら、〜の場合、たとえ〜としても」の意味がありますが、文脈から、同様に「成功すれば」という「条件設定」であることが大体分かります。すると、1は「この仕事をうまくやれば」、3は「この仕事をうまくやるなら」となります。

　しかし、これらに加えて、**do** には「しようというプロセス」と「し終わる結果」の2つの意味があって、また意味がぼやけます。つまり未来形の場合は、I will do it.（やりましょう）と「意志やプロセス」を表しますが、「**現在完了形**」を使った場合は、I have done it.（やり終わりました）と「**結果（英会話では略して "done" だけでも「結果」を表す）**」を表すことができます。よって、2と5はそれぞれ、プロセスや意思ではなく「この仕事をうまくやり終えたという結果があれば昇進させてあげよう」と結果を重視した意味になります。同様に、「今週中にこの仕事をしておいてくれよ」という場合も、I want you to do it by the end of this week. ではなく、I want you to get this done by the end of this week. と言わないと、「意志や努力のプロセス」なのか「結果」なのか分からないので不安になります。ましてや昇進や昇給や取引のようなお金の絡む重要な事柄で不明確はあってはならないので、「**必ず結果の保障**」を期待したり、約束するために「**完了形**」を用いるのです。

　ところで、「**時・条件を表す副詞節の中では未来形の代わりに現在形、未来完了形の代わりに現在完了形を使う**」という原則がありますが、これは if や when などを用いてこれからやることを述べて、「〜するなら」というぶっきらぼうな「単なる条件設定」の言い方です。これに対して、**if you will do 〜、if you will have + p.p.** は、if you do 〜、if you have + p.p. のダイレクトな条件設定の持つ断定的でぶっきらぼうな面がなくなり、「**〜する意志があるなら**」や「**ていねいな依頼**」の意味合いが出てきます。よって、If you *will have done* this job successfully, I will give you a promotion. ［未来完了形］は、「この仕事をうまくやり終えるつもりなら［やり終えてくれるなら］昇進させてあげよう」となるのです。

問題

> **Q.** 時や条件を表す副詞節（**if** 節や **when** 節など）の中では、「未来形」の代わりに「現在形」を使うと習いますが、そうではないのはどんな場合ですか。

A. まず、「意志や同意」を表す、If you will kindly follow me, I'll show you to your room.（もしよろしければ、お部屋までご案内しますよ）のような場合、次に **conditional requests or instructions**（条件付きの依頼や指示）を表す、If you will send me the report by tomorrow, I can review it before the meeting.（明日までに報告書を送ってもらえれば、会議の前に見直すことができます）のような場合があります。その他、頻度は減りますが、**when** 節の「確定した計画や予定された出来事」を表す、When the meeting will start at 3 pm, we need to be ready. のような場合や、**when** 節の「習慣的動作」を表す、When he will visit us, he always brings gifts. のような場合があります。

英語の「未来時制」を状況に合わせて使い分ける！

次に、「あなたの家に行きます」という時制のあいまいな日本語の英訳を考えてみましょう。すると次のようになります。

1. I'm coming to your place.
2. I am going to come to your place.
3. I will come to your place.
4. I will be coming to your place.
5. I am to come to your place.

このように、1の「習慣的行為」と2〜5の未来時制の5つのパターンが考えられます。1は説明済みなので2から5について見ていきます。

1は「進行形」といわれるものですが、進行形にも段階があって、"I'm coming." は「今すぐに行こうとしている」場合、「今まさに向かっている」場合、「もうそこに達する！」の場合があって不明確ですが、「動詞の行為」を心理的あるいは行動的に始めている状態です。

よって、そわそわして着替えをしてどこかに行こうとしている人に対して、Where are you going?（どこへ行くの？）という問いに対しては、全然向かっていなくてもどこかに行く準備をし始めたら、I'm going to Osaka. と言えるし、今電車に乗って向かっていてもそう言えます。そこで

紛らわしいので、今から行く場合でも「向かっているスピード感」を出すために、I'm on my way.（すぐに行く）と言ったりします。また、家の中でDinner is ready.（ご飯ですよ）と言われた場合は、距離が近く相手にどこにいるか分かっているので、まだ行く体制でなくても、今向かっていることを印象付けるために、I'm coming.（すぐに行くよ）と言ったりします。

これに対して、2の be going to ～は「～する方に向かっている」という意味で、「未来にする事柄の予定・計画」と現在から遠くなります。よって先ほどの大阪へ行く例では、I'm going to go to Osaka. は、明後日あるいは来週などに行く「予定」をしている場合に言い、和訳は「～するつもりです」という「意志」でなく「～する予定・計画です」に近くなります。

3の will を使った文は、can、may、should、must と同様に「義務・権力・許可・推量・必然性・可能性」などを表す「法助動詞（**modal verbs**）」を使ったもので、will はある程度の確実性を持つ「予測・決定・約束・強い意志・義務」などの意味があって、状況や声の調子（a tone of voice）によって意味合いが変わってきます。意志の意味では「内的・外的意志」を表し、自分の強い意志でする場合は、I will! と力強く発音しますが、他人の意志の押しつけの場合は、OK, I understand. I'll do it. のように弱い will になります。よって、will を用いた場合は未来の事柄であることには変わりがありませんが、状況によって本人の気持ちが何か分らない、いわゆる「特殊な未来」となります。

4の will be ～ ing は、will と be ～ ing を足して2で割った意味を持ちます。be ～ ing の持つ「実際にその方向に向かっている確定性」と will の持つ「推量・意志性」が合体し、be ～ ing のように「まさにしようとしている」ほどの「近現在性（＝現在との近さ）」はないですが、be going to のような～の方に向かって行っている「予定・計画」や will の持つ「主観的気まぐれ性」がなく、「より確率の高い未来の状況」を表します。従って、あくまで未来のことに対する予定なので、"We'll be meeting here this afternoon."（ここで午後にミーティングを開きます）のように「決まったスケジュールについて述べるとき」のように、より信頼度の高い未来の予定を表すときには、この will be ～ ing 形を使うわけです。

5の **be to** ～は、「未来の計画や意図」「義務や必要性」「指示や命令」「可能性や許可」「運命」を表し、The meeting is to start at 3p.m.（会議は3時に始まる予定だ［公式な文脈での正式な手配］）、you are to do your homework（君は宿題しないといけない）、Am I to understand that you will not be coming（来ないということですか）、He was never to return home again.（彼は二度と家に戻ることはなかった）［避けられない「運命」］のように使われる。

> **Q.** 先日電車に乗っていたら、**We will soon be arriving at Osaka.** というアナウンスを聞きました。どうして **will arrive** ではなく **will be arriving** なのですか。

A. will be 〜 ing は進行中の事柄が未来に確実に起きることを表すのに最適な表現です。

　助動詞 will は意思と単純な未来を表すことができますが、ここでは鉄道会社の意志ではないので、後者の意味です。will arrive にすると、意志の will とも捉えられかねないことと、単純未来の will だとしても、到着することの確実性が 75% くらいだということになり、鉄道会社として無責任な感じになってしまいます。これに対して will be arriving のような**未来進行形**は、「もうそれがほとんど確定していて、今その流れの中にいる」というニュアンスが出ます。つまり、次の駅に到着することが確定していて、今それに向かって電車は進んでいる、という**時間の経過を同時に表現**できるので、車内放送にはぴったりなのです。また、**未来進行形にすると、will の持つ「意志」の意味はほぼなくなってしまいます**ので、この点からも最適な表現だと言えます。

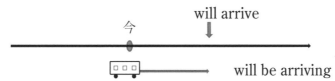

　未来完了形はこの「進行中の確定した予定」の他に、"I will be playing tennis this time tomorrow."（明日の今ごろ、私はテニスをしているだろう）と「未来のある時の進行中の行為」や、still を伴って "I will still be working 20 years later."（私は 20 年後もまだ働いているだろう）のような「今も未来もまだ続く行為」に使われます。さらに "Will you be coming to the party?" は、直訳すると「パーティーに行くことになっていますか」と、もう決定していることを聞いているようになり、"Will you 〜?" と意

志を直接たずねるよりも「来週のパーティーには来てくれるのでしょうか」と「丁寧なニュアンス」を出すこともできます。仕事の上で予定に言及する場合などにもよく使われます。

未来進行形の意味

①未来のある時の進行中の行為 ☞「明日の今頃…している最中だ」

②進行中の確定した予定 ☞「…することになっている」

③今も未来もまだ続く行為 ☞「将来もまだ…しているだろう」

④丁寧なニュアンス ☞「…してくださるのでしょうか」など

　このように日本語では現在のことか未来のことか分からないので、「副詞」で時制を表します。英語は「時」の概念（tense）、つまり動作の起こった時間関係を明確に表していますが、日本語はこの点がアバウトで時を表す言葉で文脈的に「時」を表します。従って英語の時制を学ぶことは哲学的・心理学的で、その深遠な時制を理解するためにはまず、「文法用語」がその理解を妨げ、誤解を招いているということを認識し、「発信型実用英文法」の見地から、時制を感覚的に理解し、それを実践で活かせるようにする必要があります。そこでまずは、よく大学入試問題にも出題された「最近」を表す語の使い分けをおさらいしてみましょう。

問題

　「最近」を表す these days、nowadays、recently、currently、lately の使い分けとその理由を例を挙げて説明してください。

解答&解説

　これは日本人の英文ライティングで非常にミスの多い文法項目です。

nowadays：「昔と違って今は」という「過去」との「対比」を表し、必ず動詞は「現在形」を用います。それは these days も同じです。Nowadays most Japanese people are reluctant to make stock investments.（最近、たいていの日本人は株式投資をやりたがらない）のように使います。

recently：過去を振り返って「ここ最近は」という意味なので、基本的に動詞は「現在完了形」がマッチしますが、過去を振り返る状

況から「過去形」も使えます。We (have) recently published a book on Japanese culture.（我々は最近、日本文化に関する本を出版した）のように使います。

currently：これは「今まさに進行中（ongoing）」でという意味で、「現在進行形」と相性がよく、We are currently working on this project.（我々は目下このプロジェクトに取り組んでいる）のように使います。

lately：これは時制的には「万能」ですが、特に「習慣的な動作」を表し、He sits in the lounge drinking tea all by himself lately.（最近、彼は休憩室で1人でポツンとお茶を飲んでいることが多い）のように使います。

問題

> **Q.** I'm lovin' it という広告を見たことがあります。文法書では love は状態動詞なので進行形にしてはいけないとあったのですが、なぜこのように使えるのですか。

A. 特に **CM** など口語的に使われる表現です。

動詞 love は本来なら普遍性を表す現在形を使って I love it とするのが文法的にも意味の重み的にも適しています。しかし、あえてそのオキテ破りをすることでいつも「今まさにハマっている！」という動きを出し、キャッチーに人の心を捉える広告の役割を果たしています。

＜進行形の領域＞

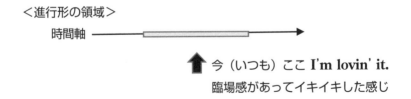

このほかにも進行形にできないとされている状態動詞を進行形にすることがあります。例えば、"**I'm living in Osaka**." の場合、単身赴任や下宿、転勤族など半永久的にその場所に住まないニュアンスを出すことができます。また、日本に来たばかりの外国人に "**How are you liking Japan?**" と

言えば、「（今のところ）日本は気に入っていますか」という意味に、**"I'm liking my new job."** は「新しい仕事が気に入っている」という意味になります。いずれも新しい事物を好きになってきている、もしかしたら気に入らなくなる可能性がある、というニュアンスを表しています。**"He is being kind today."** と言えば、「今日はやけに親切だ」とやはり一時的な状態を、**"She is resembling her mother."** は段々母親に似てきているという変化を表します。

状態動詞を進行形で使う場合

①変化を表すとき

②一時的な状態を表すとき

③ CM など、消費者にインパクトを与えたいとき

---

③
スピーキング力を飛躍的に UP させる 助動詞を項目別に一気にマスター！

　学校で習った助動詞の意味・用法で英語の助動詞を理解しようとすると面食らったり、状況を誤解することが多々あります。そもそも**助動詞**とは、**auxiliary verbs**（動詞の時制や態を形成する）、つまり "be、have、do" などと、「可能性、許可、必要性」などを表す **modal verbs**（法助動詞）= "can、could、will、would、must、may" などの両方を包括する概念で、一般的認識は、fact（事実）ではなく、「心の中での思い」を表すものです。そして、それらは関連し合っていますが便宜上、次の分類で説明していきます。そこで、ここでは、英語の発信力、特に英会話力を UP していただくために、助動詞を用途別に分類して、正確かつ深くそれぞれの用法をマスターしていただきましょう。

1.「推量・可能性」の感覚（perception）を表す助動詞 （確度順）

　「〜だろう」という日本語訳では、可能性が 6 割なのか 5 割なのか 4 割なのか感覚がつかめないので、ここでは状況ともう少し正確な和訳を用いて解説いたしましょう。

　1. **shall**—契約書など法的な場面で使われるが、現代英語ではほとんど確率や可能性を示すのに使われない。"I shall win."（僕が勝つこと

になっている）や、You shall die.（お前は死ぬんだ）のように「運命予言的」な意味合いを持つ。

2. **must**—起こることが要求されている状況で、90% 以上の高い確実性「きっと〜に違いない」の感覚を示す語。

3. **will**—将来の出来事や予測の「確実性（certainty）」を示すのに使われ、「〜だろう」より強く、"I will come tomorrow." や "He will come." は日本語では「明日行きます」「彼は来ますよ」に近い。しかし、日本語のように断定しているわけではなく、将来の行動の「意志」も働いているため、「8 割がた行けます」といったニュアンス。よって時・条件を表す副詞節の中では、"If you will try hard" のように「意志」を表す以外は will を省いた「現在形」を用いる。また 100% ではないところからレジでの "That'll be $30." のように「語気緩和・丁寧」も表す。

4. **should**—何かが起こる可能性が 7 〜 7.5 割ぐらいの感覚で、起こることが妥当であったり、当然であったり、期待感があったりする場合の表現。特に経験と常識に基づく判断を表す。"It should come out." は、自販機にお金を入れたけどジュースが出てこない時などで「出てくるはずなんだけど」を表し、"It should rain today." は「（天気予報では雨だと言っていたので）今日、雨が降るはずだけど」という感覚で経験と常識に基づく判断で should を用いる。

5. **would**—仮定法でもおなじみの語であるが、可能性は should と can の間ぐらいと言え、「〜だろう」に最も近い。しかし、あくまでも「仮定の状況」が隠れていて、I would do that や I wouldn't do that. はいずれにしても「私だったら」の含みがある。He would come. なども、「そういった状況なら」という仮定を含んでいる点に要注意。

6. **can**—何かの「実現［実行］可能性」を表す語で、It can happen.（その可能性はある）であるが、状況によって、可能性は 50％である場合と、文脈によってはそれ以上の可能性を示唆する場合がある。

7. **may**—可能性の感覚は 40-50％の間で迷って決めかねている状態で、「〜かも」レベル。「彼は来るかも」と言えば、「〜かもしれない」よりもいくぶん来そうな予感がするのでそれに近い。

8. **could**—can の可能性の半分ぐらいになり、「～かもしれない」に近いが、would と同じく「何らかの条件」が潜んでいて、「もし～ならば～ということもあり得る、～もないことはない」の意味で、"I could do that." や "Could be." は「私にやらせてもらえればできるかもしれません」「彼らだったらそうかもしれない」という意味。また、I could be wrong.（間違っているかもしれません）の場合は、「謙遜」の意味合いが出てくる。さらに、また、否定形は This couldn't be true.（こんなことあり得ない［must（～に違いない）の**反対の強い否定推量**]）の用法もある。ちなみに、could には I could kill you.（殺してやりたいくらいだ）、You could look more energetic.（もっと元気よく振舞ってよ）という「**願望**」や「**苛立ち**」を表す用法もある。

9. **might**—may の可能性の半分ぐらいになり、「可能性はかなり低いが、**ひょっとしたら～かもしれない**」というニュアンス。

2. 「義務・提案」を表す助動詞の意味の強さ（強さ順）

1. **shall**—契約書など法的な場面で使われる「～するものとする」という拘束力の強いもの。また、You［He］shall die.（お前死ね、殺す）のように「**脅迫・命令**」などを表す場合もある。

2. **must**—強い義務や必要性を表すが、「絶対に！」という話者のうちから**湧き出る個人的な強い感情**を表し、You must come!（絶対に来てね！）、You must win!（絶対勝てよ！　負けることは許さんぞ！）のように使う。

3. **need to**—条件・要件や外的な状況による必要性を表し、「～する必要がある、**状況から判断して～すべきである**」。You need to complete this form.（この書類に記入する必要があります）のように使う。

4. **have to**—外的な状況による**必要性**と**規則**や**法律**による**義務**の場合があり、I have to go to the doctor.（医者に行かなければならない）、You have to attend class every week in this program.（このコースでは毎週クラスに出席しなければならない）のように使う。ちなみに、have got to は have to より口語的で、かつ「**緊急の必要性や義務**」を強調する。

5. **had better**──従わなければえらいことになるよという「**強い忠告や警告**」で、日本語の「〜した方がいい」といった弱い忠告ではなく、You'd better see a doctor. は「ひどくなったらいけないから医者に診てもらった方がいいよ」という意味合い。

6. **should**──「**助言・推薦・期待**」を表し、日本語の「〜した方がいい」に最も近く、We should take a different approach.（別の手でいこう）のように使う。よく和訳に見られる「〜すべき」は **need to** 〜（状況から判断して〜すべき）に近い。ちなみに **ought to** は should よりフォーマルで語気が強いので、こちらの方が「〜すべきだ」に近くなる。

7. **might**──文脈によって「**助言・苛立ち・命令・合理的判断勧告**」を表し、You might want to try it.（それを試してみてはいかがですか）、You might help me.（手伝ってくれてもよさそうなのに）、You might call me tonight.（夜、電話くれよな［親しい間で使われやや威圧的]）、You **might as well** leave now.（今すぐ出発した方がいいのでは［何かをすることが**合理的**であることを説く]）と用法が多い。

8. **will**──義務ではなく、「**意思・決定・約束**」を表すが、You will do it yourself.（自分でそれをしなさい［**will** に強勢を置いて]）のように、「君がやることになっている」といった「**命令・指示**」の意味が起こってくる。

9. **can**──「**能力・実現可能性**」を表す語で、通常は義務とは関係ないが、"You can do it! You can do it! You can!" と激励し、駆り立てる場合は、「君ならできる！ 頑張れ！」という意味合いが生まれてくる。また、映画スパイダーマンで貧しいおばさんが彼にこづかいをあげようとすると、"I can't take it.（受けとれない）と言ったのに対して Yes, you can!" とおばさんが言ったセリフは「いいから受けとりなさい！」という強い語気になります。

10. **could**──「**丁寧な依頼**」を表すときに用いる語であるが、同時に "You could do it." 「した方がいいんじゃない」という最も弱い suggestion でもある（would の方が少し強い）。また、We could go for a drive tomorrow.（明日ドライブでも行かない?）のように「**軽い提案（〜しませんか）**」の用法もある。

3. 「依頼」を表す助動詞の丁寧さ（強さ・丁寧順）

1. **Might you** ...? ―公式なスピーチなどで使われる**最もフォーマルで最も丁寧な**表現だが、めったに使われない。Might you help me?（誠に恐縮ですがお助けいただけますか）

2. **Would you** ...? ―could you...? より丁寧な依頼でこれも使用頻度が高い。mind をつけるとさらに丁寧になり、Would you mind opening the window?（すみませんが窓を開けていただけないでしょうか）のニュアンス。

3. **Could you** ...? ―"Can you...?" よりも丁寧でフォーマルな依頼表現で、Could you help me?（手伝っていただけますか）

4. **Can you** ...? ―日常会話で最もよく使われる依頼表現で、丁寧だがカジュアルな依頼。Can you help me?（手伝ってくれません？）

5. **Will you** ...? ―ダイレクトな要求をするときによく使われ、文脈や声のトーンによっては、かなり自己主張の強い表現になる。Will you help me?（手伝ってよ）

4. 「禁止」を表す助動詞の強さ（強さ順）

1. **shall not**―フォーマルで、特に**法的拘束力**のある文脈での禁止であり、頻度は低い。You shall not enter the house.（その家に入るべからず）

2. **must not**―「絶対にしてはいけない」といった語気的には**最も強い禁止義務**で、命令的な**トーン**がある。You must not smoke in this area.（このエリアでは禁煙だぞ！）

3. **cannot**―must not より弱い禁止を示し、**禁止は規則で決められている**という意味。You can't park here.（駐車禁止です）。言い換えると "**not allowed to**" で、禁止の意味になるが、拘束力が may not よりも弱い比較的**中立な表現**で頻度は高い。

4. **may not**―may が「〜してもよい」で、その否定形は**フォーマルな表現**で、**権威**を表し、特定のルールや規則、関係当局による禁止を表し、頻度もまあまあ高い。You may not enter

without a pass.（規則によって、通過証なしで入っていけません）

5. **will not**—基本的に「拒絶・反対」を表すが、よく受付が無断侵入者に対して、You will not go in there!（そこに入らないように！）というように、規則でもなく、強制命令というほど強いものではないが、きっぱりと「指示」を与えるニュアンス。

6. **should not**—must not や cannot よりも弱い禁止で、**勧告や強い提案**のニュアンスがあり、頻度は普通。You should not drink and drive.（飲んで運転してはいけませんよ / 飲酒運転はしないように）

まとめると次のようになる。

shall not—formal or strong prohibition（フォーマルな禁止的）
must not：strongest and direct（強制命令的）
cannot / can't：strong and regulatory（規則的）
may not：formal and authoritative（権威的）
should not：weaker、advisory（忠告的）
will not：instructive（指示的）
not allowed to：neutral（中立的）

5.「意志」を表す助動詞の強さ（強さ順）

1. **will**：未来の**予定**や**決意**を表す。will は感情を表し、「**内的外的要因による意志**」を表す。つまり、内的な場合は「**やるぞ！**」で、外的な場合は「**分かった、やるよ**」と気乗りのしない場合も含む。また、自分のことを言わない場合は「**多分そうなります**」という予測になる。

2. **shall**：主にイギリス英語で、**未来の提案や計画**を表すのに使う。ちなみに Shall I...?、Shall we...? は shall の持つ「必然性」から、「yes」の答えを予測した提案を表す。

3. **would**：丁寧な申し出や依頼、仮定された未来の状況を表す。
   I would go if I had time.（時間があれば行くのですが）

4. **can**：能力や可能性を表すが、同時に「意志」を表しているので「やってみよう」というニュアンスになる。
   I can help you with that.（手伝ってあげよう）

5. **should**：推奨や義務感、予測を表すが、時に**意志や計画**を示すのにも
使われる。I should see that movie.（その映画を見なくっ
ちゃ）

6. **might**：可能性が低い**未来**の「意図」を示すために使う。
I might go to the party later.（あとでパーティーに行く
かも）

いかがでしたか。それでは最後に、その他の助動詞の注意点を記してお
きましょう。

「能力」を表す助動詞

can は「人・物・事に備わった**常にできる能力**」。be able to は「生き物
の一時的な能力」。

「許可」を表す助動詞

1. **can**：一般的な許可を求める
Can I ask you a question?（1つ聞いてもいいですか）
2. **could**：can よりも丁寧に許可を求める
Could I use your pen?（ペンを貸していただけますか）
3. **may**：許可を求める際の正式な表現
How may I help you?（ご用件を承ります）
4. **might**：may より礼儀正しく、古風な表現
Might I have a glass of water?（お水一杯頂戴してもよろしいでし
ょうか）

ちなみに、be allowed to も許可を意味するが、特定のルールや規則に基
づいていることを強調し、You are allowed to eat in the classroom.（教
室で食事をしていただいてもいいことになっています）のように用いま
す。

第2章

冠詞・名詞を
一気にマスター！

名詞・冠詞の「概念」と「個別化」と「特定化・差別化」の用法

　英語の名詞・冠詞には、「概念」と「個別化」と「特定化・差別化」があり、概念は「無冠詞」、個別化は「不定冠詞（a/an）」、特定化・差別化（総称）は「定冠詞（**the**）」を伴います。例えば、日本語の会話で「これは制服です」と言うとき、a に当たる語はつけませんが、英語では This is a uniform. と「個別化（格下げと呼んでいます）」の a をつけます。また、uniform は可算と不可算の両方の用法がある名詞ですが、下記のような意味の違いが起こってきます。このように、冠詞の種類によって意味が変わり、**the** によって「区分・強調（他のものと違って〜というものは）」の意味が生まれ、**a** を使って「とある、ある種類の、ある程度の、1つの」のように「格下げ（弱め）」が起こってきます。

　これら3つの冠詞のコンセプトを、「雑誌」（① **magazine**　② **a magazine**　③ **the magazine**）を例に見てみましょう。①無冠詞の **magazine** は「雑誌というもの」と「概念化」しますが、冠詞がないため、意味が広がってぼやけ、弱い感じがします。②不定冠詞（**indefinite article**）の a をつけると「格下げ」「具体化」「個別化」が起こり、雑誌の「種類」に視点が移ります。③定冠詞（**definite article**）の the がつくと、雑誌を他のもの（例えば新聞など）と「区別」し明確な（**definite** な）個性を「強調」し、①の無冠詞よりさらに「概念化」が強まります。

> ### 無冠詞　magazine
> 「雑誌というもの」と「概念化」（区分・強調の冠詞がないため、広がりぼやけた概念）

> ### 不定冠詞　a magazine
> a をつけて「格下げ」「具体化」「個別化」する。
> 雑誌の「種類」に視点が移動！

> ### 定冠詞　the magazine
> 他の部類のものと「区別」して「強調」
> →無冠詞よりさらに「概念を強調」
> あるいは他の雑誌と違って「その雑誌」は

英語の哲学に迫る！「冠詞」を一気にマスター！

　名詞の意味を格上げ（概念化）したり、格下げ（具体化）する重要な役割を担う冠詞には、英語（西洋）の哲学が反映されています。この深遠なる冠詞の世界をエンジョイしながら、冠詞の使い方をマスターしていただきましょう！

問題

> Q.「制服は便利です」は次の5つの英訳が考えられますが、違いが分かりますか。
> 1. **Uniform is convenient.**（制服というものは便利である）
> 2. **A uniform is convenient.**（ある制服は便利です）
> 3. **The uniform is convenient.**（他のものと違って制服というものは便利です）
> 4. **Uniforms are convenient.**（制服はいろいろな種類があって、どれも便利です）
> 5. **The uniforms are convenient.**（それらの制服はどれも便利です）

　A. 1は、（制服というものは便利である）「**制服という概念**」を表します。

　2は制服という概念ではなく、制服を1つの物と扱って、「**制服は便利です**」と「（いろいろある制服の中で）**ある制服は便利です**」という2つの意味があります。

　3は「他のものと違って制服というものは便利です」と「**概念化と差別化**」を図っています。

　4は制服には「**いろいろな種類があって、どれも便利です**」という意味です。

　5は「**それらの制服はどれも便利です**」。

　頻度的には概念的なものを主語で用いる場合は、3の「**the ＋名詞**」が

よく用いられます。5は意味合いが違うので省き、「ユニフォームというものは」と言うときは3が一番多く、次に4、2、1の順になります。これら5つをよく混同して使っている学習者が多いようです。

　ちなみに、「これはペンです」と言うときも、This is a pen. と a を伴いますが、the をつけると「文筆」という概念になり、有名な格言 "The pen is mightier than the sword."（文筆というものは武力よりもパワフルである）となります。大体、主語の場合は "the" をつけて「概念」を表すことが多いです。

　さて今度は、「日本人」という英語について考えてみましょう。

　例えば「駅で日本人に会った」は

I met a Japanese at the station.

I met a Japanese man〔woman〕at the station.

となり、普通は Japanese の後に、man、woman、girl のような名詞をつけますが、「ある日本人」という意味で a Japanese も OK です。しかし、「日本人は親切です」のように主語になった場合は、「ある日本人は親切です」が不自然なように、次の6つのうちどれがいいか考えてみてください。

---

1. **Japanese are kind.**（○）
   （日本人全体に対する一般的で少しフォーマル言い方）
2. **Japanese is kind.**（×）
   （"Japanese" は通常、形容詞または複数名詞として扱われるため、この形では使われない）
3. **A Japanese is kind.**（×）
   （特定の日本人個人について言及しているように見えるが、上述の理由で不自然）
4. **The Japanese are kind.**（◎）
   （日本人全体に対する一般的な言い方で、"the" があることで「日本人全体」を指す）
5. **The Japanese is kind.**（×）
   （"the Japanese" という表現は通常、日本人全体を指す複数形として使用されるため、単数動詞 "is" と組み合わせるのは不適切）
6. **Japanese people are kind.**（◎）
   （日本人全体に対して親切であるという最も一般的な表現）

　このように、日本人を英語で表現する場合は、Japanese（名詞としての

使用）か The Japanese か Japanese people が正しいことが分かります。

"Japanese are known for their politeness."

"Japanese people are known for their traditional arts and crafts."

ちなみに、a Japanese citizen、a Japanese national という言い方がありますが、最も一般的に使われる日本の文化、言語、民族に属する人々を指す Japanese に対して、a Japanese citizen は、市民権を持っているため、日本の法律に基づいて特定の権利と義務を持っていることを意味し、a Japanese national は、日本国籍を持つ人を指し、市民権とは必ずしも同じではないので、その国のパスポートを持つ資格がありますが、必ずしもその国が居住地ではありません。

さて、「冠詞・名詞」に関しては、「冠詞」というネーミングや日本語に「可算・不可算性」の概念が乏しいために使いこなしにくくなっています。そこで、まず英語本来の意味からだいぶそれている「冠詞」という言葉を使わずに、**a** を「個別・格下げツール」、**the** を「限定・差別化ツール」と呼んで理解を深めていきましょう。

まず、「定冠詞（**definite articles**）」のコンセプトは「区分と強調」です。そこから３つの用法が生まれています。この３つだけを覚えてください。

> 問題

> **Q. man** を用いて、一般的に「人間は利己的である」と言いたいとき、**Man is**、**Man are**、**A man is**、**Men are** のどれが正しいですか。

A. man には、「人間」と「男性」の両方の意味があるので紛らわしく、性別中立的な言葉遣いへの移行によって現代ではあまり一般的ではありませんが、Man is 〜は、全人類についての一般的な声明をするときに使われます。この場合、man は単数形ですが全人類を指しています。Men are 〜は具体的な男性の集団について話している場合に使われ、A man is 〜 は単一の男性個人についてのみ言及しており、Man are は文法的に不正確な形です。現代では性別中立的に、Human beings are 〜や Humans are 〜（全ての人間を含む表現）がよく使われ、他に People are 〜（性別中立的でくだけた表現）、Humanity is 〜（人類全体について述べる言い方）、Humankind is 〜（人類全体を表す文学的な言い方）などがあります。

定冠詞の３つの用法のエッセンスをつかんで応用せよ！

1. すべてのものか同種のものの中で「他のものではなく、それ！」

2. すべてのものか類似したものの中で「他のものと違って、それというものは！」

3. 詳細が省略されているが、「分かりきっているそれ！」

例えば the dog という場合、同じ種類であれ、いろいろなものの中であれ、「これ（この犬）は！」と指摘・強調するときと、「同種のものかいろいろなものの中で、「他の動物・ものと違って犬というものは」と区別して、区分・概念的に強調する場合があります。いずれも「区分」がポイントです。そこで、the がついている場合はまず、「その犬」か「他のものと違って犬というもの」かを文脈によって判断しなければなりません。同様に、the scientist も「その科学者は」と「科学者というものは」との２つの場合があり、それは文脈次第です。

次に、Open the window. と言う場合、日本語では「窓を開けてください」となって、the に相当する「その」はありません。これは、Open the window (in this room). とか Open the window (you see over there). のように言葉が省略されているケースです。同様に、「関係者」を表す the party [people] concerned、the party [people] involved も the party [people] concerned [involved] in the case [incident] などの省略形です。この他 the money enclosed (in the envelop)（同封のお金）や the user (of this device) も、（　　）内が省略されて定冠詞 "**the**" がついています。

これに対して「不定冠詞 "**a**"「格下げ（弱め）」は、定冠詞 the の「格上げ（強め）」の反対です。このように、冠詞の種類によって意味が変わるのです。つまり the によって「区分・強調」の意味が生まれ、a を使って「とある、ある種類の、ある程度の、１つの」のように「格下げ（弱め）」が起こってきます。ですから **the** をつけるか、**a** をつけるか、何もつけないかに迷ったときは、上のような言葉を補って判断してください。よって、The party was a success.（パーティーは今回は成功だった）、Patience is a

88

virtue.（忍耐は美徳の１つである）とは言えても、普遍的に party = 成功ではなく、忍耐と美徳が集合的に同列ではなく忍耐が美徳の集合に含まれるので、The party was success.、Patience is virtue. は言えないわけです。

　また、同様に look at と take a look at、walk と take a walk、swim と have a swim では、前者がそれぞれ「ある特定のものを見る、（～へ）歩く、（～へ）泳ぐ」を意味するのに対して、後者は「ちょっと見る、ちょっと歩く（散歩する）、ちょっと泳ぐ（ひと泳ぎする）」のように、日本語でよく用いる「ちょっと」のニュアンスを出すことができます。よって、take a walk to the station や have a swim to the shore とは言えません。

　唯一無二を表す定冠詞 **the** の３つのコンセプトは分かっていただけたと思います。ただ、世の中にひとつしかない太陽（**the sun**）、旧約聖書（**the Old Testament**）、十戒（**the Ten Commandments**）などは唯一無二で分かりやすいですが、この「唯一無二」から、①「強調・重要」②「集合体・総称・概念」③「対比・区分」④「話者間の了解」⑤「限定」などの用法へと細分化していきます。

　例えば、インターネット（**the Internet**）には **the** をつけて「特許もの」「画期的」「唯一無二」の「重要なもの」（①）というメッセージを、政府（**the government**）は「重要なもの」（①）でかつ「政府という概念」（②）と「例の政府という話者間の了解」（④）を伝えているのです。

　また、臓器（心臓［**the heart**］、胃［**the stomach**］）は「唯一無二」の「重要なもの」（①）であり、体の他の部分と「区別」（③）する **the** が必要ですが、a heart と不定冠詞がつくと、医者が複数あるサンプルのうち１つの心臓を選んで処置するような特異なイメージが生まれてしまい要注意です。

　同様に **the basics**［**the fundamentals**］（基本原理）は「唯一無二」の「重要」（①）な基本事項が複数個イメージでき、それらを **the** をつけていろんな基本が集まった「集合体」（②）とみなします。

　さらに **by the dozen**（ダース単位で）、**by the pound**（ポンド単位で）のように単位の前に **the** をつけるのは、「区分」（③）や単位という「話者

間の了解事項」（④）を、"Can you open *the* window?" の window の前の the も「あなたが今居る部屋の窓」という「話者同士の了解」（④）を、**the upper class**（上流階級）や **the younger generation**（若い世代）はそれぞれ「下層階級」や「旧世代」との「対比・区分」（③）を暗示します。

また、時（夕方 [**in the evening**]、最初から [**from the beginning**]、1950 年代に [**in the 1950s**]）、方角（北 [**the north**]）、エリア（郊外で [**in the outskirts**]）の **the** はそれぞれ時や方角、地域の「区分」（③）を表現し、米国憲法序文にみられる **We the people of the United States**（我々アメリカ合衆国国民）の people の前の **the** は「どこの国でもない、まさに米国の国民」と、国民（people）を「限定」（⑤）すると同時に、「米国国民というもの」という「概念」（②）の役目を担っています。

また日本人がよく間違える、冠詞によって意味が変わる "number" の用法、つまり **the number of**「～の数」と **a number of**「多くの～」の使い分けも注意です。

The number of students is increasing year by year.
　（学生数は年々増加している）
☞これは「生徒の数」と限定しているので the で、主語は単数扱い。

A number of measures were taken to solve the problem.
　（その問題を解決するために多くの方策がとられた）
☞これは「ある数の」から「多くの」の意味になったもので、many ほど多くはないが some より多い、それらの中間的な量で、主語は複数扱い。

また、「冠詞」は英語のリズムと関係しています。日本人は「本」を英語では book としか思っていませんが、英語では a bóok の a が「裏（拍）」で book が「表」から入り、英語のリズムが生まれ、英語特有の「可算性」も表現できるのです。

そこで登場するのが「英語のリズム」の重要性です。次の例文を見てみましょう。同様に、**Thís is a pén.** この文でのキーワードは太字部分の This と pen ですね。よって「頭（強い部分）」のリズムになりますが、その「裏（弱い部分）」のリズムに当たる部分が is だけだと短すぎてバランスが取れないのです。というのは、速い会話では is が this と「同化（

assimilation）」して短くなってしまいます。その結果、リズムを良くするために、必ず「不定冠詞」が必要となってくるわけです。

　ちなみに不可算名詞の場合は、Would you líke some wáter〔fóod、money〕? や Do you have some money〔food、water〕? の場合、キーワードは like あるいは have と water〔food、money〕なので、それらが「表（強い部分）」のリズムで読まれますが、その間の「裏」のリズムは some によって作ることができます。ですから対訳に「いくらかの」という日本語が載っていなくても、英語ではリズムを良くするために some をつけます。日本語で言えば「ちょっと〜？」という感じになります。

問題

> **Q.** 次の（　）内の適切な冠詞を選んでください。（×は無冠詞の意味）
>
> 1. **Have you ever seen（ a/the/ ×）movie *Mission Impossible*?**
>   （『ミッション・インポッシブル』という映画を見たことがありますか）
>
> 2. **"What brought you to Japan?"**
>   **"Well, it's the call of（ a/the/ × ）unknown.**
>   （どうして日本にいらしたのですか。―そうですね、未知の魅力ですね）
>
> 3. **In sumo, the Grand Champion can never slip down（ a/the/ ×）rankings again.**
>   （相撲では横綱が下の位に落ちることは決してありません）
>
> 4. **You can enjoy（ a/the/ ×）full moon tomorrow night.**
>   （明日の夜は満月が楽しめますよ）
>
> 5. **（A/The/ ×）pound has risen against（a/the/ ×）dollar.**
>   （ポンドの対ドル相場が値上がりしています）

解答＆解説

1. 正解は **the**。これは「同格」の **the** で「ミッション・インポッシブル」という映画と、数多くある映画の中から唯一無二の存在に「限定」。

2. 正解は **the**。これは「the+ 形容詞」で抽象名詞の役割を担う用法で、**the unknown** は「未知なるもの」。ちなみに、the call of ... の the は後ろの of 句により call が「限定」されたため必要。

3. 正解は **the**。**rankings** や **basics** など「重要・基準・リスト」を表す名詞の前には定冠詞が必要。

4. 正解は **a**。唯一無二の代表の「天体」には通常は他のものと「区別」するための the が必須だが、a full moon（満月）、a half moon（半月）のように複数種ある月相のひとつをいうので、a をつけて格下げ。

5. 正解は **The** と **the**。貨幣や相場はみんなが「了解」している「区分」のため **the** が必要！

それでは今度は次のものがどのタイプか考えてみてください。

重要「定冠詞」3 グループ

【❶強調・重要タイプ】- これは分かりやすい！
1. 「まさに、真の、典型的な」グループ＝強調タイプ
「まさに」「真の」「典型的な」の the は［di:］と強調して発音します。
☐ This is **the place** for elderly people.（これは高齢者にとってまさにうってつけの場所である）

2. 「ポイント」グループ＝強調・重要タイプ
☐ **the basics**（基本）［the fundamentals（基本）、the essentials（必須事項）、the nitty-gritty（核心）、the crux（肝心な点）、the **issue**（論点）、the point（論点）、the gist（要点）］ →重要な基本事項が複数個イメージでき、それらを the をつけて総称します。

【❷集合体・総称・概念タイプ】- 大きくは「集団」と「抽象概念」
1. 「政府組織・リーダー」グループ＝集合体・総称タイプ
☐ **the administration**［**establishment**、**government**］（政府）、the board（理事会）、the army［military］（軍隊）、the police（警察）、the president（社長・会長）、the chair（議長）

2. 「抽象概念」グループ＝総称・概念タイプ
☐ **The pen** is mightier than **the sword**.（ペンは剣より強し）—

Marty Feldman
→ pen は the がついて「書くということ」という「抽象概念」になりました。

□「the +形容詞」= 抽象名詞 : **the unknown**（未知なるもの）[the impossible（不可能なこと）、the inevitable（避けられぬこと）、the absurd（不条理なこと）]

□「the +単数普通名詞」= 抽象名詞 : **the mother**（母性）

3.「集団」グループ = 総称・概念タイプ

□ **the** +形容詞/分詞「〜な人々」: **the rich** [affluen、well-off]（富裕層）、**the injured**（負傷者）、**the deceased** [departed]（故人）

□ グループ: **the middle class**（中産階級）、**the public** [masses]（大衆）、**the rank and file**（庶民）、**the community**（共同体）、**the nobility**（貴族）、**the press**（報道陣）、**the left**（左派）、**the jet set**（ジェット族）→ the middle classes: the をつけて他の階級と「区分」し、かつ「中産階級の人々」と「総称」。

□ **the media** [press] →メディアという「集合体・総称」を明示する the。

□ **the weather forecast**　□ **the newspaper**　□ **the dictionary**
→天気予報・新聞・辞書は、情報はどれも大体同じ（「唯一」）なので、1つの「集合体」「総称」を明示する the をつけます。

4.「アート＆パフォーマンス」グループ = 総称・概念タイプ

□「芸術」グループ: **the arts** [**the fine arts**（美術）、**the performing arts**（舞台芸術）、the cinema、the opera、the ballet、the circus、the theater) → the fine arts: the をつけて、いろんなアートをまとめて「集合体」に！

□「楽器」グループ: **play the piano** [violin、cello、drum、guitar]

5.「複数形の固有名詞」（山脈、群島、団体名）= 総称・概念タイプ
→ the をつけて1つの「集合体」になる！

□ **the Alps**（アルプス山脈）
□ **the Japanese islands** [archipelago]（日本列島）
□ **the United Nations**（国連）　□ **the Kennedys**（ケネディ家）

【❸区分タイプ】-「場所・時・基準・自然」と覚えよう！

1.「基準」グループ = 区分タイプ

☐ **the mean**（平均）[the average（平均）、the standard（基準）、the rule（基準）、the norm（規範）the speed limit（制限速度）、the poverty line（最低生活線）]

2.「リスト」グループ = 区分タイプ

☐ **the electoral register**（選挙人名簿）[the retail price index（小売物価指数）、the rankings（順位）、the periodic table（周期表）、the honors list（優等生名簿）] →これも「重要」なもので the が必要です！

3.「場所・エリア」グループ = 区分タイプ

☐「方角」グループ: **the east** [the north、the south、the west、the northeast、the right、the left]

☐「位置」グループ: **the top** [the bottom、the front（正面）、the rear / back（後部）、the flip side（裏・逆）、the interior（室内）、the exterior（屋外）、the inside（内側）、outside（外側）、the background（最後面）、the vanguard（先頭）、the fringe（周辺）、the edge（端）]

☐「地域」グループ: **the countryside**（田舎）[the outskirts（郊外）、the wild（荒野）、the tropics（熱帯地方）、the highlands（高地）、the coast（海岸）、the hinterland [outback]（奥地）、the mainland（本土）、the battlefield（戦場）、the front line（前線）]

☐「部屋・建物」グループ: **the floor** [ceiling（the upstairs（階上）、the gutter（排水路）、the landing（踊り場）、the gallery（通路）、the lounge（ロビー）、the lavatory（お手洗）]

☐「特定の場所」グループ: **the runway**（滑走路）[the stage、the seashore、the riverside、the schoolyard、the platform]

4.「時」グループ = 区分タイプ

★「**in the** + 時」型

☐ in **the beginning** [**end**、**middle**]

☐ in **the morning** [**afternoon**、**evening**]

□ in **the daytime**（昼間）
□ in **the 1990s**（1990 年代）
★ 「**during the + 時**」型
□ during **the rush hour**（ラッシュアワー時）
□ during **the Easter**［the Christmas］holidays（イースター［クリスマス］休暇中に）
□ during［in］**the Edo Period**［period、Era、era］（江戸時代に）
　☞比較「at、by、after、before + 日・夜を表す時間関係の語」は通例無冠詞：at dawn、by midnight、after dark、before daylight など

5.「天体・自然環境」グループ = 区分タイプ

□ **the sun**（太陽）［the globe（地球）、the planet（地球）、the moon（月）］→唯一無二の代表の「天体」には他のものと「区別」するための the が必須！（ただし a half moon「半月」のように複数種ある月相のひとつをいう場合は a をつける）
□ **the environment**［the air、the ocean、the sea、the ebb（引き潮）、the tide、the wind、the dark、the twilight、the shade、the shadows、the light、the wet、the heat、the dusk］

6.「体の一部」グループ = 区分タイプ

□ **the brain**（脳）、［the abdomen（腹）、the bladder（膀胱）］
★「動詞＋人＋前置詞＋ **the**＋ 体（衣服）」の一部パターン
□ hit him on **the head**（彼の頭を殴る）
□ look her in **the eye**（彼女の顔をじっと見る）
□ catch him on **the sleeve**（彼の袖をつかむ）

「彼は私の手にキスをした。」は、**He kissed my hand.** と **He kissed me on the hand.** があり、前者は、気持ちが「手」にのみ向けられており、「儀礼的にキスをする」となりますが、後者は注意が「私」に向けられ、「愛情をこめてキスをする」となります。

7.「残り物」グループ＝区分タイプ

→ the をつけて「残り」を「区別」！

- □ **the remainder**（残り）[the rest、the remains（遺跡・亡骸・残骸）、the ruins（遺跡）、the leftovers（食べ残し）、the dregs（残留物・くず）]

8.「比較級＋名詞」グループ＝対比・区分タイプ

- □ **the upper class**（上流階級）⇔ **the lower class**（下層階級）
- □ **the younger generation**（若い世代）⇔ **the older generation**（旧世代）

the younger generation ＞ the younger generations ＞ the young generation の比率は 10 対 4 対 1 で generation の場合、単数扱いの方が複数扱いより多い。

9.「役割を持つ人」グループ＝対比・区分タイプ

- □ **the buyer** [the speaker、the winner、the culprit（容疑者）]
- → buyer、speaker、winner はそれぞれ the をつけて、seller、listener、underdog（敗北者）との「対比」を明確にする。

10.「単位」グループ＝対比・区分タイプ

- →「単位」はみんなが了解している「区分」のため the が必要！
- □ sell meat **by the pound**（ポンド単位で肉を売る）
- □ by **the dozen**（ダース単位で）→貨幣や相場もみんなが了解している「区分」のため the が必要！

11.「貨幣・相場」グループ＝区分タイプ

- □ **the dollar** [the franc、the pound、the yen、the yuan（元）、the capitalist's economy、the market、the stock exchange、the money supply]

例：90 yen to **the dollar**（1 ドル 90 円）

さていかがでしたか。無茶苦茶多いので大変だったかもしれませんが、今度は定冠詞 the の「話者間の了解」用法をマスターしましょう！

状況から「唯一」に決まり、「話者間の了解」がある場合は **the** をつける！

☐ Can you close **the door?**（ドアを閉めてくれる？）
　☞その場にいる部屋の戸は唯一で、**話者間に了解あり！**

☐ Do you have **the time?**（今何時？）
　☞ **the** をつけることにより、「今」＝「唯一」の時間という **話者間の了解あり！**

☐ Try the magazine of **the month**.（今月の雑誌にあたってみて）
　☞ the month と **the** をつけることにより、「今月」という「話者間の了解」あり！

☐ **the flu**（インフルエンザ）
　☞「（今流行っている、例の）インフルエンザ」という「話者同士の了解」があるため「流行病」には **the** をつけます。同じように、麻疹も流行っているときに話題にする場合は、**話者間の了解**ができているため、**the measles** としますが、流行っていないとき、話者間の了解がないときは、無冠詞の **measles** となります。要注意！

定冠詞 the の「限定」用法を完全マスター！

1. これが基本！☞「限定」の **the**
☐ the Edison of Japan（日本のエジソン）
　→説明の句で「限定」された場合（修飾語句があって唯一無二の場合）
☐ the longest river
☐ the highest mountain
　→最上級や序数で「限定」されて「そのものしかない」場合
☐ These are the pictures of my own painting.（これらは私自筆の絵です）
　→ the + 普通 [集合] 名詞（すべての〜）: the をつけて名詞を「限定」

2. 「同格」の **the**
☐ the movie, *Anne of Green Gables*（映画「赤毛のアン」）
☐ the "term languaculture"（「言語文化」という用語）
　→「赤毛のアン」という映画も languaculture という用語も the で「限定」し、唯一無二の存在にしている！

> **Q. He won first prize in a speech contest.** という文は本来、序数
> **first** の前に **the** をつけるのではありませんか。

A. この場合 the は慣用的によく省かれますが、win the first prize は win first prize の数倍以上多く、win a first prize より 10 倍以上多くなっています。ところで、「私たちは自然の一部です（We are part of nature.）」は、不定冠詞を省くと「私たち」がより「自然と一体化している」ニュアンスが出てきます。

さていかがでしたか。それでは最後に固有名詞で定冠詞をつけるものについて学んでいただきましょう。

固有名詞の「定冠詞 vs 無冠詞」の違いはどこからくるか⁉

固有名詞は、「集合的」で「非常に大きなもの」や「境目が分かりにくいもの」には **the** をつけて「区分」し、「単体的」で「小さなもの」や「境目がはっきりしているもの」は区分する必要もないため無冠詞にします。

また、固有または特定の実体を指す場合にも **the** をつけ、the Eiffel Tower はパリにある特定の塔を指し、the White House はワシントン DC にある特定の住居を指します。さらに、定冠詞は、*The Mona Lisa* や *The Lord of the Rings* のように、文学・芸術・音楽作品のタイトルでよく使われます。それから The Hague（ハーグ）、The Bahamas（バハマ）のように、慣用的用法で定冠詞付きで使用されてきたケースがあります。

しかし、もちろんすべての固有名詞に定冠詞が必要なわけではなく、企業名である Apple や Microsoft のような多くの固有名詞は定冠詞を前につけません。固有名詞に定冠詞をつけるかどうかは、言語の慣例や固有名詞の特定性によって決まります。それでは、固有名詞に冠詞をつけるかを学んでいただくためにクイズにチャレンジしていただきましょう。

問題

Q. 以下の固有名詞のうち定冠詞が必要なものはどれでしょう？

1. **Nile**（ナイル川）

2. **English Channel**（イギリス海峡）

3. **Lake Biwa**（琵琶湖）

4. **Arabian Gulf**（アラビア湾）

5. **Hudson Bay**（ハドソン湾）

6. **Heathrow Airport**（ヒースロー空港）

7. **Rockies**（ロッキー山脈）

8. **Philippines**（フィリピン[群島]）

9. **Korean Peninsula**（朝鮮半島）

10. **Cape Roca**（ロカ岬）

11. **Windsor Castle**（ウィンザー城）

12. **Hyde Park**（ハイドパーク）

13. **Times Square**（タイムズスクエア）

14. **Gobi Desert**（ゴビ砂漠）

15. **Tohoku Region**（東北地方）

解答&解説

ここに出題した固有名詞はすべて以下のルールに当てはまります。

★ **the** + 固有名詞（「集合的」「非常に大きなもの」「境目が不明確なもの」）

→ **the** をつけて「区分」

★無冠詞の固有名詞（「単体的」「小さなもの」「境目が明確なもの」）

→すでに区分が明確なので **the** をつける必要なし！

---

1. the Nile（ナイル川）

☞川はどこから始まるか分かりにくく、最後は海につながっていて「境目が不明確」なので **the** をつけて「区分」する必要があります。

2. the English Channel（イギリス海峡）

☞海峡も「境目」がはっきりしないので、**the** をつけて「区分」します。

3. Lake Biwa（琵琶湖）

☞ 湖は「境目がくっきり明確」なので the をつける必要がありません。

4. the Arabian Gulf（アラビア湾）

☞ the Persian Gulf（ペルシャ湾）の別名

5. Hudson Bay（ハドソン湾）

☞ 湾は、大きい湾（gulf）の場合は the をつけて「区分」し、小さい湾（bay）の場合は無冠詞です。

6. Heathrow Airport（ヒースロー空港）

☞ 湾のなかに、港がありますね。つまり「湾＞港」の関係が成り立ち、「小さいもの」＝港・空港には the をつけません。

7. the Rockies（ロッキー山脈）the Rocky Mountains の Mountains が落ちたもの。

☞ 山脈＞山なので、「大きいもの」「（山の）集合体」の「山脈」には the をつけ、山は「単体的」なので Mount Aso（阿蘇山）などと無冠詞です。

8. the Philippines（フィリピン [群島]）

☞ 群島＞島なので、「（島の）集合体」の群島には the が必要で、「単体」の島は Awaji Island（淡路島）のように無冠詞です。

9. the Korean Peninsula（朝鮮半島）

☞ 半島は、大陸につながっていて、その「境目」が明確ではありませんね。ですから the をつけて「区分」します。

10. Cape Roca（ロカ岬）

☞ 岬＜半島なので、「小さいもの」＝「岬」は無冠詞です。ちなみに Cape Roca はポルトガルにある岬で、ヨーロッパ大陸の最西端。

11. Windsor Castle（ウィンザー城）

12. Hyde Park（ハイドパーク）

13. Times Square（タイムズスクエア）

☞ 城、公園、広場、教会 [Canterbury Cathedral（カンタベリー大聖堂）] などは、すでに「区分」や「境目が明確」なので無冠詞です。

14. the Gobi Desert（ゴビ砂漠）

☞ 砂漠は「境目が移動し不明確」で、the が必要です。

15. the Tohoku Region（東北地方）

☞ region は「大きく」「集合的」なので、the をつけて「区分」します。
では以下の表「必須！固有名詞の定冠詞 vs 無冠詞]」でまとめをしましょう。

必須！固有名詞の「定冠詞 vs 無冠詞」完全マスター！

定冠詞	無冠詞
「集合的」「非常に大きなもの」「境目が分かりにくいもの」	「単体的」「小さなもの」「境目がはっきりしているもの」
群島 - 集合！ □ the West Indies（西インド諸島）	島 - 単体！ □ Easter Island（イースター島）
半島 - 大きくて境界が不明瞭なので the！ □ the Liaodong Peninsula（遼東半島）	岬 - 小さい！ □ Cape Cod（ケープ岬）
山脈、峠、高原 - 集合的！ □ the Pyrenees（ピレネー山脈） □ the Tibetan Plateau（チベット高原）	山 - 単体的！ □ Mount McKinley（マッキンレー山）
海、海峡、運河、川（流域）- the をつけて不明瞭な境目をクリアに！ □ the Aegean (Sea)（エーゲ海） □ the Bearing Strait（ベーリング海峡） □ the Suez Canal（スエズ運河） □ the Ganges River（ガンジス川）	湖、滝 - 境目がくっきり！ □ Lake Geneva（レマン湖） □ Niagara Falls　（ナイアガラの滝）
大きい湾 [gulf] □ the Persian Gulf（ペルシャ湾）	小さい湾 [bay]、商港 [port]、港湾 [harbor]、空港 □ San Francisco Bay（サンフランシスコ湾） □ Pearl Harbor　（真珠湾） □ Kansai International Airport（関西国際空港）
平野、地方、大陸、砂漠、高原 - 大きく、境目が分かりにくい場合、the をつける □ the Kanto Plain（関東平野） □ the Kansai Region（関西地方） □ the Antarctic Continent（南極大陸） □ the Sahara Desert（サハラ砂漠）	公園、広場、城、教会 - 囲いがあり「区分」されている！ □ Ueno Park（上野公園） □ Trafalgar Squar（トラファルガー広場） □ Windsor Castle（ウィンザー城） □ Westminster Abbey（ウェストミンスター寺院）

> **Q.** 英語で「ピアノを弾く」など楽器を演奏すると言うとき、**play the piano** のように必ず **the** が必要ですか。

A. 必ずしも **the** とは限らず、状況によっては "**play piano**"、"**play a piano**" もありです。まず、the は最も一般的な表現で、"I can play the piano." のように、「ピアノを弾く能力や習慣」があることを示しています。そもそも演奏する楽器に the をつけるのは「みんな知っているその楽器を」という意味が強いからで、ピアノという楽器を強調するのは、特別のものとしてその能力があると言いたいわけです。

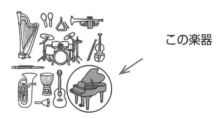

この楽器

これに対して、play a piano は、"Can I play a piano here?"（ここでピアノを弾いてもいいですか）のように、何らかの場所や状況でピアノを弾く行為を示したり、"I played an old piano." のように何らかのピアノを弾く場合に使います。最後に play piano は、具体的なピアノもスキルも表さず、"I love to play piano in my free time." のように、「本当に好きで趣味としてピアノを弾く」場合の言い方で、ピアノの演奏や音色にも注目しています。ちなみに頻度は、play the piano ＞ play piano ＞ play a piano の順で、やはり the が一番多く用いられます。

演奏♪

その他の注意すべき「定冠詞＋固有名詞」9をマスター！

　以下の「定冠詞＋固有名詞」にも、最初に説明した定冠詞のコンセプトの「唯一無二」のものを「強調」し「区別」するが当てはまります。例えば、乗り物（**the Orient Express** オリエント急行）には「人類の歴史上、画期的なもの」として「強調」「区別」するため **the** が必要です。また、時代名（**the Meiji Period** 明治時代）には、他の時代と「区別」するための **the** をつけ、歴史的出来事（**the Persian Gulf War** 湾岸戦争）にも **the** をつけて「唯一無二」の事件とその重要性を「強調」します。さらに宗派（**the Soto Sect** 曹洞宗）には他の宗派と「区別」し重みをもたせる「強調」の **the** が必要で、国名でも政治形態を表す普通名詞の emirates、republic、united states、united kingdom などがつく場合には、他国とは違う「唯一無二」の存在を強調する **the** が必要です。同じく **the United Nations**［**the UN**］（国際連合）のような国際機関や公共の建造物にも **the** をつけて「唯一無二」の存在とアピールします。パーフェクト・ライティングのために、ぜひ以上のコンセプトをマスターしていただきたいと思います。

1. 乗り物、銀行
「歴史的に画期的なもの」として「区別」する the が必要！
☐ **the Nozomi**（新幹線のぞみ号）
☐ **the Titanic**（タイタニック号）
☐ **the Bank of Tokyo-Mitusbishi**（東京三菱 UFJ 銀行）

2. 歴史的出来事
the をつけて「唯一無二」の事件と重要性を「強調」！
☐ **the Meiji Restoration**（明治維新）
☐ **the French Revolution**（フランス革命）

3. 宗派
the をつけて「強調」し、他の宗派と「区別」！
☐ **the Tendai Sect**［sect］（天台宗）
☐ **the Anglican Church**（英国国教会系教会）
☐ **the Shias**［Shiahs］（シーア派）

4. 国際機関

基本的に **the** をつけて「唯一無二」を**強調**！

☐ **the** Organization for Economic Cooperation and Development ［the OECD］（経済協力開発機構）

☐ **the** Association of Southeast Asian Nations ［the ASEAN］（東南アジア諸国連合）

5. 国名

★ united states（合衆国）、united kingdom（連合王国）、emirates（首長国）、republic（共和国）、kingdom（王国）、state（国家）など**政治形態を表す普通名詞がつく場合、the が必要。**

☐ **the** United Kingdom（of Great Britain and Northern Ireland）（英国、グレートブリテンおよび北部アイルランド連合王国）

☐ **the** United Arab Emirates ［the Emirates］（アラブ首長国連邦）

☐ **the** Republic of Italy（イタリア共和国）

☐ **the** Netherlands（オランダ王国）☞ the Kingdom of the Netherlands の略

☐ **the** Vatican City（バチカン市国）☞ the State of the City of Vatican の略称

6. 公共の建築物

普通 the をつけて「**唯一無二**」と重要性を「**強調**」！

☐ **the** White House（米国大統領官邸）

☐ **the** Pentagon（米国国防省）

☐ **the** Kremlin（クレムリン宮殿、ロシア政府）

☐ **the** British Museum（大英博物館）

☐ **the** Metropolitan Opera House（メトロポリタン歌劇場）

☐ **the** National Diet Library（国立国会図書館）

7. 新聞

たいてい **the** がつきます。(*Los Angeles Times* など例外あり)

☐ *The New York Times*　☐ *The Japan Times*　☐ *The Times*（英国の日刊新聞）　☐ *The Mainichi Daily News*　☐ *The Washington Post*

8. 雑誌

雑誌名はいろいろですが、特に本来、**抽象名詞であった語**（*Time* や *Vogue*）には the をつけません！

★無冠詞：□ *Newsweek*（週刊）　□ *Time*（週刊）　□ *Vogue*（米国女性ファッション雑誌。英国版、仏版あり）

★定冠詞：□ *The Economist*（月刊）

9. A of B（固有名詞）型

「**the** University of ＋地名」：the University of Texas のように of 〜で限定されているため原則として the が必要です。

Cf.「固有名詞 ＋ University」の場合は、Tokyo University や Harvard University のように無冠詞。

□ **the** Bank of Scotland（スコットランド銀行）

□ **the** District of Colombia（コロンビア特別地区）

問題

> **Q.** オランダの都市名ハーグ（**The Hague**）やスーダン共和国（**the Republic of the Sudan**）の通称名 the Sudan には **The**［**the**］をつけるのはなぜですか。

A. ハーグの由来は、オランダ語の Den Haag（英訳すると The Garden ［hedge］の意）で、英語名でも定冠詞の The が固有名詞の一部になっており必須なのです。スーダンという名は、the country of blacks（黒人の土地）を意味するアラビア語に由来しているため、やはり英訳名では、**the Sudan** と定冠詞が必要です。こういう**普通名詞に由来する固有名詞**には the がつくのですね。アルゼンチン（**the Argentina**）の **the** も、**the silvery land**（銀の地）というスペイン語に由来しており、定冠詞が必須の例です。

> **Q.** 次の（　　）に当てはまる語句を ［　］内から選び、必要な場合は冠詞をつけてください。
>
> 1. **He is popular among** (　　). （彼は平社員の間で人気がある）
>
> 2. **The new party won control of** (　　). （新党は議会の支配権を握った）
>
> 3. **I found the movie** (　　). （その映画は退屈だったよ）
>
> 4. (　　) **should not to talk publicly on the issue.** （理事会はその件に関して公の場でコメントを述べるべきではない）
>
> 5. (　　) **of the matter lies in the lack of resources.** （問題の核心は資金不足にある）
>
> ［**crux / bore / board / rank and file / legislature**］

1. **the rank and file**（庶民・一般従業員）が正解。このように「グループ」は the をつける。その他、the public ［masses］（大衆）、the community（共同体）、the nobility（貴族）、the press（報道陣）、the left（左派）なども重要！

2. **the legislature**「議会」が正解。政府組織やリーダーには the をつける。

3. **a bore** が正解。a bore は「退屈な仕事（人、事）」という意味。

4. **The board**「理事会」が正解。政府組織やリーダーには「総称」の the が必要。例）the administration ［establishment、government］（政府）、the board（理事会）、the army ［military］（軍隊）、the police（警察）、the chair（議長）

5. **The crux** が正解。the crux of the matter「問題の核心」で the が必須！　このように「基本・重要」を表す表現には、the basics ［fundamentals（基本）、essentials（必須事項）、nitty-gritty（核心）、point（論点）、gist（要点）］、the fact of the matter（事実）などが重要！

　以上で定冠詞のレクチャーを終わり、今度は不定冠詞の用法をマスターしていただきましょう！

「不定冠詞」の必須用法 8 完全マスター！

　不定冠詞 a [an] のコアコンセプトは「不特定のひとつの」で、「分けられたひとつ」＝「名詞の個別化」です。そこから次のような必須用法が生まれてきます。

① **a** + 名詞 ＝ **a certain** + 名詞（とある［名詞]）：相手を興味津々にさせる **a**
　　例：I met a guy.（ある人に会ったの）、There's a visitor for you.（お客さんですよ）

② 「総称」の **a** ＝ **any**、**every**（〜というもの）
　　例：A lion is a ferocious animal.（ライオンとは獰猛な動物だ）

③ 「1 回の動作」を表す
　　例：take a walk（ちょっと散歩する）、have a peek at 〜（〜をちらっと見る）、give it a try（ちょっと試してみる）

④ **a** + 抽象名詞（1）＝ **some** 〜（少しの〜）
　　例：have a knowledge of 〜（〜について少し知識がある）

⑤ **a** + 単位を表す名詞 ＝ **per** 〜（〜につき）
　　例：twice a day（1 日につき 2 回）

⑥ **a** + 抽象名詞（2）
　　例：I have a strong faith in God.（格下げの a）

⑦ **a** + 物質名詞
　　例：Teak is a wood.（チークは水である）
　　a をつけて可算名詞にし、「具体化」「個別化」して「種類」に視点

⑧ **a** + 固有名詞 ＝ 〜の製品・作品、〜家の人、〜のような人、〜とかいう人
　　例：a Sony（ソニー製品）、a Margaret Thatcher（マーガレット・サッチャーのような女性）、a Smith（スミス家の人）、a Mr. Hanks（ハンクスさんという方）

Q. Tom likes a girl. と Tom likes girls. の違いが言えますか。

A. Tom likes a girl. は「トムには好きな子がいるよ」と、聴き手を興味津々にさせ、「どんな子？教えて教えて！」となります。一方、Tom likes girls. は **girls**（複数形の総称用法）となっているため、「女の子というもの（全体）」を指します。よって「トムは女好きだ」という意味になってしまいます。単複と冠詞の有無で意味が大違い！　要注意です！

「不定冠詞＋名詞」必須グループ TOP 3

> 1.「厄介・苦境」グループ（**a crime [a sin、a pity、a shame]、a bore、a nuisance、a struggle、a quandary、a bind、a jam**）

- □ Illegal parking causes <u>a</u> serious public <u>nuisance</u>.（違法駐車は社会で多大な迷惑となる）
- □ It was a slog [a drag]. → a slog は「骨の折れる長時間の仕事」、a drag は「退屈な人、うんざりすること」という意味。
- □ We were in <u>a quandary</u>.（われわれは途方に暮れた）

> ⇔「楽勝」グループ（**a breeze、a snip、a steal、a luxury、a comfort**）

- □ That exam was <u>a breeze</u>.（あの試験は楽勝だったよ）
- ☞ a breeze は「楽勝」という意味の**口語表現**。
- □ Water is still <u>a luxury</u> in some part of the world.（水はいまだに世界の一部の地域では贅沢品だ）
- ☞ a luxury「贅沢品」

> 2.「感情・笑い」グループ（**an inspiration、a pleasure、a gas、a sensation、a scream、a laugh、a giggle、a joke**）

- □ Talking with you over the phone is <u>a gas</u>.（君との電話は楽しいよ）
- ☞ a gas は「非常に楽しいこと」という意味の**口語表現**。

□ It's a pity〔a shame〕!
☞「それは残念！」に当たる**会話の必須表現**。
□ Gandhi served as an inspiration to Indian people.（ガンジーはインド国民を鼓舞する存在だった）
☞ an inspiration は「鼓舞する（示唆を与える）人」。
□ That's a laugh〔a joke〕!
☞「そいつはお笑い草だぜ！」に当たる**口語表現**。
□ The movie was a scream.（その映画は非常に面白かったよ）
☞ a scream で「非常に愉快な人〔こと、冗談〕」という意味の**口語表現**。

3.「話」グループ（**a word、a chat、a gossip、a buzz**）

□ Can I have a word with you?（ちょっとお話があるのですが）
□ She had a gossip〔a chat〕with her neighbors.
（彼は隣人とおしゃべりをした）
☞ have a gossip で「世間話〔おしゃべり〕をする」の意味。
□ I'll give you a buzz（a call）when I am in NY.
（ニューヨークにいるときに電話するよ）
☞「give+ 人 +a buzz」で「（人）に電話する」の意味。

問題

Q. 次の（　）に当てはまる語を〔　〕内から選び、必要な場合は冠詞をつけてください。

1. It is（　　）to stay home on such a beautiful day.
（こんないい天気の日に家にいるなんてもったいない）

2. It was（　　）.（それは楽勝だったよ）

3. This heat is（　　）.（この暑さはたまらない）

〔**murder / steal / crime**〕

解答&解説

1. **a crime** が正解。a crime は「もったいないこと」という意味。

2. **a steal** が正解。a steal は「掘り出し物」(very cheap) の意味。
3. **murder** が正解。murder (不可算) は「非常に不快なこと」の意味。

では、いよいよ3つ目の冠詞、「無冠詞」の必須用法へまいりましょう！

「無冠詞」の必須用法TOP8完全マスター！

　ここまで定冠詞 the と不定冠詞 a [an] の用法を見てきましたが、3つめは、冠詞をあえてつけない「無冠詞（ゼロ冠詞）」の用法です。**冠詞をつけないため、意味がふわ～っと広がり、ぼやけた感じ（概念）になります。**注意していただきたいのは、「無冠詞」も冠詞のひとつであり、無冠詞を採用するのも、定冠詞や不定冠詞をつけることと同様に、非常に大きな意味が込められているのでぜひマスターしましょう！

①「建物や場所が本来の目的・機能を表す」
　　例：go to school [church]、be in hospital（入院中）
②「食事」
　　例：I'd like chicken.（チキンが食べたい）、after [before] dinner、at lunch、He invited us to [for] tea.　ただし「種類・特別な食事」など「具体化」すると、a/an がつく。
□ We had a frugal dinner（簡素な夕食をとった）
□ I had an early lunch.（早めの昼食をとった）
③同時に2人はなれない官職・称号など（補語、as ～、同格の場合）
＊無冠詞なのは「会長というタイトル」だけでなく、「会長の素質を備えた」と形容詞的に使われているため
□ Dr. Jones, professor of linguistics at X University（X大学の言語学教授のジョーンズ博士）
□ She is (the) <u>president</u> of the Union.（彼女は組合の会長だ）
＊実際は She is <u>the president</u> of the Union. と定冠詞つきの方が10倍以上多い。
□ They elected Anne (the) <u>captain</u> of the team.（彼らはアンをチームのキャプテンに選出した）
④at、by、after、before + 日・夜を表す時間関係の語

例：at dawn、by night など

⑤「スポーツやゲーム」

例：play soccer［tennis、chess］

⑥「**by**+ 交通・通信手段」

例：by car［plane、train、lan、e-mail］

＊by である交通機関（通信手段）を他のものと「対比＆概念化」させているために無冠詞だが、in a car、on the phone のように、前置詞 in や on をつけると、その交通機関（通信手段）が具体化するので冠詞が必要。

⑦「対比させてフレーズ化したもの」

原則的には the を省けるが、つける方が多い。

★「**A and B**」型

□ rich and poor（富める者も貧しい者も）

ただし、頻度的には the rich and the poor > the rich and poor > rich and poor は 20 対 10 対 1 ぐらいで、the rich and the poor が最も多い。

□ young and old（老いも若きも）

＊頻度的には、young and old > the young and the old > the young and old は 11 対 6 対 5 ぐらいで young and old が最も多い。

□ ideal and real（理想と現実）　＊一般的には the ideal and real

□ past, present and future（過去、現在、未来）

＊頻度的には the past, the present, and the future の方が past, present and future より 7 倍多い。

□ day and night（日夜）

★「**A+** 前置詞 **+B**」型

□ hand in hand（手に手を取り合って、協力して）

□ side by side（並んで）

□ arm in arm（腕を組みあって）　□ word for word（逐語的に）

□ face to face（面と向かって）　□ day after day［day by day］（来る日も来る日も）

⑧前置詞＋名詞の慣用表現

□ under way、under sail（進行中で、航行中で）

□ by accident、by chance（偶然）　□ on duty（勤務時間中で）

□ at table（食事中で）　□ at heart = at bottom（心の底では）

> **Q.** 年賀状に書く「あけましておめでとう」は **A Happy New Year!** と冠詞なしの **Happy New Year!** のどちらが正しいですか。

A. 年賀状やカードに単体で書く場合は "(A) Happy New Year!" の a は省略することが多いです。a をつけて「格下げ」した場合は、happy new year は毎年あって、「また今年もよい年でありますように」とメッセージのトーンが弱くなるのに対して、無冠詞の "**Happy New Year!**" は「概念化」されて、「よいお年を！」というメッセージは強くなります。使用頻度はぐーんと減りますが、最高に強いメッセージを送りたいなら、"**The Happy New Year!**"「（ここから新しい年が始まる！ 今までの年とは違った **epoch-making** なよいお年を！」と the をつけるのはいかがでしょうか。定冠詞をつけると、他の年と「区別」し、**happy new year** を「強調」しますので、最も強いメッセージになるのです。

次の英文を文脈から文法・語法の誤りを正してください。

Big Bang theory is **prevailing cosmology theory about** the early development **with** the universe, which **state** that the universe was **in first extremely hot and dense state** around 13.7 billion years ago but **lately** expanded rapidly. **Only** light elements existed **of** the initial **stages** of the universe, **when** heavy elements were created **by** light elements **either** by nuclear **fission** in permanent stars or by supernovas, an extremely **illuminating** explosion of a **large-mass** permanent star **in** the end of the star **lives**.

解答

文法・語法を訂正すると以下のようになります。

₁**The Big Bang theory** is ₂**the prevailing cosmological theory** ₃**of** the early development ₄**of** the universe, which ₅**states** that the universe was ₆**first in** ₇**an extremely hot and dense state** around 13.7 billion years ago but ₈**later** expanded rapidly. Only light elements existed ₉**in** the initial stages of the universe, ₁₀**whereas** heavy elements were created ₁₁**from** light elements either by nuclear ₁₂**fusion** in permanent stars or by supernovas, an extremely ₁₃**luminous** explosion of a large-mass permanent star ₁₄**at** the end of the star ₁₅**life**.

（ビッグバン理論とは、宇宙の初期発達に関する有力な宇宙論であり、宇宙は最初 137 億年前頃に超高温かつ超高密度の状態にあったが、その後急速に膨張したとするものである。宇宙の初期には軽元素のみが存在していたが、恒星内部での核融合、また大質量恒星が一生の最終段階に起こす非常に強い光を放つ爆発、超新星爆発によって重元素が軽元素から作られたとされている）

【語注】

nuclear fission：核分裂反応　nuclear fusion：核融合反応

解説

① Big Bang theory は唯一無二なので、定冠詞の the が必要。
② the theory of ～「～の理論」の形なので、prevailing の前に定冠詞 the が必要。
③ ②でも述べた通り、theory の後ろに about や on がくることもあるが、「～の学説、～の理論」と表すには of が適切。about は「～に関する」という意味。例：the theory of evolution（進化論）
④ この場合は、「宇宙の発達」なので of が正解。development は通常、前置詞 of、from、into をとり、「～の、～からの、～への発達、発展」という意味になる。

⑤ 動詞 state は「〜を示す」という意味で、この動詞は前の The Big Bang theory を受けたものなので、三人称単数で states が正解。

⑥「最初は」なので first が in の前にくる。

⑦ この state は「状態」という意味の可算名詞なので、an extremely hot and dense state とするのが正解。

⑧「the universe（宇宙）がその後急速に膨張した」ということを表すので、副詞の later が正解。lately も副詞だが、「最近、近頃」の意味なので、意味が通らない。

⑨ in は「〜の中に」というイメージの前置詞で、「期間（〜のうちに、〜の間に）」を指す一方、of は何かの「弱いまとまり、一部」を表す。この場合、文脈から考えて、in the initial stages of the universe（宇宙の初期に）が正解。

⑩ 文脈から「一方では」を表す whereas が正解。

⑪「〜から生まれる」を表す from が正しい。

⑫「核融合」なので fusion が正解。

⑬ illuminating（照明の）ではなく、luminous（発光の）が正しい。illuminating は「照らす、明らかにする、啓発する」という意味。

⑭ the end of the star life に続くので、in ではなく at が正解。at the end of 〜「〜の終わりに」。

⑮ 生き物ではないので life の単数形が正解。

「英文法診断テストの評価」

（評価）

正答数 9 割以上：英文法力は素晴らしい、プロレベル！

正答数 7 割以上：英文法力はかなり高いセミプロレベル

正答数 5 割以上：英文法力はまずまず、もう一息頑張りましょう。

正答数 3 割以下：英文法力はかなり弱くトレーニングが必要。

② 英語の多義性に迫る！「名詞」の エッセンスをつかむ！

　名詞は大きく、**可算名詞**［**C**］（**countable nouns**）と**不可算名詞**［**U**］（**uncountable nouns**）に分かれ、英語の多義性から、同じ名詞であっても両方の用法を持つものが多いので要注意です。また、「**単数名詞**」と「**複数名詞**」があり、前者は常に単数扱い、後者は常に複数扱いをします。ただ、これも時代と共に移り変わっていき、かつてはある意味では不可算のみだったものが、今では可算も OK になったものが増えてきました。

① 抽象名詞の正体を見切る！

　「感情・概念」などを表す**抽象名詞**（**abstract nouns**）は基本的に不可算ですが、次のように可算名詞になることもあります。　　　pl: 複数形

		不可算名詞 （抽象概念的）	可算名詞 （具体的・普通名詞化）
仕事 経歴 関係	**concern**	関心、心配、懸念　＊今は可算も同じように用いられる	関心事、関係、会社
	work	仕事、勉強、職業、職場、勤め口	作品、工場（**pl.**）、機械部品（**pl.**）、工事（**pl.**）
	duty	義務（［**C**］もある）、尊敬、軍務	職務、税金（しばしば **pl.**）
	experience	経験から得たスキル　＊今は可算も同じように用いられる	具体的なある経験
	history	歴史、過去のこと	（人の）履歴、歴史書、物語
	industry	産業（界）、会社側、勤務、勤労	～業、事業、商売

情報系	**information**	情報、知識、案内	受付（係）、案内所、告訴状
	advice	忠告、勧告、鑑定	（取引上の）通知（状）、（外交・政治上などの）報告
	evidence	証拠、しるし、形跡	証拠物件、証言、証人
人生観	**philosophy**	哲学、達観	人生観、考え方、哲学的体系、原理
	religion	宗派、信条、生きがい	宗教、信仰（生活）
価値	**respect**	尊敬、尊重、配慮、関連	点、細目、よろしくという伝言（one's 〜s）
	waste	浪費（a 〜もある）、消耗、破壊	荒地、廃棄物（しばしば **pl.**）
	hope	希望、可能性	**a hope:** ある種の、ある程度の希望・可能性・期待、希望を与えるもの（人）、期待されるもの（人）
	beauty	美	美人、きわ立って美しいもの
感情	**love**	愛、恋愛、愛情、性交、愛着、愛好、慈愛	恋人、愛人、大事な人、魅力ある人、愛好している事（物）、**a love** で「ある種の、ある程度の愛」
	confidence	信頼、信用、自信　＊ **the /** 無冠詞 / **a** の比率は 17 対 10 対 1。	秘密、内緒ごと
物理的	**light**	光としての物理的、抽象的な意味	明かりや照明
	room	空間や場所	部屋
	noise	騒音としての抽象的な意味	特定の音

ただし、次のように不可算［U］のみの抽象名詞もあります。

≪必須！不可算［U］のみの抽象名詞≫

□ **luck**（運）　□ **homework**（宿題）　□ **progress**（進歩、進行、経過）

□ **justice**（公正、正当性、裁判）　□ **good**（利益、長所、善、美徳）

□ **harm**（損害、害、悪意）　□ **welfare**（福祉）　□ **courage**（勇気）

ところで、news はかつては［U］と言われましたが、今は［C］の方が多く、fun（面白いこと）も不可算と言われてきましたが、実際は可算もあって、両方 OK です。また、［U］と言われていた applause（拍手喝さい）も［U］が［C］よりも数倍多いですが［C］もあります。それから courage は［U］ですが、実際に使うときは、have the courage to ～が、have courage to ～よりも圧倒的に多く用いられます。

「抽象名詞の格下げの法則」とは？

1. **Diligence is virtue.**（勤勉は美徳だ）

2. **Diligence is a virtue.**（勤勉は美徳の一種だ）

1は **virtue**［U］「美徳」（抽象名詞）＝「diligence そのものでそれしかない！」という意味であるのに対して、2の **a virtue**［C］は、「一種の美徳」「美点」と普通名詞に格下げになって、美徳は他にもいくらでもあることを示します。この［U］→［C］転換による抽象名詞→普通名詞化のことを「抽象名詞の格下げの法則」と呼んでいます。この抽象名詞の［U］→［C］への格下げには、「具体的な行為」を表す用法があり、**He did me many kindnesses.** は、具体的な親切な「行為」を何回もしてくれたという意味です。

> **Q.**「これらの物質は、大気中の CO_2 を増加させることはない」は **These substances do not increase the amount of CO_2 in the atmosphere.** ですが、**increase** のあとに **the amount of** は必ず必要ですか。

A. 不可算名詞の場合はつけなくても問題ありません。

普通名詞の可算名詞の場合、Cars［People］have increased. という形にはできず、"The number of" cars［people］has increased. のように the number of をつけるか、後に "in number" をつけて "Cars［People］have increased in number." とする必要があります。しかし、不可算名詞や、可算名詞であっても抽象名詞が普通名詞化して可算用法になったものは、increasing war［wars］、decreasing crime［crimes］と **the number of** をつけなくても **OK** です。

ここで increase の意味を考えてみましょう。英英辞典によると "to make or become greater in size, degree, frequency, etc; grow or expand"、つまり「サイズ、程度、頻度などを大きくする、成長または拡大する」という意味です。「人」を主語にした場合、増加するものがサイズ、度合、頻度、人数なのか判断できません。ですから the number を主語にするか、in number を後につけて「数」が増えたことをはっきりとさせる必要があるという訳です。これに対して不可算名詞の場合は、"The amount of CO_2 in the atmosphere has increased."（大気中の二酸化炭素量が増えた）などとするのが正式な表現ですが、The amount of なしでも OK です。

② 集合名詞の正体を見切る！

集合名詞（**collective nouns**）とは「人・動物・物などの集合体をさす名詞」のことで、集合名詞にも［C］と［U］があり、単数扱いか複数扱いかという視点から次の3つに分類されます。

1. 単数扱いと複数扱いがあるタイプ

family、team、committee、jury、crew、class、gang、staff、club、audience、public、nation、crowd、majority、minority

2. 常に複数扱いするタイプ

police、cattle、clergy、aristocracy、nobility、people、youth、poultry（家禽）

3. 常に単数扱いする不可算名詞（右側は普通名詞の言い方）

furniture（家具）→ 複数形にするときは three pieces of furniture や three furniture items のように言う。

machinery（機械類）→ a machine

baggage [luggage]（荷物）→ 複数形は three pieces of baggage [luggage] と three baggage [luggage] の両方ＯＫ。

scenery（風景）→ a scene / view（１つの眺め）

＊scenery はかつては [U] だったが、今は [C] の方が圧倒的に多い。

clothing（衣類）→ a dress / a shirt, etc.

merchandise（商品）→ a product（１つの商品）

fiction（小説）→ a novel（１つの小説）

＊fiction もかつては [U] だったが、今は [C] の方が圧倒的に多く、fiction の後に books [stories] をつけて言う場合が多い。

jewelry（宝石類）→ a jewel（１つの宝石）

equipment（備品、機器）→ a device（１つの装置）

ではここで集合名詞クイズにチャレンジしていただきましょう！

> Q. 次の（　）内の適切な語を選んでください。
>
> 1. **The audience (was / were) very satisfied with her performance.**
>   （聴衆は彼女の演技に大変満足だった）
> 2. **My class (is / are) all girls.**
>   （私のクラスは全員女生徒です）

解答＆解説

1. **was**、**were** 双方とも正解で、次の２つの用法があります。

> ①集合体を１単位と考える用法　可算名詞［C］扱いで複数形（例外あり）
> ②構成員ひとりひとりを考える用法　単数形のままで複数扱い

　例えば、The audience was satisfied. は「聴衆」を１つの集合体ととらえていますが、The audience were satisfied. は「聴衆ひとりひとり」にスポットが当たっているという違いがあるのですね。ちなみに、複数形のaudiencesが使われることはまれですが、以下のようなケースがあります。

　□ His performance attracted many audiences throughout the world.
　この文ではいくつもの場所でいろんな聴衆がいることを表しています。

　2. 正解は **are** です。class も本問のように、My class are all girls. と単数形のままで複数扱いすると、「クラスのひとりひとり」に視点があります。一方、My class is very large.（私のクラスは大人数です）とすると「私のクラス」を１つの「集合体」とみなしています。

③ 物質名詞の正体を見切る！

　物質名詞（**material nouns**）とは beer（ビール）や gold（金）のように「連続体で、一定の形状をもたない物質を指す名詞」で、不可算名詞として使われることが多いですが、［U］と［C］双方で使われるものもか

なりあります。例えば、paper は［U］では「紙、紙幣、手形」ですが、［C］では「新聞、紙袋（pl.）、書類」の意味になります。

物質名詞の基本は［U］なので、液体なら a bottle of wine［whisky、brandy、soda］、a glass of beer［milk］、固体なら a piece of paper［chalk、cake、bread］、a cake of soap［ice、mud］、a lump of sugar［coal、earth］のように数えますが、一方、本来［U］であるはずの coffee や beer が、日常会話では、聞き手が例えば two cups of coffee とか three glasses of beer の意味であると分かるので、I ordered two coffees and three beers となります。そういったことができる物質名詞には次のようなものがあります。

「１個、１杯」の意味や「種類」を表す場合に可算に変わる「物質名詞」

fluids（液体）：**wine、whisky、tea、brandy、water、coffee、tea、milk、soup、fuel、perfume、gasoline、oil、poison**

solids（固体）：**cake、bread、butter、cheese、jam、salad、meat、coal、metal、gold、iron、silver、glass、wood、cotton、wool、ice、medicine**

particles（粒子）：**salt、pepper、sugar、corn、hair、chalk、dirt**

---

④ 固有名詞の正体を見切る！

固有名詞（**proper nouns**）は本来は不可算名詞［U］ですが、次のように可算名詞［C］になる（不定冠詞をつけたり、複数形にする）特殊な用法があります。

1. ～家の人々、～夫妻

□ Her father is a Rockefeller.（彼女の父親はロックフェラー家の人だ）

□ All the Smiths like soccer.（スミス家の人々は皆サッカーが好きだ）

□ The Carnegies are coming to the party.（カーネギー夫妻がパーティーにやってくる）

2. ～のような人、都市（有名人、有名な都市）

□ I'm sure he is a Mozart.（彼はモーツアルトのような天才音楽家だ）

□ There are many Parises in Europe. （ヨーロッパにはパリのような粋な街がたくさんある）

3. ～という人

□ There's a Mr. Obama to see you. （オバマさんという方がお見えです）

□ There are three Kimuras in this class. （このクラスには木村という名の生徒が 3 名いる）

4. ～の製品・作品

□ The museum owns three Renoirs and a Monet. （その美術館はルノワール 3 点とモネ 1 点を所蔵している）

□ I bought a Sony yesterday, too. （昨日もまた、ソニーの製品を 1 つ購入した）

通常複数形にして使う必修名詞グループ完全マスター！

　通常複数形にして使う名詞は、英語を発信する上で要注意です。例えば、「行儀」は manners、「数字」は figures、「価値観」は values、「貯金」は savings、「骨折り」は pains、「品行」は morals です。これらの名詞は複数扱いがほとんどですが、単数扱い、単数・複数扱い両方のものがあります。ではまず、代表的な複数名詞の動詞の呼応に関するクイズにチャレンジしていただきましょう！

問題

Q. 以下の文に誤りがあれば正してください。

1. **The proceeds goes to charity.** （売上げは慈善団体に寄付される）

2. **The odds is good.** （勝ち目がある）

3. **The headquarters of our company is located in Paris.**
   （我社の本社はパリにある）

4. **Our business hours is Monday through Friday: 8 am to 5 pm.**
   （営業時間は月曜から金曜の午前 8 時から午後 5 時までである）

> **5. A series of lectures were delivered in Oxford.**
> （オックスフォードで一連の講義が行われた）

解答&解説

1. 正解は **goes → go**。「お金・所有物」を表す複数名詞は通例複数扱い。この proceeds（売上げ）も、earnings（収益）、belongings（所持品）などと同様に複数扱い。The daily average earnings are [is] $100.（1日の平均所得は 100 ドルである）のように、動詞は are の方が is より倍以上多く使われる。

2. 正解は **is → are**。odds（勝算）は通例複数扱いのため、The odds are good [bad]. となる。

3. 正しい文。quarters（本社・本部）は単複双方可能と辞書にはあるが、実際には単数扱いすることが圧倒的に多い。The headquarters of the UN is located in New York City.（国連本部はニューヨーク市にある）

4. 正解は **is → are**。business hours（営業時間）は複数扱いが圧倒的に多い。

5. 正解は **were** が◎、**were** の代わりに **was** も○。a series of ～（一連の～）は従来は単数扱いが原則だったが、現在では were の方が使用頻度が数倍高い。ただし、「There is [are] ～」型構文では今なお、there is a series of ～の方が there are a series of ～より倍近く多く用いられている。

通常複数形にして使う必修名詞グループ 7

重要度 1. お金・所有物に関するもの
- [ ] **earnings**（収益）、**proceeds**（売上げ）、***means**（収入）
- [ ] **savings**（貯金）[ ] **belongings**（所持品）、**valuables**（貴重品）
- [ ] **premises**（家屋敷）、**assets**（資産）、**effects**（動産）
- [ ] **securities**（有価証券）[ ] **winnings**（賞金）
- [ ] ***expenses**（経費）、**overheads**（一般費用）、**sundries**（雑費）
- [ ] **damages**（損害賠償）、**reparations**（賠償金）

☐ resources（資源）☐ supplies（支給物）
☐ necessities（必需品）☐ goods（商品）
☐ furnishings（備え付け家具・備品）

＊means は「収入」の意味では常に複数扱いですが、「手段」の意味では There are several means of transport（複数の交通手段がある）、Is there any means of communication?（伝達手段は何かありますか）のように単数／複数扱いの両方があります。

＊expenses は「経費」という意味では通例複数扱いです。Travel expenses include meals, lodging, and transportation expenses.（出張費には食費、宿泊費、交通費が含まれる）

重要度2. 言ったり書いたりしたこと

☐ basics [essentials、fundamentals、rudiments]（基本）
☐ details [minutiae]（詳細）☐ particulars、specifics（詳細・仕様書）
☐ intricacies（複雑な事情）☐ regards（よろしくとの伝言）
☐ acknowledgements [thanks]（謝辞）、congratulations（祝辞）
☐ directions（指示）[instructions]
☐ writings（著作・作品）
☐ letters（文学）
☐ proceedings（議事録）☐ talks（会談）

重要度3. 場所・状況

☐ suburbs [outskirts、environ、precincts]（郊外）、provinces（地方）
☐ foothills（丘陵地帯）☐ waters（水域）、rapids（急流）
☐ wilds（荒野）☐ premises（敷地）☞単数の premise は「前提」
☐ reaches（区分）☐ sights（名所）
☐ headquarters（本部）☐ quarters（宿舎）
☐ circumstances [conditions、surroundings]（周囲の事情）
☐ terms（条件、関係）☐ odds（勝ち目、公算）

☐ **business hours** [**office hours**]（営業時間）

重要度 4. 器具・衣類
☐ **clippers**（はさみ）☐ **tweezers**（ピンセット）
☐ **pliers**（ペンチ）☐ **tongs**（トング・物をはさむ道具）
☐ **scales**（はかり）
☐ **headphones**（ヘッドホン）☐ **braces**（歯並び矯正器）
☐ **high-heels**（ハイヒール）☐ **fatigues**（作業服）
☐ **clothes**（衣服）☐ **overalls**（オーバーオール）

重要度 5. 人々のグループ
☐ **authorities**（当局）☐ **personnel**（全職員）☐ **masses** [**ranks**]（庶民）
☐ **police**（警察）☐ **defense forces**（防衛軍）、**reinforcements**（援軍）
☐ **forces**（軍隊）☐ **corps**（部隊）☐ **in-laws**（姻戚）

重要度 6. 食物
☐ **refreshments**（軽い飲食物）☐ **seconds**（お代わり）
☐ **provisions**（食糧）、**rations**（備蓄食糧）☐ **pickles**（野菜の酢漬け）
☐ **greens**（葉野菜）☐ **groceries**（食料雑貨類）
☐ **spirits**（アルコール類）

重要度 7. 体の部位・不調
☐ **looks**（容貌）、**features**（顔立ち）
☐ **bowels**（腸、内臓）、**insides**（腹）
☐ **genitals**（生殖器）、**privates**（陰部）☐ **vocal cords**（声帯）
☐ **whiskers**（ひげ）、**sideburns**（ほおひげ）
☐ **locks**（巻き毛）、**tresses**（女性のふさふさした髪）
☐ **blues**（憂鬱）☐ **nerves** [**jitters**]（神経過敏）
☐ **goose bumps** [**pimples**]（鳥肌）☐ **hiccups**（しゃっくり）
☐ **hysterics**（ヒステリー発作）☐ **piles**（痔）

　いかがでしたか。多すぎて覚えられないと思うかもしれませんが、このような意識をもってこれからは文献を読んでいけば段々と身についていくと思います。その他の注意点は、

□ series（シリーズ）：単数・複数扱い

□ species（種・種類）：単数・複数扱い

□ cards（トランプ） □billiards（ビリヤード） □dominoes（ドミノ）
　ゲーム名は基本的には単数呼応。ただし cards（トランプ）は単・複扱いの両方

□ hundred、thousand は前に数詞がついても単数形。

　それから英語の大学入試や検定試験では、次にあげる重要な名詞の単数扱い vs 複数扱いパターンが重要です。

名詞の単数扱い vs 複数扱いの注意点！①

問題

> **Q.** 以下の文に誤りがあれば正してください。
>
> 1. **One million dollars are a huge sum of money.**
>
> 2. **Seven miles is quite a long distance.**
>
> 3. **Ten days have passed.**

解答&解説

1. 正解は **are → is**。100万ドルを「1つの単位」として考えている例で「100万ドルというものは」と考えればよい。こういったパターンは「金額」「距離」「時間」など数量を表す名詞が主語になる場合に見られる。

2. 正しい文。これも seven miles を「7マイルというものは」と「1つの距離」としてとらえるため、動詞は単数の is で受けている。

3. 正しい文。これは ten days を1つのまとまった期間ととらえずに、日が一日一日と過ぎていって10日間が経ったという考えから「複数」の観念が働いて複数扱いになる。これに対して Ten days is quite a long time for me. では ten days を「1つの期間」ととらえ、「10日間というものは」と考えて、単数動詞 is で受ける。

名詞の単数扱い vs 複数扱いの注意点！②

■数を表すのか、量を表すのかで「単数・複数」が違ってくるパターン

□ **Twenty percent of the students have the book.**
　　（学生の2割がその本を持っている）＊数→複数扱い

□ **Two-fifths of the money is yours.**
　　（5分の2のお金はあなたのものです）＊量→単数扱い

□ **Two-thirds of the house was damaged.**
　　（その家は全体の3分の2が損傷を受けた）＊量→単数扱い

名詞の単数扱い vs 複数扱いの注意点！③

■単数扱いと複数扱いで意味が異なるぜひ覚えてほしい必須語

	単数扱い	複数扱い
statistics	[U] 統計学（論）	統計（データ）
politics	[U]（単数・複数扱い）政治学、政治（問題、活動）	
		政策、方針、政綱
economics	[U] 経済学	経済面（問題、状態）
mechanics	[U] 力学、操作、技巧	（単・複数扱い）仕組み、構造
genetics	[U] 遺伝学	遺伝的特徴
acoustics	[U] 音響学	音響効果
acrobatics	[[U]] 曲芸、飛行術	空中曲芸

名詞の単数扱い vs 複数扱いの注意点！④

■単複同形の必須名詞　狩猟・漁猟対象の生物

絶対に単複同形	sheep、deer、cattle、cod（タラ）

通常は単複同形	carp、grouse（ライチョウ）、quail（ウズラ）、salmon（サケ）、swine（ブタ）
-s 複数も単複同形もある	reindeer(s)（トナカイ）、fish(es)、flounder(s)（ヒラメ）、herring(s)（ニシン）、shrimp(s)
複数は通常は -s で終わるもの	crab(s)、duck(s)
複数は絶対に -s で終わるもの	birds、cows、eagles、hens、hawks、monkeys、rabbits

　狩猟・漁猟対象の生物以外の重要な単複同形の名詞に Japanese、Chinese、Portuguese、Vietnamese、Bengalese（ベンガル人）など -ese で終わる国民名があります。

□ There are two Japanese, two Vietnamese, and three Chinese in my class.（私のクラスには日本人が 2 人、ベトナム人が 2 人、中国人が 3 人いる）

第3章

前置詞を
一気にマスター!

方向と運動を決め、表現が無限に広がる前置詞の極意

　前置詞（**prepositions**）は日本語の「助詞」以上の役割を果たすもので、時には動詞的にも形容詞的にもなる奥の深いものです。前置詞をマスターすれば英語の表現力が数段 UP するので、本章で根本からコンセプトを学び、各前置詞を自由自在に操れるようになってほしいと思います。まず、前置詞は名詞の前に置くものと思っている人が多いですが、実際は次のように形容詞・副詞・前置詞（句）の前にも置かれる点に要注意です。

前置詞の目的語になるものは7つあると心得る！

①前置詞＋名詞	**Don't beat around <u>the bush</u>.** （遠回しに言わないで）
②前置詞＋代名詞	**Think about <u>it</u>.** （その事について考えなさい）
③前置詞＋動名詞	**I'll give you credit for <u>solving</u> the problem.** （その問題を解ければ評価してあげよう）
④前置詞＋形容詞	**I don't know for <u>sure</u>[<u>certain</u>].** （はっきりと分からない）
⑤前置詞＋副詞	**I've just returned from <u>there</u>.** （そこから戻ったばかりだ）
⑥前置詞＋前置詞句	**There was a sound from <u>behind me</u>.** （背後で物音がした）
⑦前置詞＋名詞節	**He's a typical father in <u>that he spoils his daughter</u>.** （彼は娘に甘い点でどこにでもいる父親と変わらない）

　次に、前置詞には以下のように5つのタイプがあることを頭に入れておきましょう。

前置詞には 5 つのタイプがある！

①限定用法	**men in black**（黒服の男たち）、**love in the afternoon**（昼下がりの情事）
②叙述用法	**His opinion is of no account.**（あいつの意見なんかどうでもよい） **We found dogs of great use.**（私たちは犬が大いに役に立つと分かった）
③動詞を修飾	**I missed the last train by a minute.**（1 分違いで最終電車に乗り損なった）前置詞句 **by a minute** が動詞 **missed** を修飾。
④形容詞を修飾	**She is too hard on herself.**（彼女は自分に厳しすぎる）前置詞句 **on herself** が形容詞 **hard** を修飾。
⑤副詞を修飾	**I'm going to leave early in the morning.**（朝早くおいとまするつもりです）前置詞句 **in the morning** が副詞 **early** を修飾。

　また、前置詞は目的語の前に置かれるのが原則ですが、次のように「不定詞句」と「疑問詞・関係代名詞の先行詞が目的語」の場合は、例外的に目的語より後にくる点に要注意です。

目的語の後にくる前置詞パターンは 3 つある！

①不定詞句の場合	**I've got nobody to talk with.**（話し相手が誰もいません） ＊ **with** の目的語が **nobody** で前にくる。
②疑問詞の場合	**What are you talking about?**（何のことを言っているの？） ＊ **about** の目的語が **what** で前にくる。
③関係代名詞の先行詞の場合	**Who's the girl you're talking to?**（君が話している女の子は誰？） ＊ **to** の目的語で関係代名詞は省略される場合が多い。

　さて、前置詞の概論は分かっていただいたところで、次の 4 つのステッ

プで前置詞を完全制覇していただきましょう。

---

of : specific「特定のもの」

about : general「一般的・アバウト」

on : focused（on）「（短期）集中・専門的」

with : related（with）「関わり合う」

for : seeking（for）「～の方を向く・求める」

in : involved（in）「～に深く加わる・介入する」

to : committed（to）「１つのことだけに執着する」

at : aim（at）「ねらって集中」

by : stand（by）「いつもそばで見守る」

前置詞制覇 the First Step

理解の第一歩は「集中・夢中」を表す前置詞でコンセプトをつかむ！

1. He was **involved** [**immersed** / **absorbed** / **steeped** / **engaged**] **in** his work.
   （彼は仕事に没頭した）

2. She is **obsessed** [**preoccupied** / **consumed** / **beset**] **with** her work.
   （彼女は仕事にとりつかれている）

3. She is **committed** [**dedicated** / **devoted** / **addicted**] **to** her work.
   （彼女は仕事ひとすじだ）

4. He is **crazy** [**enthusiastic**] **about** his work.
   （彼は仕事に夢中だ）

5. She is **hooked** [**hot** / **big** / **keen** / **intent** / **bent**] **on** work.
   （彼女は仕事にやみつきだ）

6. He **keeps at** his work all day.
   （彼は一日中仕事を絶対くじけずに頑張っている）

7. I'm **going for** the first prize.
　（私は1等賞を狙っている）

　このように、in は長い期間「没入・没頭」していることを表します。with はそれに身も心も深く関わっている状態。to は剥がそうとすると禁断症状が起こってしまうほど1つの物・事に執着している状態（cling to、stick to、adhere to も同じ）です。about は芸能人にあこがれるように、対象のことをよく知らないまま夢中になっている心の状態。on は短期集中的に注意や努力を捧げて加わっている状態。at は脇目もふらず一点集中的に取り組む状態。for は何かを求めてそれに向かっている状態です。

　以上がコンセプトの覚え方ですが、Step2 はもう少し掘り下げて、各前置詞を練習問題を通してそのコンセプト・用法を完全マスターしましょう！

前置詞制覇 the Second Step

　次の文の（　）に共通する前置詞［副詞］を入れてください。

前置詞クイズにチャレンジ！Part①

①　He shut the door (　　　) me.
　　She is (　　　) the committee.
　　He is always picking (　　　) his sister.

②　She is so lovely I can't take my eyes (　　　) her.
　　The ship sank (　　　) the coast of the Japan Sea.
　　I have been (　　　) cigarettes for about six months.

③　The shoes won't hurt so much once you've broken them
　　(　　　).
　　This lake is ten feet (　　　) depth.
　　Please fill him (　　　) on what happened yesterday.

④ The young couple fell (　　　) with each other.

His cute behavior brings (　　　) my maternal instinct.

We can't rule (　　　) the possibility of nuclear war.

⑤ The company is getting (　　　) the law.

We built the story (　　　) a new plot.

They will soon come (　　　) to your opinion.

① **on**　② **off**　③ **in**　④ **out**　⑤ **around**

① **on** のコンセプトは「接・集」で、「オン！と機能し始めて→接触し、加わり、→影響を与える［依存する］」のプロセスを表します。例題は順に「彼は私の鼻先でバタンとドアを閉めた（影響）」「彼女は委員会のメンバーである（加わる）」「彼はいつも妹をいじめている（影響）」の意味です。

〈接触〉a house **on** the lake（湖畔の家）、It's just **on** 3 o'clock.（3 時にほぼ近い）、**on** application（申し込み次第）

〈～に対して〉have pity **on** them（彼らを哀れむ）、The storm is **on** us.（嵐が迫っている）

〈加わる〉**on** fire（燃えて）、**on** the air（放送中で）、I am **on** duty.（勤務中だ）、**on** business（仕事で）、**on** strike（ストライキ中）

〈依存〉→ live **on** a pension（年金生活をする）、speak **on** the phone（電話で話す）、**on** a small-budget（乏しい予算で）、**on** drugs（麻薬中毒で）、It's **on** me.（私のおごりだ）、**on** condition that ～（～という条件で）、**on** the grounds that ～（～という理由で）、**on** good terms with ～（～と仲が良い）

② **off** のコンセプトは「発・離」で、そこから「これまでの動作を（一時的に）中断する、離れる」の意味が生まれてきます。例題は順に、「彼女はあまりにすてきで見とれちゃう」「船が日本海沖で沈んだ」「私は半年ほどタバコをやめている」の意味です。

〈離れて〉The deadline is one week **off**［away］.（締切まであと 1 週

間だ）、**off** the air（放送が終わる）、pay **off** the debts（借金
を全部支払う）

〈中止〉The meeting is **off**.（会議は中止［延期］になった）

〈はずれて〉the house **off** the main street（本通りから横丁に入ったと
　　　　ころにある家）、**off** guard（油断して）、**off** the point（要
　　　　点がずれて）

〈減って〉take 10 % **off** the usual price（平常価格から 10％割り引く）

③ **in** のコンセプトは「中・在」で、そこから「〜の状態で、〜に所属［従事］
して、身につけて、〜の範囲で、〜に乗って、〜の点で、在宅して、流行して」な
どの意味が生まれてきます。例題は順に「靴ははき慣らしたらそんなに痛
くないよ」「この湖は深さ 10 フィートだ」「昨日何が起ったか教えてくだ
さい」の意味です。

　cry **in** pain（苦痛で叫ぶ）、**in** a low voice（低い声で）、**in** a circle（輪
になって）、**in** cash（現金で）、**in** large quantities（多量に）、**in** red shoes
（赤い靴をはいて）、**in** his forties（40 歳代で）、**in** that direction（そちら
の方向へ）

　この他にも in を用いた必須表現には次のようなものがあります。

in due course（そのうちに）、**in effect**（実際は）、**in earnest**（本格
的に）、**in person**（自ら）、**in oneself**（本来は）、**in succession**（引き続
いて）、**in the face [teeth] of** 〜（〜にもかかわらず）、**in the air**（未決
定で）、**in the interest(s) of** 〜（〜のために）

④ **out** のコンセプトは「外・出」で、そこから「外出して、突き出て、現れて、
咲いて、公になって、はっきりと、機能しなくなって、なくなって、完全に」な
どの意味が生まれてきます。例題は順に「その若い夫婦はけんかした」「彼
のかわいい仕草が私の母性本能をくすぐるの」「我々は核戦争の可能性を
否定できない」の意味です。

　□ The rash is **out** all over her body.（発疹が彼女の体中に出ている）

　□ My shoulder is **out**.（肩関節がはずれた）

　□ The road is **out** because of flood.（洪水で通路は通れない）

⑤ **around** のコンセプトは「周・囲」、そこから「〜のあちこちを、近くに、
およそ〜を中心にして、〜を避けて」などの意味が生まれてきます。例題は

順に「その会社は法律の抜け穴をくぐっている」「我々は新しい筋をもとにその話をつくった」「彼らは（今反対しているけれど）すぐに君の意見に従うよ」の意味です。

☐ How big **around** is the tree?（その木の周りはどれくらい？）

☐ the house **around** the corner（角を曲がったところにある家）

☐ I'll be **around** when you need me.（その辺にいますからご用の時はどうぞ）

☐ He has been **around**.（彼は世間をよく知っている）

前置詞クイズにチャレンジ！Part②

① A Strange feeling came (　　　) him.

He went to sleep (　　　) a book.

I can't hear your voice (　　　) the rain.

② His name will go (　　　) in history.

I'll pay $100 (　　　) on this TV.

Let's get (　　　) to work.

③ He always goes (　　　) the book.

I entered someone else's room (　　　) mistake.

They missed the train (　　　) ten minutes.

④ He was charged (　　　) sexual assault.

My memory and stamina declined (　　　) my years.

Spanish food doesn't agree (　　　) me.

⑤ His latest plan came (　　　) heavy criticism.

He is traveling (　　　) an assumed names.

One false step, and our company will go (　　　).

解答＆解説

① **over**　② **down**　③ **by**　④ **with**　⑤ **under**

① **over** のコンセプトは「越・覆」で、そこから基本の意味「〜を覆って、〜を越えて」→「〜を支配［優先］して、〜しながら、繰り返して」等の意味が生まれてきます。例題は順に「彼は変な気持ちに襲われた」「彼は本を読みながら寝てしまった」「雨の音でかき消されてあなたの声が聞こえません」の意味です。

☐ This room has a view **over** the sea.（この部屋は海が見渡せる）

☐ He resigned **over** the scandal.（彼はスキャンダルをめぐって辞職した）

☐ Don't make a fuss **over** him.（彼をちやほやするな）

☐ I was chosen **over** all the other candidates.
（他の候補者すべてに優先して選ばれた）

☐ His persuasion won her **over** to our side.
（彼の説得によって彼女は我々の側に立った）

☐ We went **over** the budget by ¥5,000.（予算を5000円オーバーした）

☐ I stayed in Japan **over** Sunday.（日曜日まで日本に滞在した）

② **down** のコンセプトは「降・至」で、そこから「下がって、意気消沈、至るまで、書き留めて、頭金として、不足して、減じて、完全に、本気で」等の意味が生まれてきます。例題は順に「彼の名は歴史に残るだろう」「このテレビの頭金として100ドル払いましょう」「真剣に仕事に取りかかろう」の意味です。

☐ The typhoon died **down**.（台風がおさまった）

☐ They were 10 dollars **down**.（10ドル足りなかった）

☐ His performance went **down** well with the audience.
（彼の演奏は聴衆の好評を博した）

☐ He felt **down** about the failure.（彼は失敗のことで気が滅入った）

☐ The story was handed **down** from generation to generation.
（その話は代々伝えられた）

☐ His name is **down** in my notebook.（彼の名前は私のノートに書きとめてある）

③ **by** のコンセプトは「傍・由」で、そこから「〜に従って、〜の差で、〜単位で、〜を通って、〜を使って、〜までに」などの意味が生まれてきます。例題は順に「彼はいつも規則どおりにやる」「私は間違って他の人の部屋に入

ってしまった」「彼らは10分の差で電車に乗り遅れた」の意味です。

□ work **by** the rules（規則に従って働く）　□ a women **by** the name of Brown（ブラウンという名の女性）　□ know 〜 **by** name（〜の名前は知っている）　□ increase **by** 10 %（10％増加する）□ drop **by** his house（彼の家に立ち寄る）□ 20 feet **by** 30 feet（縦20フィート横30フィート）　□ sell 〜 **by** the dozen（〜をダース単位で売る）　□ work **by** night and sleep **by** day（夜に働き昼間に寝る）

④ **with** のコンセプトは「関・共」で、そこから「〜と同意見で、〜を持っている、〜に応じて、〜状態で、〜に関して」などの意味が生まれてきます。例題は順に「彼は強姦罪で告発された」「記憶力も体力も年と共に衰えた」「スペイン料理は苦手だ」の意味です。

□ Salary varies **with** skill.（給料は技能によって異なる）

□ break **with** the past（過去を捨てる）

□ leave［trust］him **with** the key（彼にキーを預ける）

□ The responsibility rests **with** us.（責任は我々にある）

□ shiver **with** cold（寒さで震える）、flush **with** anger（怒りで顔が赤くなる）

□ It's all right **with** me.（私はいいですよ）

□ **With** a little bit of luck［experience］, he sill make it
（運が良ければ、［彼の経験を持ってすれば］、彼は成功するだろう）

ところで、with と by、to を比較すると、by の「全面的依頼」に対して、**with** は「手段・道具」を表し、また **to** の「一方的に」に対して **with** は「相互に」を表します。

⑤ **under** のコンセプトは「下・圧」で、そこから「覆われて、隠れて、下方に、未満で」などの意味が生じ、また「上から押さえつけられている状態」から「〜を背負って、〜を受けて、〜の下で」等の意味が生まれてきます。例題は順に「彼の最新の計画は多大な批判を受けた」「彼は偽名で旅行している」「一歩間違えば、我社は倒産だ」の意味です。

〈〜を受けて、〜中で〉

arrest、control、development、consideration、construction、criticism、influence、burden、obligation、repair、guidance 等が under の後に続く。

〈～の下に〉

☐ **under** present conditions（現状では）☐ **under** pretense of ignorance（無知を装って）☐ escape **under** cover of darkness（闇にまぎれて逃げる）☐ **under** the law（法に従って）

☐ study **under** Mr. Yoshida（吉田先生のもとで勉強する）

☐ **under** the system（その制度に従って）

☐ classify a movie **under** Romance（恋愛映画の項目に分類する）

さて、Step3 はどんどんと練習問題を通してピンポイントに前置詞のコンセプト・ニュアンスを完全マスターしましょう！

前置詞制覇 the Third Step

問題

Q. 次の（　　　）に入る前置詞は何でしょうか。

1. **He did it (　　　) his own will.**（彼は自分の意志でしました）

2. **This item is sold (　　　) 1,000 yen.**（この商品は 1000 円で売られています）

3. **Local radio goes (　　　) the air at midnight.**（地方ラジオは深夜で放送が終わる）

4. **I'm halfway (　　　) Chapter 4.**（第４章の半分を読み終えたところです）

5. **The matter is (　　　) consideration.**（その問題はまだ検討中です）

解答

1. **of**　2. **for**　3. **off**　4. **through**　5. **under**

では次に、この中の必須前置詞 of の役割と用法を見ていきましょう。

最も神秘的な前置詞 of をつかむ！

ofは最もよく使われ、最も神秘的な前置詞です。これを攻略すれば英語を攻略できる（？）かもしれません。それだけ難しいというわけです。気合を入れてエンジョイしましょう。ofはoffと同じ語源を持ち「合体」とそこから派生した「分離」の意味を持ちます。分離の意味が「出所・期限」へ派生し、その他、「除去」や「全体から分離した部分」や「所属」を示すようになっています。

☐ **deprive〔rob〕A of B**「AからBを奪う」

☐ **cure A of B**「AのBを治す」

☐ **relieve A of B**「AからBを取り去る」

☐ **strip A of B**「AからBを剥ぎ取る」

☐ **clear A of B**「AからBを取り除く」

☐ **be made of X**「Xからできている」

☐ **be independent of X**「Xから独立している」

☐ **be empty of X**「Xがない」　☐ **be free of X**「Xがない」

☐ **be destitute of X**「Xが欠けている」

☐ **be devoid of X**「Xが欠けている」

☐ **irrespective of X**「Xに関係なく」

☐ **be short of X**「Xが不足している」

「分離」のofを使った表現、be made of Xはbe made from Xと同じ意味で使われ、be independent of Xの代わりにbe independent from Xもよく使われます。使用頻度は **be independent of**（3）＞ **be independent from**（1）。ちなみに、「Aで構成されている」の be made up of A / be composed of A / consist of A も「主語はAを取り出して（やはり「分離」のofです！）構成されている」ことを表します。使用頻度は **consist of**（8）＞ **be made up of**（3）＞ **be composed of**（1）です。

感情を表す前置詞の使い分けを完全マスター！

問題

Q. 次の２つの文にはどのようなニュアンスの違いがあるでしょうか。

I was surprised <u>by</u> the news.

I was surprised <u>at</u> the news.

解答＆解説

I was surprised by the news.	I was surprised at the news.
この文はThe news surprised me. の受動態でsurprised は動詞であるため、「知らせ」が「私」を驚かせたという因果関係がポイント。	このsurprised は形容詞の役割をしているので、動きよりも一時的な感情に重点が置かれている。

その他の「驚き」表現での使用頻度を見てみると

surprised	astonished	amazed	shocked
by（13）	by（20）	by（100）	at（70）
at（12）	at（18）	at（60）	by（30）
with（1.5）	with（13）	with（20）	with（2）
about（1）	about（3）	about（1）	about（1）

　基本的に「驚いた」ときの前置詞は by が一番多く、次に at、そしてガタっと減って with となっています。しかし、shocked は at が圧倒的に多いのは、一時的なリアクションの要素が強いからと言えます。

Q.「喜び」を意味するフレーズを含んだ以下の文の（　　）に入る適切な前置詞は何でしょうか。

1. **My son was elated (　　) the first prize.**
2. **Her piano teacher is gratified (　　) her progress.**
3. **The audience was entranced (　　) their performance.**
4. **We were enraptured (　　) the beautiful music.**

解答＆解説

　いずれも **with**、**by**、**at** が使用でき、1 は **with**、**by** ＞ **at** ＞ **over** の順に使える。そして、with は「最終結果」、by は「根本原因」、at は「出来事に対する一時的リアクション」を重視した語で、基本的な頻度は by ＞ at ＞ with の順。例えば、1「うちの息子は一等賞を取って大喜びだった」の場合、with は「一等賞ゲット」の「結果」に大喜びを表すので、with がベター。by は be elated by the news のように、大喜びの「原因」を重視して、at は be elated at the opportunity のように、ある出来事に対する「一時的リアクション」を重視して用いる。2「ピアノの先生は彼女の上達ぶりにとても喜んでいる」は、結果の with も使えるが、上達はずっと続いていると考えると by もいける。3「観衆は彼らの演技にうっとりした」、4「私たちは美しい音楽に酔いしれた」は at の「一時的リアクション」が合う。

問題

Q.「～に満足する」の表現には **be satisfied with**、**be content with** などがあります。くだけた表現では **be happy with** がよく使われます。では、なぜここで **with** が使われるのでしょうか。

解答

　この with は be filled with、be covered with、be crowded with などの with と同様に、「何かがたくさんある状態」を示しています。「満足」感

は「何かで心が満たされている」状態だからです。ただし、「たくさんありすぎてうんざりしている」場合も考えられます。このときも be fed up with とやはり「～でいっぱい」の with を使います。

問題

Q.「怒り」を意味するフレーズを含んだ以下の文の（　　）に入る適切な前置詞は何でしょうか。

1. His wife is mad（　　）him because he made a simple slip of the tongue.
2. She must be furious（　　）me.
3. I was infuriated（　　）what I heard him say.
4. You are resentful（　　）my popularity with the girls.
5. I was indignant（　　）being poorly treated.

解答&解説

1. at「妻は彼がちょっと口を滑らせたために怒り狂っている」（リアクション）
2. with「彼女は僕のことすごく怒ってるに違いない」（人の場合）
3. by「彼の話を聞いてかっと頭に血がのぼった」（原因）
4. of「僕が女の子にもてるからひがんでいるな」（対象）
5. at / about「粗末に扱われて憤慨した」（リアクション）

前置詞による意味の違いに注目！

1. **consult with a person / consult a person**（人に相談する）
   consult を他動詞として用いるのは、相手の権威を認めて高い所に置き、その指示、指導、専門的助言を求めるとき。相手と対等で「談合する、話し合う」という意味では consult with となるわけです。

2. **on〔in〕the air**

on the air は「放送中で」、**in the air** は「①空中に②噂などが広まって③（計画などが）未決定の」という意味になります。

3. **behind time**「時間に遅れて」
   behind the times「時代に遅れて」
   in time「（〜に）間に合って（for 〜）」
   on time「時間通りに、時間ぴったりに」
   with time「やがて」
   against time「（時間に間に合うよう）時計と競争で、全速力で」

4. **in a way**「ある点で、ある意味で」
   in the way「邪魔になって」
   ＊**in a way** は、「部分的には真実である場合や発言を弱める」ときに使われ、**in the way** は全く通過できないか、あるいは通過には困難が伴うニュアンス。
   on the way「（道）の途中で」
   under way「（物事が）進行中で、（船が）航行中で」

5. **charge X with Y**　「Y のことで X を非難する」
   charge X for Y　「Y の代金（損害料）を X に請求する」
   charge X on Y　「X（税金など）を Y に課する」

6. 日常会話や洋画でよく耳にする表現、I know. I know it. I know about it. I know of it. の違いは以下の通りです。

I know.	I know it.	I know about it.	I know of it.
その事実を知っている。	そんなこと言わなくても分かっているよ。	その事実についていろいろ知っている。	その事実だけを知っている。

Q. 「彼を知っている」と言う場合、**know him**、**know of him**、**know about him** の違いは何ですか。

A. know him は、社交的な交流、友情、仕事上の関係を通じて彼と個人的な面識があって直接的な関係があり、親しいことを示します。know of him は、彼に関する情報を第三者から聞いたり、メディアを通じて知っているかもしれないが、個人的な交流はない状況を指します。know about him は、彼に関する詳細や情報を知っているが、それは個人的な関係から来るものではなく、その人物の経歴、業績、行動などについての情報を持っていることを意味します。

問題

Q. 湖から近い順に並べてください。

1. **I live by the lake.**
2. **I live near the lake.**
3. **I live on the lake.**
4. **I live beside the lake.**
5. **I live close to the lake.**

解答

湖に近い順に on ＞ beside ＞ by ＞ close to ＞ near。

145

1. by the lake：湖の近くに住んでいることを示し、湖が重要なランドマークや特徴である。
2. near the lake：湖の比較的近い距離に住んでいる。
3. on the lake：住居が湖のすぐ隣、もしくは湖上に存在していることを示し、家から直接湖の眺めが見える。
4. beside the lake：湖のすぐ隣にあることを示し、湖と住居が並んでいる。
5. close to the lake：by よりわずかに遠いが、湖が容易にアクセス可能。

問題

> **Q.** 次の２つの文の違いは何でしょうか。
>
> **Tom was attracted <u>to</u> Grace.**
>
> **Tom was attracted <u>by</u> Grace.**

解答＆解説

to の場合	by の場合
「トムがグレースに引きつけられている」→トムの感情に重点が置かれている。性的魅力を感じているというニュアンスもある。	「グレースがトムを引きつけている」→トムの感情よりもグレースの魅力に重点が置かれている。

頻度比率は、be attracted to（3）＞ be attracted by（1）

問題

> **Q.** 次の（　　）に入る前置詞は何でしょうか。
> 1. **That horse's performance has not come up（　　）expectations.**
> 2. **I can't seem to come up（　　）any good ideas recently.**
> 3. **Seldom have I come up（　　）such a strong opponent.**

解答＆解説

1. **to**「あの馬の走りは期待はずれだ」
2. **with**「最近、私はどうもいい考えが浮かんでこないみたいだ」
3. **against**「こんなに手強い敵に出会ったことはめったにない」

1. **come up to** の用法は次の３つが重要。
① 「（ある高さ）まで届く」⇒ come up to her shoulder（彼女の肩まで届く）
② 「（ある場所・時間など）に近づく」⇒ come up to the front door（玄関までやってくる）
③ 「（期待・基準など）に添う」⇒ come up to expectation（期待に添う）

2. **come up with** は「（案など）を思いつく」。
「（どこかに潜って）〜を持って上がってくる」といったイメージからきた表現。基本的には produce（〜を出す、見つけ出す、考え出す）と同義。

3. **come up against** は「（困難・反対など）に出くわす」。
come up against strong oppositions（強い反対に直面する）。何か自分に不利なものにぶち当たるイメージ。

問題

> **Q.** 次の２つの文の違いは何でしょうか。
>
> The hunter shot a bird.
>
> The hunter shot at a bird.

解答＆解説

shot a bird	shot at a bird
「猟師は鳥を銃でしとめた」という意味。**shoot** の目的を果たした。	単に「鳥をねらって撃った」というだけで命中したかどうかは不明。

The hunter shot down a bird. または The hunter shot a bird dead. と

いえば撃ち殺したことがよりはっきりします。

問題

> **Q.** 次の２つの文のニュアンスの違いは何でしょうか。
>
> **She caught his sleeve.**
>
> **She caught him by the sleeve.**

解答＆解説

catch his sleeve	catch him by the sleeve
動作の対象が「彼の袖」に向かっている。「彼の袖」に注意が向けられ「彼の袖をつかむ」こと自体が目的となっている。	動作の対象が「彼」という人に向かっている。「彼をつかまえる」ことが目的であり、「袖をつかむ」ことはその手段である。

　頻度的には、前者の方が後者より倍ぐらい多く用いられます。

　同様に、

Look at my eyes. は単に「私の目を見て」と言っています。

Look me in the eyes. は「（心にやましいところがないなら）私の目をまともに見て」という表現です。

問題

> **Q.** 次の２つの文の違いは何でしょうか。
>
> **We walked on the road.**
>
> **We walked in the road.**

解答

　前者は「車道上を歩いた」、後者は「（道路をエリアとみなして）車道内を歩いた」

問題

Q. 次の文の違いは何でしょうか。

1. **Britain fought with the U.S.**

2. **Britain fought against the U.S.**

解答&解説

1. with は「～と一緒に」と「～に対抗して」の意味があり、「英国は米国と一緒に戦った（英米は同盟国）」と「英国は米国に対抗して戦った」（英米は敵）の 2 つの可能性があるが、with は fight、race、argue、contend、quarrel、struggle など「戦う」系の動詞とともに使う場合のみ、「～に対抗して」の意味でも使われる。

2. against は、英米は「敵同士」で「対抗」を明確に表したい場合に用い、頻度的に 2 の方が 1 より 1.5 倍多い。また、pandemic を fight を使って表す場合、使用頻度は、**fight the pandemic / fight against the pandemic > fight with the pandemic** と、他動詞で目的語を直接叩く fight と「対抗」の意味を強調した fight agaisnt が同じぐらいで、the pandemic という憎らしい敵に対しては曖昧な fight with は 3 分の 1 以下となっている。

■ 原因・理由を表す群前置詞

because of	日常会話でインフォーマル。because of ＋（人・事）。
owing to	フォーマルな表現。owing to ＋（事）。owing to ＋（人）は不可。
due to	フォーマルな表現で、特定の原因を表す due to ＋（事）。due to ＋（人）は不可。
on account of	特に何かの問題が起こった場合に使われ、account は「何が起こったかを説明すること」という意味。
thanks to	インフォーマルで、感謝とは限らず、皮肉で使うこともあるので注意。thanks to ＋（人・事）。
out of	原因・動機を表す。

Q. 「材料・原料」の前置詞として **of**、**from**、**out of** のいずれかを入れましょう。

1. **The table is made （　　）wood.**
2. **Cheese is made （　　）milk.**

1. of

2. from〔with、of〕

be made of は素材から製品までの加工プロセスが少ない（素材が目に見える）場合、be made from は加工プロセスが多い（素材が大きく変化する）場合に使われる。前者の頻度は、a table made of wood（7）＞ a table made from wood（1）＞ a table made out of wood（1）で、out of は木の場合「木を切り出して物を作るイメージ」。後者の cheese made from〔with、of〕milk はどれも変わらない。また、ワインは、wine made from grapes（7）＞ wine made of grapes（3）＞ wine made with grapes（2）。

ところで、of は off の仲間で、材料から変化なしの「分離」を表します。off が「〜から離れて」を表すことは "Keep off the grass."（芝生に入るべからず）のように使われる例から分かりやすいでしょう。語源を紐解くと、off はそもそも、of の持つ意味「〜から離れて」を「さらに離れて」と強調するために生まれたものなのです。of の原義「分離」という観点から、「このテーブル」が材料である「木」から**変化せずそのまま離れているイメージ**で、材質がそのまま見えたら of を使う、と言われる所以です。なお、この「分離」から転じて「**所有**」や「**性質**」の意味もあります。これらも**ベクトルが逆ではあるものの、「出所が同じで性質の変わらないもの」**という意味です。

このように「分離」の意味を持つ of は「奪う」系の動詞とも結びつきやすく、例えば "Someone robbed him of his money"（彼からお金を奪った）、"The noise deprived me of my sleep."（騒音で眠れなかった）、"The medicine will get rid of my pain."（薬は痛みを取り除く）となります。

その他の動詞では clear A of B、relive A of B、cure A of B、形容詞では "independent of my parents"（両親から独立した）、"free of charge"（無料←料金から離れた）などがあります。

　これに対して **from** は「起点」とそれに伴う「距離」を表します。原料の milk を起点とし、加工する過程を経て cheese になるという「距離」があります。of は直接的なので wood と table との距離がほとんどないという訳です。

---

made of の of の意味は…

① of の原義「分離」の意味から材料を変化させずそのまま取り出すイメージ

②「分離」の of は他に「奪う」系動詞や「独立」系形容詞などと結びつきやすい

問題

■ 時間・場所の前置詞

Q. 次の（　　）に適切な前置詞を入れましょう。

1. **I am arriving in Kyoto（　　）the morning of June 8.**

2. **We took the time to go to Tokyo Disneyland（　　）the weekend.**

3. **The train arrived（　　）the station.**

解答＆解説

1. **in/on**
   in the morning のように「午前中」は in を使い、特定の日の朝は **on the morning of April 1** のように on を使うと言われているが、両者の使用頻度はほぼ同じ。同様に、**on the morning of Friday** と **in the morning of Friday** もほぼ同じ。

2. **for/in/on/at/over/during** で、頻度は for ＞ in ＞ on ＞ at ＞ over / during。

3. **at**（4）＞ **in**（1）で、at は駅を「地点」と見なし、in は「場所・構内に」の視点で、「地点」と考えている人の方が多いことが分かる。

151

前置詞制覇 the Final Step

　日本語の「助詞」の役割を果たすこの「前置詞」は、私たち日本人の英語学習者を悩ませている難解で奥の深いものです。しかし、厄介なだけに前置詞への知識を深めると、英語のスピーキング力が加速的にUPします。

　外国人の日本語学習者がいくら日本語をペラペラ話せたところで、いつまでも「て、に、を、は」が間違ってばかりだと、今いち不自然で誤解を招く日本語になってしまうのと同様に、この前置詞の使い方を間違えると、不自然な英語になり、しかもとんでもない誤解を引き起こします。

　日本人が前置詞の使い方を間違う理由は、日本語につられることで、例えば「〜を本屋に注文する」は、"order 〜 from a bookstore" と言わなければいけないのに、日本語につられると from が "to" になってしまいます。これはよく大学入試問題で狙われる初歩的な例ですが、もっと難しい例がたくさんあり、つい母国語につられてしまいます。そこで、「習うと同時に慣れよ」の精神を持って、最短距離学習法で前置詞の正しい使い方をマスターしていきましょう。そのために数ある助詞の中でも特に重要で複雑な「で」「に」「の」「を」「から」のクイズにチャレンジしていただき、正答とその解説を読んでコンセプトがつかめたら、後は音読によって語呂で覚えてしまいましょう！

「で」を意味する英語の前置詞はこれだ！

（　　）に当てはまる前置詞を入れてください。

1. ご自分の意志でお賽銭を上げていただくことができます。
   You can make a donation（　　）your own free will.

2. ナイフで指をうっかり切ってしまった。
   I cut my finger（　　）a knife.

3. その実業家は 1 千万円で土地を買った。
   The businessperson bought a land（　　）¥10 million.

4. 騒音であなたの声が聞こえない。
   I can't hear you（　　）the loud noise.

5. 見かけで人を判断するな。
   Don't judge people（　　）appearances.

6. 彼女は優等で大学を卒業した。
   She graduated from college（　　）honors.

7. お支払いはカードではなく現金でお願いします。
   Please pay（①　　）cash, not（②　　）credit card.

8. 彼はガンで亡くなった。
   He died（　　）cancer.

9. 彼は偽名で SNS に投稿をしている。
   He is posting（　　）a pseudonym on SNS.

解答&解説 ＊（　）内の数字は使用頻度の比率を示す

1. of（5）＞ **with**（2）＞ **at**（1）
   自分の意志を「持って」と考えて「気の向くままに」なら、点を表す at、with がベストだが、この場合は of が一番多く用いられる。

2. on ※ **with** は不可
   「うっかりと表面に触れて切れてしまった」という意味の on が正解で、with だとナイフを「手段」として用いて切った自傷行為になる。

3. **for**

for は「予定、交換、代用、原因、適合、基準」などの用法があり、この問題の意味は「交換」で、引き換えに家を購入したとなる。

4. **over**

この他、through、because of はまれで、圧倒的に over が多い。
over を使えば「騒音が声にかぶさり声が聞こえない」となる。

5. **by > from**

外見を「判断基準」とする by が、「判断理由」にする from より 20倍以上多い。

6. **with**

honor を持って卒業したので with となる。

7. ① **in**（20）> **with**（1）> **by**

② **by、with ともに OK だが、by の場合は後に a はなし、with の場合は a が必要。**in は「現金（の形態）で」、with は「現金を用いて」。

8. **of**（2）> **from**（1）

die of cancer「直接原因のガンにより亡くなる」に対して、die from cancer は「ガンによる影響や合併症（間接原因）で亡くなる」という意味になる。

9. **under / with**

「自分の本名を pseudonym（偽名）で下に覆って隠して」という意味で、under が最も一般的に使われる。with は「単に偽名を使用しているだけ」という意味で、少し使用頻度は低い。

日本語の「で」を表す「前置詞」のすべて

1. 手段・方法
□ ピアノで曲を弾く play the tune **on** the piano
□ 乏しい予算で **on** a small-budget　＊お金に「依存して」と発想
□ 〜という条件で **on** condition that 〜
□ 望遠鏡［顕微鏡］で見る look **through** a telescope［microscope］

2. 材料・原料
□ 木でできている / ブドウでできている made **of** wood / made **from** grapes
□ 紙で包装する wrap it **in** paper　＊「紙の中に包む」の発想

3. 原因・理由

154

□ 事故で亡くなる be killed **in** an accident　＊「事故の中で死ぬ」の発想
□ 風邪で休んでいる［寝込んでいる］be absent **with** a cold［**in** bed］
□ スキャンダルで［をめぐって］辞職する resign **for**［**over**］the scandal
□ 美しさで知られている be known **for** its beauty　＊「ミュージシャンで知られている」なら be known **as** a musician
□ ミスで **by** mistake

4. 数量・単位

□ ダース単位で売る sell **by** the dozen

5. 状態

□ 温度は 27 度である。The temperature stands **at** 27℃ .
□ 抜き足差し足で **on** tiptoe　＊「つま先に乗って」の発想
□ 大声で話す speak **in** a loud voice
□ マイクという名で通っている go **by** the name of Mike
□ 苦痛で叫ぶ cry **in**［**with**］pain

▌「に」を意味する英語の前置詞はこれだ！

（　　）に当てはまる前置詞を入れてください。

1. この番号に電話してください。
   Please call me（　　）this number.

2. その町は大阪の南方にある。
   The town lies（　　）the south of Osaka.

3. その老人は石につまずいた。
   The old man stumbled（　　）a stone.

4. 子供たちは四方に走った。
   The children ran（　　）all directions.

5. 所有者はその絵に高い値をつけた。
   The owner set［put］a high price（　　）the painting.

6. 会議の後で部長は従業員を仕事につかせた。
   The manager put employees（　　）work after the meeting.

1. **at**（6）＞ **on**（3.5）＞ **with**（3）＞ **by**（1）

   at は「特定して」、on は「基づいて」、with は「用いて」、by は「手段として」と 4 つの言い方ができる。

2. **to / in**

   to は「大阪の南の<u>方角</u>」、in は「大阪南部という<u>囲われた地域の中にいる</u>」。

3. **on** ＞ **over**

   on は「石の上でつまづく」、over は「つまづいてゴロンと転がる」。また、tumble **on** ～なら「～に偶然出くわす」、stumble **over** a word なら「言葉にまごつく」という意味になる。

4. **in**

   方角を「全体とその一部を示す広がり」と考えると in が合う。

5. **on** ※ **at** は不可

   on は「高い値段を絵の上に乗せる」という考え方。

6. **to**

   to は「結果に至るプロセス」で「(上司が) 仕事の方へ呼びかけて (部下が) 仕事を開始する (結果に至る)」のイメージ。put her baby **to** sleep も同様に、「(母親が) あやすなどして、赤ちゃんを寝つかせる (結果に至る)」となる。

☐ 人<u>に</u>ボールを投げつける throw a ball **at** the person
☐ 人<u>に</u>ボールを投げてやる throw a ball **to** the person
☐ 酒<u>に</u>税金を課す impose a tax **on** alcoholic beverages
☐ 彼ら<u>に</u>共感する sympathize **with** them
☐ 壁<u>に</u>耳を当てる place one's ear **against** the wall
☐ 壁<u>に</u>もたれる lean **against** the wall
☐ 子供<u>に</u>厳しい strict **with** [**on**] children（比率は 2 対 1）
☐ 核心<u>に</u>触れる get **at** the heart of the matter
☐ 彼女<u>に</u>相談する turn **to** her for advice / consult **with** her
☐ 規則<u>に</u>従う abide **by** [stick / comply **with**] the rule
☐ 旅行<u>に</u>カメラを持っていく carry a camera **on** a trip
☐ 演技<u>に</u>感動する be impressed **by** [**with**] the performance

by は特定の行為などの瞬間やアクションに感動する場合で、with は全体的なレベルや能力などに感動や満足する場合。

☐ リウマチに苦しむ be afflicted **with** rheumatism
☐ 景気低迷に苦しめられる be plagued **by** economic stagnation

「の」を意味する英語の前置詞はこれだ！

（　　　）に当てはまる前置詞を入れてください。

1. 彼女は社長の秘書である。
   She is a secretary（　　　）the president.

2. 彼は東北大学の教授である。
   He is a professor（　　　）Tohoku University.

3. 彼女の指の指輪は金製である。
   The ring（　　　）her finger is gold.

4. 脚のけいれんを起こした。
   I've got a cramp（　　　）my leg.

5. 寝たきりの親の世話をするのは大変だ。
   It's hard to care（　　　）a bed-ridden parent.

6. 夏目漱石の小説を5冊持っている。
   I have five novels（　　　）Natsume Soseki.

7. 地球温暖化の問題は非常に深刻である。
   The problem（　　　）global warming is very serious.

8. その神社はこの通りのどこかにある。
   The shrine is somewhere（　　　）the street.

解答&解説

1. **of**（3）>**to**（1）
   かつては to（所属）が一般的だったが、今は of の方が多い。

2. **of**（60）>**at**（30）>**with**（2）>**from**（1）

at は学校などの「特定の場所で常に活動する」で、of は「所属」を、with は「関係」、from は「他から来た」を強調。

3. on

指輪をつける指に対して「表面に触れて、面に支えられる」という意味の on が使われる。また、a blister **on** his foot（足のまめ）、a bump **on** his head（頭のたんこぶ）と体の表面にできたものにも on を用いる。

4. in

けいれん（crump）、しこり（lump）など体の内部で起こる症状には in を使う。

5. for

for には「人や物事の手助けをする」という意味があり、類似表現に take care of = look after がある。

6. by / of

本・映画・音楽などの「作品」などに「人の名前」を目的語にして by を用いると「〜作の」という意味になる。しかし、世界級の有名人になると、the paintings of Van Gogh（ファン・ゴッホの絵）となるように、of が圧倒的に多く使われるようになる。国内級の有名人には大体 by が使われる。

7. of / with

of は特定の事象を一般化する「同格」の意味で、the problem of global warming（温暖化という問題）は「温暖化そのものを問題と考える」。これに対して、with の意味は「関連」で、the problem with global、warming（温暖化に関連する問題）は「温暖化も問題だが、さらに他にも関連する問題がある」というニュアンス。

8. along / on

along は「ずっと続く長い道に沿ってあり、距離感がある」というニュアンスで、on は単に「道に接する」という場所を示すだけで距離感はない。

日本語の「の」を表す「前置詞」のすべて

1. 存在・所属・所有

☐ 駐米大使 an ambassador **to**〔**of**〕the U.S.

☐ テーブルの脚 the legs **of** the table

☐ 脚の筋肉 muscles **in**（2）〔**of**（1）〕one's legs

☐ 規則の例外 an exception **to** the rule（規則にくっついて）

□ドアの鍵 the key **to** the door ＊ドアの一部ではなく「ドアにくっつく［はめられる］もの

2. 動作の対象

□ 事件の<u>正確な記録</u> an accurate description **of** the case

□ 姫路城の印象 an impression **of** Himeji Castle

□ 事故の報告 reports **on**［**about** / **of**］the accident

3. 時

□ 今日のフレーズ the phrase **of** the day

4. 特徴

□ 高い鼻の女性 woman **with** a long nose

「を」を意味する英語の前置詞はこれだ！

（　　）に当てはまる前置詞を入れてください。

1. 本の 50 ページを開いてください。
   Open the book （　　） page 50.

2. 日本の伝統を捨ててはいけない。
   Don't break （　　） Japanese tradition.

3. 彼女はその乞食を哀れんでいる。
   She has pity （　　） the beggar.

4. ボスは君を高く評価している。
   The boss thinks highly （　　） you.

5. 彼女は彼との婚約を破棄した。
   She broke （　　） her engagement to him.

解答＆解説

1. **on** (8) ＞ **to** (5)
   on は「〜という特定のページに」というニュアンスで、to は「〜ページまでめくっていく」という意味を持つ。

2. **with / away from**

with のない break Japanese tradition も「伝統を破壊する」という意味になり、break with は「今まで保有し背負ってきた伝統のしらがみや関わりをやめる」。break away from は「より積極的な離脱」を強調。

3. **on**（6）＞ **for**（1）

have pity on ～は「気の毒に思い、施しをする」で、対象者に「影響」を及ぼすのに対して、have pity for ～は「気の毒に思うだけ」。

4. **of**

think highly of ～は「人の持つ特徴・性質を尊敬する」という意味。他の「～を重視する」の表現は place〔put / lay〕emphasis **on** ～、attach importance **to** ～と前置詞が変わってくる。

5. **off**

off は「～から離れて」で「婚約から離れる」。

日本語の「を」を表す「前置詞」のすべて

- [ ] トラックに荷物を積む load baggage **on** a truck
- [ ] ナイフの柄を握る seize the knife **by** the handle
- [ ] 名前［顔］を知っている know the person **by** name〔sight〕 ＊ know him **by** name は「彼の名前だけは聞いたことがあるが面識はない」で、know his name は「彼の名前は知っているが、面識があるかないか分からない」状況
- [ ] 国を支配する rule **over** the country
- [ ] 社長を操つる have control **over** the president
- [ ] 橋を渡る get **across** the bridge

「から」を意味する英語の前置詞はこれだ！

（　　　）に当てはまる前置詞を入れてください。

1. 彼は階段からころげ落ちた。

   He fell（　　　）the stairs.

2. 子供たちは裏口から家へ入った。

   The children entered the house（　　　）the back door.

3. 平常価格から30％割り引きで手に入れた。

   I got 30 %（　　　）the usual price.

4. 彼は重責から解放された。

   He was relieved（　　　）a heavy responsibility.

5. 彼女は信念からその仕事を引き受けた。

   She took on the job（　　　）principle.

6. 窓から手を出さないで。

   Don't stick your hand（　　　）the window.

解答＆解説

1. **down**（13）＞ **from**（7）＞ **off**（5）

   from と off は、階段などからパッと落ちてしまう場合で、階段をゴロゴロと転がる場合には down。

2. **from**（26）＞ **through**（16）＞ **by**（6）

   from は「起点・出発点」を示す。through は「入り口や通路などの端から端まで通って」という意味で、by は「道や入り口やドアなどを通過して場所に到着する」という意味。

3. **off**

   off は「ある金額を値引きする」。

4. **of**（4）＞ **from**（1）

   rob［deprive / clear / cure / divest / strip］A of B（A から B を奪う［取り除く］）のように A（所有者）から B（属性）を「分離させる」と同じ用法。

5. on

自分の信念（principle）に「基づいて」を表す on が圧倒的に多い。

6. out of

「窓から離れて」というような意味。

1. 起点・始点

☐ 太陽は東から昇る The sun rises **in** the east ＊「東の方から」昇ると発想

☐ 情報源から情報を得る get information **at** its source

☐ 切手が封筒から外れる The stamp came **off** the envelop.

☐ この靴は 10 ドルから各種ある These shoes start **from** $10.

2. 原点・原料・材料

☐ 経験から学ぶ learn **from** experience

☐ 卵からできたケーキ cake made **with** eggs ＊材料の一部である場合

3. 原因・理由

☐ 寒さから震える shiver **with**（6）［**in**（6）/ **from**（5）］cold

☐ 好奇心から **out of**（24）［**from**（1）］curiosity

☐ 罪悪感から **out of**［**from**］a sense of guilt

☐ 哀れみの気持ちから **out of** pity

4. 観点・根拠

☐ 経験から話す speak **from** experience

☐ 若いということから **on** the grounds of youth

その他、「～が」「～次第」「～のために」「～により」「～まで」「～より」に相当する重要な前置詞をまとめておきます。

～が

☐ お金がない be short **of** money、money is short

☐ パワーが欠けている be lacking **in** power、power is lacking

☐ 理性が欠けている be devoid［destitute］**of** reason

～次第（～するとすぐ）

□ 要求があり次第 on demand、upon request（「〜に依存して」の延長）

〜のために
□ 自己防衛のために戦う fight **for**（2）［**in**（1）］self-defense

〜により（よって）
□ 意見は人により違う opinions differ **from** person **to** person
□ 給料は技能によって異なる Salary varies **with**［depending on］skill.

〜まで
□ 10まで数える count **to** ten
□ 最後の一滴まで飲み干す drink **to** the last drop

〜より
□ 何よりも家庭を優先する put one's family **before** anything else
□ 自分より3つ年上 three years senior **to** me

　日本語の「助詞」も英語の「前置詞」も奥が深いでしょう。それではこの他にも重要な「前置詞」の用法を使用頻度の見地から補足しておきましょう。

┃必須前置詞コロケーション頻度分析！　　＊なし＝「前置詞なし」の意

1.（ ＊ ）**that occasion** ⇒ on ＞ in ＞ at…比率は4：1：1
2. **give a lecture**（ ＊ ）⇒ on…ほとんどが on で「科目・分野など」。
3. **solution**（ ＊ ）**the problem** ⇒ to ＞ for ＞ of…比率は4：2：1
4. **been dead**（ ＊ ）**five years** ⇒なし＞ for…比率は2：1
5. **wait**（ ＊ ）**an hour** ⇒なし＞ for…比率は10：1
6. **talk**（ ＊ ）**a few minutes about** 〜⇒ for ＞なし…比率は7：4
7. **lasted**（ ＊ ）**ten years** ⇒なし＞ for…比率は2：1
8. **one of the greatest artists**（ ＊ ）**the world** ⇒ of ＞ in…比率は3：2

9. **spend time**（ ＊ ）**the job** ⇒ on が圧倒的に多い

10. **spend time**（ ＊ ）**doing** ⇒なしが圧倒的に多い

11. **a ticket**（ ＊ ）**the concert** ⇒ to ＞ for…比率は 7：5 であまり変わらない。**a ticket**（ ＊ ）**success** は to ＞ for…比率は 6：1

12. **an authority**（ ＊ ）〜⇒ on / in…比率は変わらない。

13. **warned them**（ ＊ ）**the danger** ⇒ of ＞ about ＞ against…比率は 10：5：1

14. **begin**（ ＊ ）**page** 10 ⇒ on ＞ at ＞ from…比率は 10：1

15. **begin**（ ＊ ）**doing** ⇒ by ＞ with…比率は 2 対 1

16. **have a love**（ ＊ ）**nature** ⇒ of ＞ for…比率は 8：1

17. **an expectation**（ ＊ ）**the future** ⇒ of ＞ for…比率は 5 対 1

18. **apprehension**（ ＊ ）**the future** ⇒ of ＞ about…比率は 2 対 1

19. **an awareness**（ ＊ ）**the danger** ⇒ of ＞ about…比率は 10 対 1

20. **was killed**（ ＊ ）**the accident** ⇒ in ＞ by…比率は 6 対 1

21. **speak**（ ＊ ）**a loud voice** ⇒ in / with…比率はほぼ同じ

22. **shake**（ ＊ ）**fear** ⇒ with / in…比率はほぼ同じ

23. **expert**（ ＊ ）**English** ⇒ in ＞ on…比率は 8：1

24. **exception**（ ＊ ）**the rule** ⇒ to ＞ of…比率は 5：1

25. **have control**（ ＊ ）**the country** ⇒ of / over…比率はほぼ同じ

26. **be disappointed**（ ＊ ）人⇒「人」は with / in 同じくらいで、「事柄」は with が in より数倍多い。

27. **be disappointed**（ ＊ ）事柄⇒ with / in 同じぐらい

28. **be bored**（ ＊ ）**it** ⇒ of ＞ with…比率は 5：3

29. **be important**（ ＊ ）**me** ⇒ to ＞ for…比率は 3：1

30. **be useful**（ ＊ ）**me** ⇒ for ＞ to…比率は 5：4

31. **be effective**（ ＊ ）**cancer** ⇒ for ＞ against…比率は 3：1
日本語的には to も考えられるが、実際は少ない。

32. **a treatment**（ ＊ ）**cancer** ⇒ of ＞ for…比率は 4：1

33. （ ＊ ）**a small budget** ⇒ with / on…比率はほぼ同じ

34. **graduate**（ ＊ ）**high school** ⇒ from ＞なし…比率は 5：1

35. **complain**（ ＊ ）**the matter** ⇒ about ＞ of…比率は 3：1

36. **look**（ ＊ ）**the window** ⇒ out of ＞ out ＞ through…比率は 5：4：1

37. **speak**（ ＊ ）**the microphone** ⇒ to ＞ with ＞ on…比率は 5：3：1

38. **quarrel**（ ＊ ）**the** 〜⇒ over ＞ about…比率は 2：1

39. **argue**（ ＊ ）**the** 〜⇒ about ＞ over…比率は 4：3
40. **have consequences**（ ＊ ）〜⇒ for ＞ on …比率は 3：1
41. **have implications**（ ＊ ）〜⇒ for ＞ on…比率は 10：1
42. **have a knowledge**（ ＊ ）〜⇒ of ＞ about ＞ on…比率は 6：2：1
43. **have an insight**（ ＊ ）〜⇒ into ＞ on…比率は 10：1
44. **have an opinion**（ ＊ ）〜⇒ on ＞ of ＞ about…比率は 15：2：1
　　目的語が「人」の場合は of ＞ about ＞ on で比率は 5：3：2
45. **investigation**（ ＊ ）〜⇒ on ＞ into ＞ of…比率は 6：3：1
46. **research**（ ＊ ）**the effect** ⇒ on ＞ into ＞ of…比率は 6：1：1
47. **analysis**（ ＊ ）〜⇒ of ＞ on…比率は 8：1
48. **decision**（ ＊ ）**the future** ⇒ on ＞ about…比率は 4：1

　皆さん、いかがでしたか。このような前置詞との相性はそれぞれの単語の持つ意味の広がりを表しています。例えば、research は on の「専門性」と、analysis は of の「対象の明確性」と、insight は into の「内部洞察」とマッチします。

あなたの英文法力を診断！文法・語法訂正問題にチャレンジ③

　次の英文を文脈から文法・語法の誤りを正してください。

　Generally, matter can exist **in** three phases, solids, liquids, and gases. **Any** of **phases** can change, depending on the temperature and **pressures**. Historically, the distinction is made based **in** qualitative **difference** in **bulky** properties. Solid is the state **in** which matter maintains a fixed volume and shape; liquid is the state in which matter maintains a fixed volume but **adapts** the container shape; and gas is the state in which matter expands to occupy **available volume**. Water, for example, exists as a liquid between 0℃ and 100℃ and **turn** to ice when its temperature decreases **under** 0℃. Moreover, ice sublimates or changes **direct** to vapor under very low temperature and pressure conditions, which is applied for freeze-drying or **lyophilization** techniques.

文法・語法を訂正すると以下のようになります。

Generally, matter can exist in three phases, solids, liquids, and gases. Any of ①**the** phases can change, depending on the temperature and ②**pressure**. Historically, the distinction is made based ③**on** qualitative ④**differences** in ⑤**bulk** properties. Solid is the state in which matter maintains a fixed volume and shape; liquid is the state in which matter maintains a fixed volume but ⑥**adapts to** the container shape; and gas is the state in which matter expands to occupy ⑦**the** available volume ⑧**of its container**. Water, for example, exists as a liquid between 0℃ and 100℃ and ⑨**turns** to ice when its temperature decreases ⑩**below** 0℃. Moreover, ice sublimates or changes ⑪**directly** to vapor under very low temperature and pressure conditions, which is applied for freeze-drying or lyophilization techniques.

（通常、物質は固体、液体、気体の3つの状態で存在することが可能である。どの状態も、温度や圧力によって変化することができる。歴史的には、バルク特性の定性的な違いに基づいて区別されてきた。固体は一定の体積と形を持ち、液体は一定の体積を持つが容器の形によって変化し、気体は与えられた容器の体積に充満するように広がる状態を指す。例えば、水は0℃から100℃の間で液体として存在し、その温度が0℃以下になると氷になる。また、氷は極低温・極圧条件下で昇華、またはそのまま蒸気に変化するため、乾燥技術に応用されている）

【語注】

qualitative differences：質的差異

sublimate：昇華する（氷という固体から、水という液体を経過しないで、直接水蒸気になってしまう現象のこと）

lyophilization：凍結乾燥

解説

① any of the phases とすることで、「どんな局面でも」と限定。any of ～で「どんな～も」。

② 名詞 pressure は基本、単数の無冠詞で用いられる。例：air pressure （空気圧）

③ based on ～で「～に基づいて」。

④ 名詞 difference は可算・不可算両方の用法があるが、この場合は概念的ではないので複数形にする。

⑤ バルクとは、物体や流体のうち、界面に触れていない部分のことで、bulk properties は「バルク特性」。

⑥ 「容器の形状に適応する」ということから、自動詞 adapt to ～で「～に順応する、慣れる」が正解。

⑦ 名詞 volume は可算・不可算両方の用法があるが、この場合は「容器の有効体積」と限定・特定できるので定冠詞 the がつく。

⑧ the available volume だけでは説明不足なので、of its container と補足する。

⑨ 主語 water は三人称単数なので、turns が正解。※ turn to は戻れなくなる状態に、turn into は戻れる状態に変化することを表す。

⑩ 前置詞 below は（数・量・程度の点で）「～より下」で、測りの目盛りを想像すると分かりやすい。例：Last night, the temperature went down to 15 degrees below zero.（昨夜はマイナス15℃まで冷え込んだ）。under は何かに覆われており、何かの下にあるイメージで、below は直下ではなく、少し離れて下に位置するイメージ。

⑪ 動詞を修飾するので副詞 directly が正解。

「英文法診断テストの評価」

（評価）

正答数９割以上：英文法力は素晴らしい、プロレベル！

正答数７割以上：英文法力はかなり高いセミプロレベル

正答数５割以上：英文法力はまずまず、もう一息頑張りましょう。

正答数３割以下：英文法力はかなり弱くトレーニングが必要。

皆さん、40 ページにわたる「前置詞制覇トレーニング」を頑張っていただいてありがとうございます！また忘れた頃にもう一度エンジョイリーディングをして記憶をリインフォースしてください。それではまたお会いしましょう！

第4章

代名詞を
一気にマスター！

　「代名詞」（pronouns）は、名詞や名詞句（節）の代わりに使用される語を指し、名詞を簡潔に置き換えることで、文をスムーズにしたり、繰り返しを避けたりする役割を果たします。代名詞には**人称代名詞**（**personal pronouns**）、指示代名詞（**demonstrative pronouns**）、不定代名詞（**indefinite pronouns**）、疑問代名詞（**interrogative pronouns**）、再帰代名詞（**reflexive pronouns**）、所有代名詞（**possessive pronouns**）、関係代名詞（**relative pronouns**）など様々な種類があって、それぞれ異なる機能があり、コミュニケーションをスムーズに進めるための重要な役割を果たしています。

　特に日本人の英語学習者にとっては、英語では Have you done your homework?（あなたはあなたの宿題をやりましたか）のように代名詞 you や your をきっちりと使いますが、日本語では「宿題やりましたか」と、代名詞を省略するのが一般的で、それを英語で付け忘れるという、**母語の干渉による間違い**（**interlingual transfer error**）の多い項目と言えます。

代名詞の種類と役割をまとめる

1. **人称代名詞**（主格と目的格）は「人、場所、物、アイデアなど」を指し、ここには、ある名詞の所有を示す**所有代名詞**（所有格）や、主語や目的語を強調する**再帰代名詞**（-self）も含まれる。
2. **指示代名詞**（this、these、those、such、none など）は、既出の名詞を指す。
3. **不定代名詞**（some、any、another、other、all、both、either、anybody、everybody、nobody、someone、anything、everything など）は、特定されない、または特別ではない名詞を指す。
4. **疑問代名詞**（who、what、which、whose など）は質問を投げかけ、特定の名詞について問う。
5. **関係代名詞**は文中の別の名詞を指し、さらなる情報を追加する。

　以上の5種類に大別される代名詞のうち、本章では人称・指示・不定代名詞を取り上げ、特に難しく重要な**再帰代名詞**、不定代名詞の **one**、**some /**

any、another / other が使いこなせるようになりましょう！

人称代名詞を完璧に使いこなす！

問題

> **Q.**「一般の人々」を指すとき、ある人は we を好んで使い、ある人は you を好んで使うのはなぜですか。どんなときに使い分けるのでしょうか。

　A. コミュニケーションスタイル、文化的な慣習（cultural norms）、話し手の意図（intent）などによってどの代名詞を使うかが変わってきます。

1. 結束感 vs 個人的関係の構築（Inclusiveness vs. Directness）
　we は聞き手と話し手の間に一体感や共通の目標達成の協力感 を生むので、結束を強調したいときによく使われるのに対して、you は聞き手にダイレクトに訴え、より個人的な関係性を築くことができる。
2. 説得と動機づけ（Persuasion and Motivation）
　you はメッセージを個人的にし、聞き手の参加や変化など「行動」を促す。
3. 形式とトーン（Formality and Tone）
　we はフォーマルでプロフェッショナルな印象を与えるので、組織を代表するのに向いているが、you はとっつきやすい印象を与えるので、非公式なやり取りや会話の場面に適し、商品を宣伝する場合、よく you を用いる。
4. 意図とメッセージ（Intent and Message）
　共有したい価値観や経験（shared values or experiences）を表現する際に we がベターで、変化を起こしたいときは you が効果的。
　代名詞の選択は聞き手がメッセージをどのように受け取るかに影響を与えます。we を使うことで共感を呼び起こす場合もあれば、you を使うことでより強い共感を生み出す場合もあります。

> **Q.**「人は最善を尽くすものだ」を英語で言うとき、次の４つが考えられますが、そのニュアンスの違いを説明してください。
>
> ① **One should do one's best.**
> ② **You should do your best.**
> ③ **We should do our best.**
> ④ **They should do their best.**

A. ①は自分の利害とは関係なく、達観したようなクールなイメージで、フォーマルな場面や書き言葉ではよくみられますが、くだけた会話では不自然なので、you や we を使用する傾向があります。また、"I find it challenging to learn a new language."（新しい言語を学ぶのは難しいと感じます）は、"One might find it challenging to learn a new language."（新しい言語を学ぶのは難しいと感じるかもしれません）と違って、**感情移入や共感**がしやすくなります。

また、特定の人物について話す際、one は曖昧さが生じるので、人物の名前を使用するか、he、she のような代名詞を使用する方が適切です。

②は自分は含まれていないので教訓を話す印象を与え、聞き手に語りかける感じで、会話でよく用いられます。

③の we は自分を含めた一般の人を指すので、you よりも柔らかな印象を与えます。日本人は most Japanese というべき場合に、we Japanese「我々日本人は」とつい言ってしまいがちなので要注意。また、we は「in-group（身内仲間）」に対して、they は「out-group（他人）」を表します。ちなみに、one はイギリス英語では、One should always be polite in public.（一般の場では礼儀正しく振る舞うべきです）のように、書き言葉や公式の場で使われ、アメリカ英語では、"you" や "people" が好まれ、You should always be polite in public.（一般の場では礼儀正しく振る舞うべきです）といった形が一般的です。これはオーストラリア英語やカナダ英語でも似た傾向があり、代名詞 "one" の使用は限られ、"you" や "people" を使うことが多いです。

④は話者が「集団」の一部ではなく、外部からの視点で「ある集団」は最善を尽くすべきだと言っています。

所有代名詞の使い方とは!?

　代名詞の所有格は、基本的に「冠詞・指示代名詞・不定代名詞の some、any、no などと一緒に使われない」と言われますが、実際はどうでしょうか。

> **my other books** > **other books of mine**：4 対 1 ぐらい
>
> **another book of mine** > **my another book**：30 対 1 ぐらい
>
> **both of her books** > **both her books** > **her both books**：50 対 30 対 1 ぐらい

となっており、間違いとは言えないということが分かります。
　では次の問題はいかがですか。

問題

> **Q.**「昨日、大学時代の友人にばったり会ったんだ」というとき、どちらが自然でしょうか。
>
> ① **I happened to meet <u>my friend</u> from college yesterday.**
>
> ② **I happened to meet <u>a friend of mine</u> from college yesterday.**

A. ② a friend of mine

　日本語にすると my friend、a friend of mine ともに「私の友人」ですが、英語ではニュアンスが異なります。my と a の違いはちょうど冠詞 the と不定冠詞 a の違いとほぼ同じだと考えると分かりやすいでしょう。**my friend** は「特定の友人」という意味で、"This is Mary. She is my friend." と言えば、その友人が目の前にいて相手に紹介する場合などです。

　　　　my friend　この人、というイメージ

　これに対して **a friend of mine** は「ある友人」という意味です。「昨日、大学時代の友人にばったり会った」という状況は、「私の友人のある 1 人」

という感覚であるのと同時に、「相手にとって新情報」であることから、不定冠詞 a が最適なのです。ここで急に my friend というと、初めて出てきた語に the をつけるのと同じ感覚で不自然、もしくは唯一の友人という意味にもなりかねません。

a friend of mine
1人取り出したイメージ

　ところで my［your］friend ＞ a friend of mine［yours］ですが、my friend と a friend of mine を比べると、my friend の方が7倍くらい多く、your friend と a friend of yours を比べると、your friend が500倍くらい多く、a friend of yours は不自然なようです。また、my interesting book［story］と an interesting book of mine の場合、後者の使用頻度はゼロに近く、my［your］beloved son と a loved son of mine［yours］の場合、my［your］beloved son の方が200倍以上多く、of yours は論外となっています。ただ、my［your/her］lovely eyes の場合は、lovely eyes of mine［yours/hers］よりそれぞれ、1.5倍、10倍、40倍となっており、いずれも〜 of mine はかなり使われますが、それ以外はマイナーな言い方となっています。

再帰代名詞は奥が深い！

　「再帰」とは「自分自身に戻る」という意味で、oneself などによって何らかの動作や状態が主体に「戻る」ことを示します。この代名詞を使うと、行為者が「自分自身に」あるいは「自分自身で」何らかの行動を起こしていることを明確に示したり、感情を強調したりすることができます。

問題

> **Q.**「あなたはいい人を見つけたね」と女性に言うとき、（　）に入る適切
> な語は何でしょうか。
>
> **You got（　　　）a nice guy.**

A. yourself

get だけだと努力して手に入れたかどうかは不明ですが yourself をつ
けると、積極的に自分の力で手に入れ、しかも確保したというニュアンス
が出てきます。

問題

> **Q.** 次の2つの文にはどんなニュアンスの違いがあるでしょうか。
>
> **We devote ourselves to helping other people.**
>
> **We are devoted to helping other people.**

A. 文法的には「能動態」と「受動態」の違いですが、能動態は「動作」
を表し、「積極的で一時的」であるのに対して、受動態は「状態的・継続的」
です。これは、その時の勢いでも言える He loves her. と、ずっと愛してい
る場合に言える He is in love with her. の違いに似ています。**devote**
[**dedicate / commit**] **oneself to** ～は、今までしていなかった状態から
「これから～する決意をしてそれを行う」を表し、**他動詞＋ oneself** は自分
自身に対して働きかける勢いのある表現であるのに対して、**be devoted**
[**dedicated / committed**] **to** ～は「もうすでに活動に関わっている状態」
を表します。

では、oneself に代表されるいわゆる再帰代名詞はどのような場合に使
うかここでまとめておきましょう。

他動詞の目的語	Why do you **blame yourself**?（君のせいじゃない） You should **dress yourself up**.（おしゃれをしたらどう） He **presented himself** for a trial.（彼は公判に出頭した） **Exert yourself** at work.（全力で仕事に打ち込みなさい） I couldn't **adapt myself to** the new surroundings.（私は新しい環境になじめなかった） 他に、**behave oneself**（行儀よくする）、**help oneself to**（自分で取って食べる）、**pride oneself on** ～（～を自慢する）などがある。
前置詞の目的語	Soon he came **to himself**.（彼はすぐに意識を回復した） 他に believe **in oneself**（自信を持つ）、take care **of oneself**（体に気をつける）、rely **on oneself**（自立する）、**beside oneself**（我を忘れて）などがある。
強調する用法	**The prime minister himself** answered the question.（首相自らがその質問に答えた） The nurse is **kindness itself**.（その看護士は親切そのものだ） 名詞・代名詞と同格であり、それらを強調する。
by/for/in oneself	I fixed my car all **by myself**.（車を自分で修理した） All of sudden, the door opened **by itself**.（突然、ドアがひとりでに開いた） I don't like English **in itself**, but I do like the teacher.（英語そのものは好きじゃないんですが、先生が好きなんです）

 問題

Q. 次の３つの文にはどんなニュアンスの違いがあるでしょうか。

１. I fixed my car myself.

２. I fixed my car by myself.

３. I fixed my car for myself.

解説

■ oneself、by oneself、for oneself のニュアンスの違い

oneself	by oneself	for oneself

176

他の人がやったのではない。本人自らそれをやった	他の人に手伝ってもらったのではない。一人でやった	「自分で」に「自分のために」のニュアンスも含まれて曖昧

ちなみに、「自力で」を強調した言い方に on one's own があります。

　さて今度は、代名詞が曖昧になるケースを紹介しましょう。次の３つの例文を比較してみてください。

> ① Since <u>the manager</u> hit upon a good idea, <u>he</u> is thinking of submitting it at the next meeting.
> ② Since <u>he</u> hit upon a good idea, <u>the manager</u> is thinking of submitting it at the next meeting.
> ③ <u>He</u> is thinking of submitting it at the next meeting since <u>the manager</u> hit upon a good idea.

　①は the manager と he は同一人物であると考えられ、「部長は名案が浮かんだので次の会議で提出しようと考えている」という意味になります。②も the manager と he を入れ換えても意味は同じですが、③は、since 節を後ろに回すと、he は the manager を指しません。それは「代名詞が名詞よりも先に現れる場合、その代名詞が従属節内にある場合のみ、代名詞は名詞を指す」という法則があるからです。次の例はどうでしょう。

案外使い分けが難しい指示代名詞をマスター！

問題

> Q. it / so / that の使い分けを教えてください。ニュアンスの違いを考えてみましょう。
> You believe that is true, and I believe it.
> You believe that is true, and I believe so.
> You believe that is true, and I believe that.

I believe it.	I believe so.	I believe that.
「そう思うよ」	「そんな感じだと思う」	「その通りだよ」
it は弱く発音される	so は弱く発音される	that は強く発音される
「自分もそれを信じる」とやや積極的な感じ。	「自分もそうだろうと思う」と消極的な感じ。	相手の言うことにはっきり同意している。

では次の英文の違いは分かりますか。

☐ **I'm going to get a haircut, and I want my spouse to do it.**
☐ **I'm going to get a haircut, and I want my spouse to do so.**

　上の文は、「僕は髪をカットしてもらうつもりだが、妻にカットしてもらいたい」という意味になり、it の内容は「僕の髪をカットする行為」を指しています。下の文は、「僕は髪をカットしてもらうつもりだが、妻にも髪をカットしてもらいたい」という意味になり、so は「妻が（美容院などで）カットしてもらう行為」を指しています。すなわち、it は前に述べた「具体的なこと」を表し、so は前に述べたことと「同種のこと」を表しています。だから、so の方が漠然とした印象を与えるのです。

　さて今度は、this / these と that / those の違いを整理しておきましょう。

this / these	that / those
「話し手」から見て距離的・時間的・心理的に近い人や物を指す。 **these days**（このごろ）	「話し手」から見て距離的・時間的・心理的に遠いが、「聞き手」から見て近い人や物を指す。 **in those days**（当時は）

Listen to <u>this</u>.（今から言うことを聞いて） We've been expecting a rise in the stock market. <u>This</u> is it!（株式市場が上がると予期していたが、いよいよだ）<u>This is it</u>! は「まさしくこれだ！、これでおしまいだ！」 <u>This</u> is all there is.（これしかない、これでおしまいだ） <u>These</u> things are sent to try us.（こういうふうにして人は学んでいくんだ）	<u>That's</u> too bad.（お気の毒に） <u>That's</u> it for the day.（今日はここまでにしておこう） We met there and talked, and <u>that</u> was <u>that</u>.（僕らはそこで会って話をした、ただそれだけのことだよ） When she entered, all <u>those</u> present came to their feet.（彼女が入ってくると、出席者は一斉に起立した）

その他の指示代名詞

so	such	the same
believe、think、hope、suppose、say などの動詞の目的語として用いられ、前に述べたことの代わりをする。	「そのような人・物」を意味する。as such には「それなりに」「それ自体」という意味がある。	前のものを受けて「それと同じもの・こと」を意味する。

- □ He is still a student, and should be treated **as such**.（彼はまだ学生なのだから、それなりに扱うべきだ）
- □ I am not against smoking **as such**.（私は喫煙自体には反対ではない）
- □ **The same** is true for［of］me.（同じことが私にも当てはまる）

最も使い分けが難しい不定代名詞をマスター！

　不定代名詞とは、特定のものを指さず、漠然と不定の人や事物、数量などを表す代名詞で、one の他に none、each、every、neither、複合語として、

no one、somebody、something、nothing などがありますが、正しく使えるか次の問題にチャレンジしてみてください。

Q. 次の（　　）に適切な不定代名詞を入れてください。

1. **You are the first（　　）to bring it up!**（君が言い出しっぺだろう）

2. **I asked for help, but for one reason or（　　）, everyone refused.**
   （援助を求めたのにいろいろな理由でみんなに断られた）

3. **What I do is（　　）of his affair.**
   （私が何をしようと彼には全く関係がないわ）

4. **I'm going to marry him. That's（　　）there is to it!**
   （彼と結婚するわ。絶対よ。）

5. **He is a liar, and you are（　　）.**
   （彼はウソつきで、君もそうだ）

正解は 1. one　2. another　3. none　4. all　5. another

1. ここでの the first one は the first person の意味。

2. for one reason or another は「あれやこれやで」「いろいろな理由で」という意味の慣用表現。

3. none of one's affair は「～には全く関わりのないこと」「～の知ったことではない」という意味の慣用表現。

4. all there is to it は「大した理由はない」のように重要でないことやごく簡単なことを表す場合と、「何と言われても」のようにどんな反対や困難があっても絶対にくじけないという強い決心を表す場合がある。

5. この another は another liar のこと。

ところで、any と some の違いが言えますか。

any の用法は

1. 数や量を特定せずに、何かが存在するかどうかを問う場合

   Do you have any sugar?

2. 肯定文での強調で「いくらでも」「何でも」という意味で使用

   You can take any book you want.

3. 「**any** + 比較級」は「よりも」という意味

   I can't run any faster.

これに対して **some** の用法は

1. 申し出や提案するとき

   Would you like some coffee?

2. イエスの回答を期待している場合や、何かを求めている場合

   Do you have some time tomorrow?

3. 「いくらか」「おおよそ」の意味で不確実性や推量を示す場合

   It costs some $50.（それは大体 50 ドルする）

などです。

不定代名詞 one を完全マスター！

> **Q.** 次の2つの文の意味の違いは何でしょうか。
>
> 1. **I have a mobile phone, but I don't know how to use one.**
> 2. **I have a mobile phone, but I don't know how to use it.**

　　A. 両者の違いは、one = a mobile phone、it = my [the] mobile phone で、1 はどんな携帯電話の使い方も分からない場合、2 は自分が持っている携帯電話の使い方が分からない場合です。このように one は不定冠詞の a に対応するので、数えられない名詞には使いません。I prefer sweet wine to dry one.（私は辛口のワインより甘口が好きです）は誤りで、dry wine と言わなければいけません。また、漠然と複数を表す場合には Would you like some?（いかがですか）のように some を使います。

> **Q.** 次の２つの文は正しいでしょうか。
>
> 1. **Your skirt is shorter than my one.**（あなたのスカートは私のより短い）
> 2. **I prefer white wine to red one.**（私は赤ワインより白ワインが好きです）

　A. 1は誤りで one は所有格の次には使えないので my one の代わりに mine とする必要があります。ただし、my new one のように one の前に修飾語がつけば正しい表現になります。

　2では wine は不可算名詞なので one で置き換えることはできず、**red wine** とするか、I prefer white wine to red とする必要があります。

問題

> **Q. all of us** と **every one of us** と **each one of us** との違いは何でしょうか。

　A. all of us は「全体のグループ」を強調し、メンバーすべてが集まって1つの「まとまった集団」を表現します。every one of us は「個々のメンバー」を指し、メンバー全員が、Every one of us should take responsibility for their actions.（私たち全員が自分の行動に責任を持つべきだ）のように、それぞれの「役割や特徴」を持っていることを示しています。each one of us も「個々のメンバーを強調」しますが、Each one of us has a unique role to play in this project.（私たち一人ひとりにはこのプロジェクトで果たす独自の役割がある）のように、それぞれの「個性・差異」に焦点を当てています。

Q. (　　) に入る適切な不定代名詞は何でしょうか。

I've never heard such a funny joke. That's really (　　) for the books.

A. something または one です。「こんなおかしいジョークは初めて聞いたよ。本当に見事だ」という意味です。That's really 以下は文字通り訳すと「本に載せてもいいくらいのものだ」となり、...for the record books ともいいます。

不定代名詞 none を完全マスター！

問題

Q. 次の2つの文が文法的に正しければ〇、間違っていれば訂正してください。
1. **None of wine was left after the party.**
2. **None of my children like cheese.**

A. 1. ×（wine ⇒ the wine）2. 〇

none は「（特定のもののうち）どれも〜ない」という意味の不定代名詞なので、wine の前には定冠詞が必要です。また、「none of ＋複数名詞（代名詞）」の場合は複数・単数扱い両方あり、頻度比率は 2:1 です。none の意味は本来「ゼロ」ですが、None of the companies seriously wants to start a price war.（本気で価格競争をやろうと思う会社はない［単数扱い］）は、発話者が「そんな会社はゼロで当然だ」という気持ちであるのに対して、None of the other students like him.（あいつは学友に好かれない［複数扱い］）は、「彼を気に入っている学生が複数いても不思議ではない」という気持ちを表しています。これに対して、「none of ＋不可算名詞」の場合は複数になりようがないため当然単数扱いです。

この他に、none を使った慣用表現として、It's none of your business.（余計なおせっかいだ）、For shopping convenience, this town is second to

<u>none</u>.（買い物の便利さでは、この町は最高だ）などがあります。ここで、none と no one と nobody の比較をまとめておきましょう。

none	no one	nobody
none は「複数・単数扱い」で、人と物に用いる。	主語の場合は常に「単数扱い」で人にだけ用いる。	主語の場合常に「単数扱い」で人にだけ用いる。**nobody** を受ける代名詞は単数（**he/she**）・複数（**they**）どちらでも **OK**。

　使用頻度は、**no one has** > **nobody has** > **none have** > **none has** となっています。

問題

> **Q.**「すべての学生」という意味を英語で言う場合、
> **all（the）students**、**every student**、**each student** ではどのような違いがありますか。

A.「すべて」をどのようなイメージで捉えるかの違いがあります。
それぞれ次のようなニュアンスの違いがあります。
all（the）students ☞ 全体として捉え、個々の「顔」は見ていない。いわば「森」全体を見るイメージで、**the** をつけると限定。

　☆ **all** の後は可算名詞の複数形。
　例）All of them are happy.
　☆ 不可算名詞がくると単数扱い。
　例）All water has been used up from the tank.

① **all** は代名詞・形容詞・副詞として使える。
② **all** と **the**、**these**、**his** などの間の **of** は省略可能だが、人称代名詞との間には **of** は必要。　例）all those people、all of us
③ **all** は名詞・代名詞と同格にもできる。We all believe him. は○だが、All we... は×。

every student ☞ 一人ひとりの「顔」を思い浮かべて全体を見る、い

わば「木」を見ながら「森」を見るイメージ。

☆一人ひとりに着目しているので**単数扱い**

例) Everyone looks happy.

① every は形容詞として使い、代名詞としては
　 使えない。

② every の視点は all と each の中間といえる。

each student　☞全体ではなく、一人ひとりの「顔」を見ている、いわ
　　　　　　　　　ば「木」だけに注目しているイメージ

☆一人ひとりに着目しているので**単数扱い**

① each は形容詞・代名詞・副詞として使える。

② each はそれぞれに注目しているので every に言
　 い換えられる場合もあり。

③ each は almost、not などの修飾語を前につけら
　 れない。

例) The principal gave <u>each student</u> a medal.（形容詞）

The principal spoke to <u>each of the student</u>.（代名詞）

The students received a medal <u>each</u>.（副詞）

Prices go up <u>each year</u>. / Prices go up <u>every year</u>.

（every との互換性ありの例）

問題

Q. 次の（　　）に **all、every、each** から適切な表現を入れてください。

1. **One lost deal is（　　）it takes to get canned these days.**

（1つのミスでクビになる時代だよ）

2. **（　　）Tom, Dick and Harry has got a PC these days.**

（最近は猫も杓子もパソコンを持っている）

3. **The human rights of（　　）and（　　）person must be
respected.**

（一人ひとりの人権が尊重されなければならない）

1. 正解は **all** です。「**all it takes to** ＋動詞」で「～するために必要なすべて」という意味です。all が「～だけ」「～しかない」という意味になることがあり、「all it takes to ＋動詞」の take は「～が必要である」という意味です。

2. 正解は **Every** です。Every Tom, Dick and Harry は「猫も杓子も」に当たる面白い表現で、当然単数扱いです。ぜひ使ってみましょう！

3. 正解は **each**、**every** です。each and every は類義語を繰り返す強調表現で「どれでも、全部、逐一」という意味です。

　ではここで、all、every、each の使い分けと、both、either、neither の使い分けを整理しておきましょう。

all と every と each を使い分ける！

all	①代名詞・形容詞・副詞として使い、すべてを包括的にとらえるが、必ずしも 100%とは限らない。
	②all と the、these、his、my などの間の of は省略可能で、of ありと省略型の比率は大体 2 対 1。
	③名詞・代名詞と同格に用いることもできる。ただし、We **all** believe him. は〇だが、All we ... は×。また、be 動詞・助動詞がある場合は all をその後に置くのが通常である。 〇 Those oranges are **all** ripe. 〇 Those oranges have **all** gone bad. × She ate the ice cream all. ⇒ 〇 She ate **all** (of) the ice cream.
every	①形容詞として使い、代名詞としては使えない。
	②個々のものを想定しながら全体について述べるため、**all** と **each** の中間に位置する。2つ（2人）の場合には使えない。 **Every** artist is sensitive. **Every** soldier saluted as the President arrived.

each	①代名詞・形容詞・副詞として使える。
	②one by one という考えで、個々のものを個別的に述べる。
	Each artist sees things differently.
	The President gave **each** soldier a medal.
	動詞の前にくる場合⇒ The soldiers **each** received a medal.
	ofが後続する場合⇒The President spoke to **each** of the soldiers.
	２つの場合にも使える。⇒ He was carrying a suitcase in **each** hand. ＊ almost、not などの修飾語を前につけられない。

ただし、次のように every と each が同じ意味の場合もあります。
Prices go up each year. / Prices go up every year.

問題

> **Q.**「どちらが欲しいですか」と聞かれて答える場合、
> **Either will do.** と **Both will do.** の違いは何ですか。
> また、**on both sides** と **on either side** の違いは何ですか。

　A. Either will do. は「どちらでも大丈夫」、つまり、選ぶことに特にこだわりがない場合に使うのに対して、**Both will do** は、一般的ではありませんが、「両方とも大丈夫」という意味になり、「両方欲しい」というニュアンスを与えてしまいます。

　また、**on both sides** が「両側に」という意味であるのに対し、**on either side** は、普通は「いずれか一方」と言う意味になりますが、There are trees on either side of the road. のように、文脈によっては「両側」を意味することもあります。

　ところで、both は「形容詞・代名詞・接続詞・副詞」の４つの用法があり要注意です。

　1. 形容詞の **both**「両方の〜」
　　both（the）dishes（両方の皿）＊the は省略可能。代名詞の所有格（my、your、her、his など）と一緒に使うときは「both+所有格 〜」という語順。また否定文の中で both を使う場合は「どちらも〜というわけではない」という部分否定。

　2. 代名詞の **both**「両方」
　　Both are very good.（両方とてもいい）、we both（私たち両方は）

3. 接続詞の **both**「～も…も両方」

　both you and I（あなたと私の両者とも）

4. 副詞の **both**「両方とも」

　They both work from home.（彼らはどちらも在宅勤務だ）

　These smartphones are both broken.（これらのスマホはどちら
も壊れている）

問題

> **Q.** 次の２つの文にはどんなニュアンスの違いがあるでしょうか。
>
> 1. **Can I ask you something?**
> 2. **Can I ask you anything?**

　A. Can I ask you something? は「１つの具体的な質問やトピック」
に対する許可を求めている場合で、**Can I ask you anything?** は、何でも
自由に質問してよいかの「許可や範囲」の問い合わせの場合です。

　ところで、疑問文で some を使うのは相手が yes と返事するのを期待す
る場合で、「今日、電車内で誰かにあったでしょう」と誰かに会ったことを
知っている場合には、Did you see somebody on the train? と言います。
また、人に物をすすめる場合にも some を使い、来客に「何かお持ちしま
しょうか」と言う場合、Can I get you something? と言います。この場合、
自分が相手の yes を期待していることを相手に伝えるためです。

another と other をうまく使いこなす！

問題

Q. 次の（　　）に入る適切な語句を［　　］内から選んでください。

1. **One man's meat is （　　） man's poison.**

2. **Everything I say to you goes in one ear and out （　　）.**

3. **Some people might say he is a scientist, but （　　） might say he is a TV personality.**

4. **Don't turn on the radio now. It'll bother （　　） when they are trying to work.**

［other / others / the other / the others / another］

解答

1. **another**：「好みは人さまざま」という意味のことわざ。

2. **the other**：「私が何を言っても右の耳から入って左の耳に抜ける」

3. **others**：「彼を科学者だと言う人もいるが、テレビタレントだと言う人もいる」

4. **the others**：「今ラジオをつけるのはやめてくれ。仕事をしようとしている者には迷惑だ」

    other は形容詞として名詞の前につく場合（**other people** など）と代名詞用法があり、代名詞として使われる場合は、複数形 **others** となったり、単数の場合は、**the**、**any**、**some**、**no** が前についたりします。

ここで、one、the other、the others、another、some、others の使い分けをまとめておきましょう。

①人・物が 2 つあり、一方を指摘して one と言うと、残り 1 つは the other（単数）。	○ one	● the other
②人・物が 3 個以上であり、どれか 1 つを指摘した場合、残りは複数でしかも特定されるので the others。	○ one	●●●● the others

③人・物が多数あり、どれか1つを指摘し、「何でもいいので別のもの1つ」と言う場合、単数で不特定なので another。	○ ● one	●●● another
④人・物が多数あり、そのうちの複数のもの（some）を指摘した後、その残りすべてを指す場合、複数で特定されるので the others。	○○○ some	●●●● the others
⑤人・物が多数あり、そのうちの複数のもの（some）を指摘した後、その残りのいくつかを指す場合、複数で不特定なので others。	○○ some	●●●● others

　これらは英語圏で買い物に行ったときに重要で、なにか1つ見せてもらった後、Show me another. と言えば「別のを1つ見せてください」、Show me the others. なら「他のを全部見せてください」、Show me some others. なら「別のをちょっと見せてください」となるので使い分け要注意です。

問題

> **Q. Can I ask you any question? Can I ask you some questions?、Can I ask you any questions? の違いは何ですか。**

　A. Can I ask you any question? は、相手に対し、制限なく何でも質問していいかを尋ねています。Can I ask you some questions? は、質問者にいくつか特定の質問があってそれを質問をする意図があることを伝えています。最後の Can I ask you any questions? は、あらゆる質問をする自由があるかを尋ねる一般的な表現ですが、any questions の場合は、質問者が持っている質問の数や種類に制限がないことを示唆しています。要するに、some は特定の未定の数を、any は不特定の数または無制限を意味します。そして、質問していいかを尋ねる場合には questions と複数形を用いるのが一般的です。ちなみに、Do you have some questions? は、相手が特定の数の質問を持っていることを想定して聞いていますが、Do you have any questions? は、相手が質問を持っているかどうかを尋ねています。ここでの any は、質問の数や存在が不特定または無制限であることを示しています。

問題

> **Q.** 次の文は文法的に正しいでしょうか。
>
> **People should respect each other's positions.**
>
> **People should respect one another's positions.**

A. この文は「人はそれぞれの立場をお互いに尊重し合わなければいけない」という意味で、完全に正しい文です。注意すべきなのは、each other と one another を日本語にすると「お互いに」という訳がぴったりであるためにこれを副詞と間違えやすい点です。each other も one another もあくまで代名詞です。しかも 's をつけて所有格にできることを覚えておいてください。

most と almost は使い方要注意！

問題

> **Q.** 次の文のうち文法的に正しいものはどれでしょうか。
>
> 1. **Most of people can't win a lottery.**
>
> 2. **Most of the people can't win a lottery.**
>
> 3. **Most people can't win a lottery.**
>
> 4. **Almost many people can't win a lottery.**

A. 正解は 2 と 3 です。

most は形容詞・副詞・代名詞があり、形容詞は「たいていの」、代名詞は「たいていの人・物」を表します。3 の **Most** people can't win a lottery. の場合は「たいていの人は宝くじに当たらない」という意味ですが、2 の **Most of** the people can't win a lottery. の場合は「それらの人たちはほとんどが当たらない」となります。**most of** の次は、必ず特定の名詞（限定詞［the、those、these、my、his など］＋名詞）がくることに要注意です。

4 の almost many というフレーズは不自然で、2 つの語が冗長になり、

意味が衝突します。almost は「ほとんど」という意味で、完全性や最大限には達していないことを示し、many は大量や多くを意味し、これらを一緒に使用するとメッセージが不明確なので、どちらか一方を使用します。ところで、almost は副詞だけで、形容詞・副詞・動詞の前に置き、名詞を修飾したり（almost people は×）、代名詞となることはありません（almost of people は×）。また almost を使って「ほとんどの」を表したい場合は、Almost every ［no］ student has a cell phone. のように、all や every や no の前に置くことが必要です。

　頻度的には almost の後は、no one ＞ everyone ＞ anyone ＞ all people ＞ nobody の順によく用いられます。ちなみに almost all は「ほぼ全体」で80%以上100%未満を表す一方、most は文脈によって異なる度合いがあり、Most students passed the test.（生徒の過半数がテストに合格した）のように、単に「過半数」と言う意味で使われると、Most of the ice cream was eaten.（アイスクリームの大部分が食べられた）などと同様、7 〜 8割のような感覚に近くなる場合もあります。

複合不定代名詞の必須表現を完全マスター！

-body の必須表現
- □ **Everybody's** business is nobody's business.（皆の仕事は誰の仕事でもない⇒共同責任は無責任）
- □ My uncle is **somebody** in his town.（おじは自分の町では名士だ）

-thing の必須表現
- □ There is **something** to what you say.（あなたの言うことにも一理ある）
- □ **Something** is better than nothing.（少しでも全くないよりましだ）
- □ My sister is **something** of a poet.（姉はちょっとした詩人です）
- □ He is a doctor or **something**.（彼は医師か何かだよ）
- □ She muttered **something** or other.（彼女は何かをつぶやいた）
- □ Now that's **something** like that!（それこそ欲しかったものだ！）
- □ How's **everything**?（調子［景気］はどう？）
- □ I bought eggs, butter and **everything**.（僕は卵やバターなどを買った）

☐ Money isn't **everything** to me. （私にとってお金がすべてではない）

☐ There's **nothing** like a beer right after taking a bath. （風呂上がりのビールは最高だ）

☐ I once liked her very much, but she is **nothing** to me anymore. （一時は彼女のことが大好きだったが、もう何とも思っていない）

☐ Their long efforts have come to **nothing**. （彼らの長い間の努力がむだになった）

いかがでしたか、これで代名詞のレッスンはすべて終了です。それでは最後に文法・語法問題にチャレンジしていただきましょう。

あなたの英文法力を診断！文法・語法訂正問題にチャレンジ！④

次の英文を文脈から文法・語法の誤りを正してください。

Evolution theory, developed by **English naturalist Charles Darwin** in the 19th century, **state** that all the organism **presently** today have evolved **in** a single **same** ancestor **over** billions of years **for** natural selection. This theory holds that only **individuals were** best adapted to their environments have passed **over** their traits to their offspring. Over time these **advantage** qualities accumulate and transform the individual **for species** different from its ancestors. Natural **select** is the **only** known cause of adaptation, but not the only known cause of evolution. Other, nonadaptive causes of evolution **include** mutation and **genes** drift.

文法・語法を訂正すると以下のようになります。

---

①**The** evolution theory, developed by ②**the** English naturalist Charles Darwin in the 19th century, ③**states** that all the organisms ④**present** today have evolved ⑤**from** a single ⑥**common** ancestor over billions of years ⑦**through** natural selection. This theory holds that only ⑧**the** individuals best adapted to their environments have passed ⑨**on** their traits to their offspring. Over time these ⑩**advantageous** qualities accumulate and transform the individual ⑪**into** ⑫**a** species different from its ancestors. Natural ⑬**selection** is the only known cause of adaptation, but not the only known cause of evolution. Other, nonadaptive causes of evolution include mutation and ⑭**genetic** drift.

（進化論は、19世紀にイギリスの博物学者チャールズ・ダーウィンが提唱したもので、現在存在するすべての生物は、自然淘汰によって数十億年もかけて単一の共通祖先から進化してきたとする説である。この説では、環境に最も適応した個体だけが、その形質を子孫に伝えてきたとされる。やがて、このような有利な形質が蓄積し、その個体は祖先とは異なる種に変化していく。自然淘汰は適応の原因としては唯一知られているものだが、進化の唯一の原因ではない。他にも進化の原因として突然変異や遺伝的浮動などがある）

【語注】

genetic drift：遺伝的浮動（集団の大きさが小さい場合、あるいは季節や飢餓などの要因によって集団が小さくなったとき、偶然性によってある遺伝子が集団に広まる現象をいう）

【解説】

① evolution theory（進化論）は唯一無二なので、定冠詞の the が必要。

② English naturalist と Charles Darwin は同格で、the がつく。これ

は限定・強調の the である。

③ 主語の the evolution theory が三人称単数なので、現在形に –s がつく。

④ 副詞ではなく、形容詞 present（〈物が〉〜に存在する）で all the organisms（which is）present today となり、「現在存在するすべての生物」と意味が通る。

⑤ evolve は in ではなく、from（〜から）や into（〜へ）をとる。

⑥「共通祖先」は same ではなく common。

⑦「自然淘汰」という理由・経験を表しているので、適切な前置詞は「〜を通じて、〜によって」という意味の through。

⑧ この only individual は限定する必要があるので、定冠詞 the が必要。また、individuals の後ろの were は不要。best から environments までが only the individuals を後置修飾している。

⑨ pass on A to B で「B に A を伝える・遺伝させる」という意味になるので、have passed on their traits to their offspring で「その特質を子孫に伝えてきた」となる。

⑩ advantage だと名詞なので、名詞 qualities を修飾できない。形容詞の advantageous が名詞 qualities を修飾し、「有利な性質」となる。

⑪ transform A into B で、「A を B に変形させる」という意味になるので、for ではなく into が正解。

⑫ species は単複同形であり、この場合、単数での使用なので冠詞の a が必要。

⑬ 間違う人が多いが、select は動詞もしくは形容詞なので、この場合は natural selection（自然淘汰）が正解。

⑭ genetic drift（遺伝的浮動）が正解。これは小さな集団で遺伝子頻度がランダムに変化する進化の重要な要素で、自然選択（natural selection）や突然変異（mutation）とは異なる。

「英文法診断テストの評価」

（評価）

正答数９割以上：英文法力は素晴らしい、プロレベル！

正答数７割以上：英文法力はかなり高いセミプロレベル

正答数５割以上：英文法力はまずまず、もう一息頑張りましょう。

正答数３割以下：英文法力はかなり弱くトレーニングが必要。

第5章

形容詞・副詞を
一気にマスター！

スピーキング・ライティングをグレード UP する形容詞・副詞を制覇！

　英語のスピーキングやライティングをバージョン UP する上で欠かせないのが、文や文章を豊かにし、情報をより具体的に伝える「形容詞（adjectives）」や「副詞（adverbs）」です。そこで本章では、それらの文法・語法的知識をしっかりと身につけていただくことによって英語の発信力を数段 UP していきましょう！

　まず、形容詞を的確に運用できるようになるための重要なポイントは、①名詞の前に置いて修飾する「限定（**attributive**）」用法と、補語として修飾する「叙述（**predicative**）」用法の使い分け、②「段階的（**gradable**）」形容詞と「非段階的（**ungradable**）」形容詞の使い分け、③形容詞の「語順」の 3 点で、これらが時代と共に移り変わっていっていることです。例えば、「理由は多い」というのを英語で言う場合、かつては、"There are many reasons." だけでしたが、今は "The reasons are many." のように「叙述用法」も多く、限定 4 に対して 1 の比率で用いられます。また、unique は、かつては very がつけられない「非段階的」といわれていましたが、今は「段階的」でつけるのが一般的です。語順に関しても、それほど厳密ではなくなってきています。

　次に、副詞は動詞・形容詞・他の副詞を修飾し、「行動、出来事、状況」に関する情報を加え、名詞（例：**approximately** 10 miles）、代名詞（例：**nearly** everyone）、句、節、文全体をも修飾します。このような、非常に多機能な副詞の注意点は、種類が多いことと、それを置く位置によって文の意味が変わるという 2 点が重要です。

　さて、形容詞には次のように 8 種類あり、名詞や代名詞を修飾して、その外観、状態、量、質、感情などを詳しく説明し、特徴、数量・程度、異なる対象や状態を比較したり、最も顕著なものを表現します。これに対して、副詞は 10 種類あり、動詞、形容詞、他の副詞、文全体を修飾し、動作や状態の詳細な特徴、時間、場所、方法、程度などを示し、文や文章を豊かにし、その意味を明確にします。

〈8 種類の形容詞はこれだ！〉

1. **性質形容詞**（adjective of quality）：対象の特質や性質を説明する
   例）beautiful、soft

2. **数量形容詞**（adjective of quantity）：数量や程度を示す
   例）many、few、much

3. **所有形容詞**（possessive adjective）：名詞に付属して所有関係を示す
   例）my、your、his

4. **指示形容詞**（demonstrative adjective）：特定の対象を示す
   例）this、that、these、those

5. **疑問形容詞**（interrogative adjective）：名詞と組み合わせて、特定の
   対象について尋ねる　例）which、what

6. **順序形容詞**（adjective of number）：対象の順序を示す
   例）first、second、third

7. **感情形容詞**（adjective of feeling）：対象の感情や状態を示す
   例）angry、happy

8. **比較形容詞**（adjective of comparison）物事を比較する
   例）bigger、tallest

これに対して副詞の種類は次の通りです。

〈10 種類の副詞はこれだ！〉

1. **程度副詞**（adverbs of degree）：行動や特性の程度や度合いを示す
   例）very、extremely、quite、almost、too

2. **頻度副詞**（adverbs of frequency）：行動がどれだけ頻繁に起こるかを
   示す
   例）always、rarely、never、occasionally（時折）、twice

3. **時間副詞**（adverbs of time）：行動がいつ起こるかを示す
   例）now、soon、already、recently

4. **場所副詞**（adverbs of place）：行動がどこで起こるかを示す
   例）here、there、everywhere、nearby（近くで）

5. **様態副詞**（adverbs of manner）：行動がどのように実行されるかを描写する

例）carefully、bravely（勇敢に）、softly（そっと）

6. **確信副詞**（adverbs of certainty）：確信度や確率のレベルを示す

例）definitely（絶対に）、certainly（確かに）、probably（おそらく）

7. **因果関係副詞**（adverbs of cause and effect）：行動や出来事の因果関係を示す

例）therefore（ゆえに）、consequently（結果として）、thus（したがって）、so（だから）、hence（それゆえ）

8. **譲歩の副詞**（adverbs of concession）：主要な主張と対照的なアイデアや譲歩を導く

例）however、nevertheless（それにもかかわらず）、still（それでも）、yet（しかし）

9. **接続副詞**（conjunctive adverbs）：アイデアを結びつけ、節間の関係を示したり、思考の移り変わりをつなぐ

例）furthermore（さらに）、meanwhile（一方）、therefore（ゆえに）、nevertheless（それにもかかわらず）

10. **疑問副詞**（adverbs of interrogation）：質問を形成し、異なる側面について情報を求める

例）　why、when、where、how

　［要注意！］、形容詞は名詞の前に置かれることが多いですが、場合によっては名詞の後ろに置かれることもあります。副詞は文の中で異なる位置に配置されることがあり、その位置によって修飾する対象や文の意味が変わります。ですから形容詞と副詞の位置を正確に配置することが重要です。また、形容詞と副詞の選択は、**文章のリズムや調和に影響**を与えます。同じ形容詞や副詞を繰り返すことなく、バリエーションを持たせることで文章がより魅力的になります。また、一部の形容詞は副詞のように -ly で終わるものもあり、friendly（友好的な）、lively（元気な）、lovely（魅力的な）、silly（ばかげた）、lonely（孤独な）、likely（ありそうな）などがあります。

①
形容詞の「叙述 / 限定」と
「段階的 / 非段階的」と語順をマスター！

1．形容詞の叙述・限定用法は進化している！

　形容詞の「叙述用法（**predicative adjectives**）」は、The child is **afraid** of darkness. や I believe him **honest**. のように形容詞が文中で補語になり、主語や目的語（名詞）の説明をする用法で、She is **tall**. のように、名詞の「永続的な状態」を表す場合と、I am **sleepy**. のように「一時的な状態」を表す場合があります。一方、「限定用法（**attributive adjectives**）」は、a **red** carpet、a **wooden** desk のように形容詞を名詞の前に置いて修飾する用法で、主に名詞の「永続的性質」を表します。

　以上の違いを意識して、次のクイズにトライしていただきましょう！

問題

> Q.「今は熱いお茶が飲みたい」と言いたいとき、どちらがいいでしょうか。
> 1．I like my tea hot.
> 2．I like hot tea.

　A. 正解は1で、**I like my tea hot**. と「叙述用法」で、「紅茶は（今は）熱いのがいい」と現在の「一時的な好み」を述べています。一方、**I like hot tea**. （限定用法）としてしまうと「私は（いつも）熱い紅茶が好きだ」という「恒常的な好み」を表しますので、本題のように「今は」と一時的状態を述べる際には使えません。ちなみに、I like hot tea、I like my tea hot、I like tea hot. の頻度は 25 対 5 対 1 と、1つ目が自然です。この叙述・限定用法の使い分けは日常会話でも頻繁に出てきます。また、形容詞の①叙述用法のみのもの、②限定用法のみのもの、③叙述・限定双方ＯＫだが意味の

違いがあるもの、の３種を知ることは必須です。では注意すべき用法を順に見ていきましょう！

> **Q.** 叙述用法のみの形容詞にはどんなものがありますか？一般の文法テキストに書いてあるものと実際の違いはありますか？

A.「叙述用法」のみの形容詞には以下のようなものがあります。ただし言葉は進化しており、一般には叙述用法と言われるものでも、「限定用法」で使われるケースもあります（以下の比率を参照してください）。

1. 接頭辞 a- のつく形容詞は進化している！

原則として、**afraid [frightened]**、**alike [similar]**、**alone [lonely]**、**asleep [sleeping]**、**awake [waking]**、**aware** は主に叙述用法（各々叙述と限定の比率は 20：1）で用います。***alive**（**a** <u>living</u> person、**a person is alive**、**an** <u>alive</u> person** の比率は 40：4：1）限定用法では **a frightened kid**（怖がる子供）、**waking hours** のように [ ] 内の形容詞を使用します。

- [ ] All politicians are very much **alike**.（政治家はみんな似たり寄ったりだ）
  - Cf. They have **similar** tastes in art.（→ alike tastes は×）
- [ ] We are all **aware** of [conscious about] climate changes.（我々はみな気候変動を意識している）
  - an aware decision は×、a conscious decision（意識的な決定）は○
  - しかし、an aware person は「そつのない人」で OK
- [ ] a baby who is **awake** / an **awake** baby（起きている赤ちゃん）頻度はほぼ同じ。a baby who is awake と時間をかけて言うより、an awake baby の方が端的に表現できるという「現代人の省エネ感覚」が働いてのことでしょう。
- [ ] a **lonely** person / an **alone** person は 3 対 1
- [ ] content は、I am **content** with my life. の例文を挙げて、よく叙述用

法のみと書いている文法書がありますが、a **content** look（満足そうな顔）はものすごくよく使われます。

□ well も、I am not very **well**.（体調があまりよくありません）の例文を挙げて叙述のみと言われていますが、a **well** baby（健康な赤ん坊）と a healthy baby、a good baby の比率は、1 対 5 対 6。

しかし、次のような原則もあります。

> 本来叙述用法でしか表現できない「一時性」が、修飾語によって温存されるために副詞に修飾された場合は限定用法も可

□ a **somewhat afraid** soldier（少し怖がっている兵士）
□ the **fast asleep** children（ぐっすり眠っている子供たち）
□ a **wide awake** person（目がさえた人）
□ the **liable** party（法的責任のある当事者）
□ You are **liable** to the debt.（君には借金を支払う義務がある）

問題

> **Q.** 限定用法（**attributive use**）のみの形容詞にはどんなものがありますか。最近の傾向はどのようなものですか。

A.「限定用法」のみの形容詞は次のようなものです。

2. 強意の形容詞：限定用法のみとは！

> **mere**（ほんの）、**only**、**sole**（唯一の）、**lone**（一人きりの）、**outright**（完全な）、**total**、**utter**、**very**（まさにその）、**maximum**（最高の）

□ the **mere** presence of X（X が居るだけ）
□ the **sole** representative（単独の代理人）
□ a **lone** parent（独りで子供を育てる親）
□ an **outright** lie（真っ赤なうそ）　□ **total** ignorance（全くの無知）
□ an **utter** failure（完全な失敗）
□ the **very** woman（他ならぬその女性）
□ the **absolute** power（絶対的権力）

3. もともと比較級だった（ex-comparative）形容詞や -most で終わる最上級の形容詞をマスター！

限定用法のみ **inner**（内部の）、**outer**（外部の）、**latter**（後の）、**upper**（上の方の）、**utmost**（最高の）

- ☐ an **inner** pocket（内ポケット）
- ☐ the **outer** walls（外壁）
- ☐ the **latter** half（後半）
- ☐ the **upper** stories（上の方の階）
- ☐ **utmost** importance（最重要）

★ 通例限定用法：**elder**（年上の）、**former**（元、前の）、**uppermost**（最上部の）、**southernmost**（最南端の）

- ☐ an **elder** brother（長兄）　☞叙述では older を使う：He is **older**、（→ elder は×）
- ☐ the **former** president（前大統領）
- ☐ the **uppermost** floor（最上階）

4. 名詞から派生した形容詞：通例限定用法とは！

wooden、**woolen**、**golden**、**atomic**、**dramatic**、**medical**、**criminal**、**northern**、**eastern** など
☞それぞれ名詞（**wood**、**wool**、**gold**、**atom**、**drama**、**medicine**、**crime**、**north**、**east**）から派生した形容詞

- ☐ a **wooden** chair（木製の椅子）
- ☐ **woolen** blanket（ウールの毛布）
- ☐ a **golden** age（黄金時代）
- ☐ **atomic** research（原子力研究）
- ☐ **dramatic** works（演劇の作品）

☞ただし、dramatic change（劇的な変化）のように「比喩的な意味」で使われている場合は、限定・叙述双方の用法があり要注意です。例：The change of climate was **dramatic**.（気候変化は激しかった）

　その他、**outdoor**［**indoor**］activities（屋外［屋内］活動）、**live** broadcasting（生放送）、**neighboring** countries（隣の国）、☐ an **eventual** goal（最終

的目標）、□ **main** features（主な特徴）、□ **digital** technology（デジタルテクノロジー）などは、ほとんど「限定用法」のみ。

□ **drunken**（酔った）は、drunken driving のように限定用法のみで、叙述用法は（He is）drunk を用いる。ちなみに「飲酒運転」は **drunk** driving と **drunken** driving で、比率は 7：1。

その他、かつては限定用法のみと言われていた形容詞

□ **nationwide**（全国の）：修飾する語が、market は限定と叙述の比率が 3：1、network は限定と叙述の比率が 18：1 だが、他の chain、campaign、advertising、broadcasting などはほとんど限定用法。

□ **occasional**（時々の）：修飾する語が、activities は限定と叙述の比率が 2：1、case は 16：1、accidents は 33：1、date は 34：1、rain は 80：1 と基本的に限定用法。

□ **countless**（死傷者）：修飾する語が、errors は限定と叙述の比率が 4：1、films は 30：1、deaths や casualties は 40：1 と基本的に限定用法。

□ **existing**（既存の）：修飾する語が、building は限定と叙述の比率が 30：1、organization が 40：1、machine が 70：1 と基本的に限定用法。

次に、限定用法と叙述用法で意味が変わる形容詞も重要なので挙げておきます。ぜひ覚えておいてください。

問題

> **Q.** 限定用法と叙述用法で意味が変わる形容詞にはどんなものがありますか。

A. 以下は日常生活で頻繁に使われる「限定用法と叙述用法で意味の違いがある必須形容詞」です。置く位置と意味の違いをマスターしましょう！

≪同じ語彙でも「限定・叙述用法」で大違い！≫

	限定用法	叙述用法
due	満期の、十分な、当然の □ the **due** date（満期日） □ on **due** consideration（熟慮のうえで） □ with **due** care（十分注意して）	当然支払われるべき □ This bill is **due** next week.（この手形は来週支払いだ）
present	現在の □ The **present** members（現在のメンバー） □ a **present** address（現住所）	出席している、存在する □ The members **present**（出席メンバー） □ those **present**（出席者）
late	前任の（former ～）、故～、最近の □ the **late** attorney general（前司法長官） □ the **late** Mr. Smith（故スミス氏）	遅れた □ It was too **late** for the deadline.（締め切りには遅すぎた）
certain	ある、いくらかの、特定の □ a **certain** group（ある団体）	確信している、確かである □ I'm **certain** of his victory.（彼の勝利を確信している）
ill	邪悪な、有害な、不吉な □ **ill** effects（悪影響） □ **ill** news（不吉な知らせ）	病気の □ He's **ill**.（彼は病気だ）
responsible	信頼できる、責任の重い □ a **responsible** job（信頼できる仕事）	責任がある □ She's **responsible** for ～.（彼女は～に責任がある）
old	昔からの友人 □ an **old** friend（旧友）	□ He is **old**.（彼は年をとっている）

sorry	ひどい ☐ in a **sorry** state（ひどい状態で） ☐ a **sorry** excuse（ひどい言い訳）	気の毒な ☐ I am **sorry** for your loss.（お悔やみ申し上げます）
upset	調子が悪い ☐ **upset** stomach（胃のむかつき）	動揺した ☐ She is **upset**.（彼女は動揺している）
glad	親しげな ☐ the **glad** eye（〔異性に対する〕色目）	嬉しい ☐ I'm **glad**.（私は嬉しい）

2. 形容詞の段階性（gradability）は奥が深い！

問題

> **Q. gradable adjectives**（段階的形容詞）と **ungradable adjectives**（非段階的形容詞）の違いと注意点を教えてください。

　A. 形容詞には **very** や **rather**、**so**、**extremely** など「程度副詞」をつけたり、比較級、最上級を作ることができる「**gradable adjectives**（段階的形容詞）」と、それができない「非段階的形容詞」があります。通常、次の表のように、**expensive** のような「性質［程度］」を表す形容詞（**qualitative adjectives**）は **gradable** で、**industrial**（産業の、工業の）、**agricultural**、**medical** のような「カテゴリー」を表す形容詞（**classifying adjectives**）や、「明らかに段階化することができない」形容詞は **ungradable** となっています。

　また、**dead** や **empty**、**full** などは、生きているか死んでいるか、空または満杯の2つの状態のみで段階がないので **ungradable** です。さらに、**infinite**、**perfect**、**complete**、**absolute**、**eternal** のように絶対的な状態を意味する形容詞も **ungradable** です。

gradable adjectives （段階的形容詞）	ungradable adjectives （非段階的形容詞）
性質［**程度**］を表す形容詞（qualitative adjectives）	カテゴリー分類を表す形容詞（classifying adjectives）
① very、rather、fairly、so、extremely など「**程度の副詞**（**grading adverbs**）」で修飾可！（例：rather odd、fairly simple、so beautiful） ②比較級、最上級にできる！ （例：more［most］beautiful）	① very、rather、fairly、so、extremely など「**程度の副詞**」による**修飾不可**または非常にまれ！（例：× <u>very</u> agricultural、× <u>extremely</u> economic は不可） ②比較級、最上級にできない！
例：beautiful、poor、expensive、successful、prosperous、affluent（豊かな）、commendable（立派な）、alert（注意を怠らない）、innocuous（無害の）など	例：perfect、unique、dead、complete、impossible、injured、agricultural、medical、cultural、industrial、available、basic、sufficient、inevitable、right、central など
他動詞＋ingで形容詞化したもの exciting、confusing、boring、amusing、pleasing、relaxing、disappointing など	**自動詞＋ing**で形容詞化したもの increasing、living、remaining、ruling、ailing、aging、prevailing、bleeding など

Q. The presentation was very excellent. や Her artwork is very unique. は正しい表現でしょうか。

A. excellent や unique は ungradable の形容詞で、すでに独自性や高い品質を表しており、**very** を追加すると基本的には「冗長な表現」となり、伝統文法では間違いとされていました。ただ、今では、unique は完全に gradable として使われており、excellent も非常に優れた点・例外的な点を強調したいときによく使われています。

> **Q. gradable/ungradable** 双方の用法を持つ形容詞の注意点を教えて
> ください。

A. 英語の多義性のために **gradable** と **ungradable** の用法の両方ある
場合は厄介で、文脈からどちらに相当するか判断する必要があります。た
と え ば、**emotional** support（心 情 的 な 支 持）の **emotional** は
ungradable で、**very** や **rather** などをつけることはできません。しかし、同
じ emotional でも「（人・気質が）感情的な、感動的な」という意味では
gradable と な り、get very **emotional** のように、**very** で修飾できます。
gradable / ungradable 双方の用法を持つ要注意の必須形容詞は以下の
とおりです。

gradable/ungradable 双方の用法を持つ必須形容詞に要注意！

	gradable [**qualitative**] **adjective**（段階的形容詞）	**ungradable** [**classifying**] **adjective**（非段階的形容詞）
Japanese	日本的な （**very Japanese** flavor）	日本の （**Japanese** anufacturers）
civil	丁寧な （a **very civil** letter）	民間の （the **civil** government）
electric	緊迫した（The atmosphere became **too electric**）	電動の （an **electric** razor）
sheer	切り立った、垂直の （the **sheerest** cliffs）	全くの （**sheer** heaven）
democratic	民主的な（a **very democratic** way of thinking）	民主主義の （a **democratic** government）
educational	教育上ためになる（a **very educational** program）	教育（上）の （an **educational** policy）

scientific	科学的な（a **very scientific** approach）	科学上の（a **scientific** discovery）
effective	効果的な、印象的な（a **more effective** solution）	有効である（The new law becomes **effective** on April 1.）

　その他の gradable / ungradable 両方ある形容詞には、**religious**（敬虔な / 宗教の）、**modern**（現代的な / 現代の）、**domestic**（家庭的な / 家庭の、国内の）、**rural**（田舎風の / 田舎の）、**moral**（品行方正な / 道徳上の）、**secret**（人里離れた / 秘密の）、**objective**（客観的な / 目標の）などがあり、これらは非常に重要ですので、覚えておきましょう！

3. 形容詞の語順はコンセプトをつかむ！

前置型形容詞の語順はこれだ！

　日本語の形容詞の語順は非常に自由ですが、英語では基本的な形容詞の配列が比較的きっちりと決まっています。その順序は

①限定＋②数＋③性質（主観→客観）（gradable → ungradable）

の原則に基づいています。さらに、性質を表す形容詞の順序は、次の表のように「主観→客観」「gradable → ungradable」へと並べる原則があります。

①限定	数量詞	both、all、half、some、any、…
	限定詞（冠詞・指示詞・人称代名詞の所有格・代名詞など）	a、the、my、this、that、…

②数		序数	first、second、…
		基数	one、two、…

③性質	主観 ↓ 客観	gradable（段階的）	(a) 話者の評価・感情	nice、pretty、ambitious
			(b) 大小	big、small、tall、short
			(c) 新旧	new、old
		ungradable（非段階的）	(d) 形状・色彩	square、round、black、white
			(e) 出所・材料	wooden、French

　例えば、(**a**)「話者の主観（評価・感情）」は (**c**)「新旧」より先にくるので、"**ambitious young workers**" が一般的な語順で、使用頻度も "young ambitious workers" の 10 倍以上多くなっています。また、「アメリカの伝統文化」と言う場合も、traditional American culture が American traditional culture より頻度が 10 倍多くなっています。

最重要！後置型形容詞はこれだ！

では次に、覚えておくべき「後置型形容詞」をまとめてご紹介します。

- □ Secretary **General**（国連などの事務総長）、attorney **general**（警視総監）
- □ the president **elect**（当選した次期大統領）
- □ God **Almighty**（全能の神）
- □ court **martial**（軍法会議）　□ from time **immemorial**（大昔から）
- □ poet **laureate**（桂冠詩人）　□ professor **emeritus**（名誉教授）
- □ the greatest disaster **imaginable**（想像しうる最大の惨事）
- □ the amount **payable**（支払うべき額）
- □ tax **paid**（支払い済みの税金）
- □ the amount **due**（支払うべき額）

Q. 形容詞は前置と後置で意味は変わるのですか。

A. 形容詞には、名詞より前に置く「前置型」と後ろに置く「後置型」で意味の異なるものがあります。例えば、**concerned** は前置すると **concerned observers**（心配する監視団）のように「心配した」という意味で使われますが、後置すると、**the people concerned**（関係者）のように「関係した、当該の」という意味になります。以下の表でその他の重要な例をチェック！

≪前置・後置で意味の異なる必須形容詞をマスター！≫

	前置	後置
present	現在の □ the **present** members（現在のメンバー） □ a **present** address（現住所）	出席している、存在する □ The members **present**（出席メンバー） □ those **present**（出席者）
responsible	信頼できる、責任の重い □ He is a **responsible** person.（彼は責任感のある人だ）	責任がある □ He is a person **responsible**.（彼が責任者です）
proper	適した、正確な □ in the **proper** way [manner]（正確なやり方で）	固有の、本来の □ Japan **proper**（日本本土） □ literature **proper**（純文学）
due	しかるべき、当然の □ in **due** form（正式な形で） □ **due** reward（しかるべき報酬）	満期の、当然支払うべき □ pay the amount **due**（当然払われるべき金額、満期支払高）
involved	複雑な、入り組んだ □ a long and **involved** story（長く複雑な話）	関連する、関係する □ the people **involved**（関係者 [当事者] たち）

これらに対して前置・後置双方可能だが後置では「強意的」になる形容詞には以下のようなものがあります。

	前置	後置（強意的）
past	in **past** years（過去）	in years **past**
possible	all **possible** means（可能な限りの手段）	all means **possible**
available	the best **available** room （空いている最高の部屋）	the best room **available**
next [last]	on **next** [**last**] Friday（次の［先週の］金曜日に）	on Friday **next** [**last**]
remaining	all **remaining** passengers（残りの乗客全員）	all passengers **remaining**
stolen	the **stolen** jewels（盗まれた宝石）	the jewels **stolen**

問題

Q. 次の文の意味の違いは何でしょうか。

1. I'm interested in Japanese things.
2. I'm interested in things Japanese.

A. 1の Japanese things は日本の製品や食べ物など、日本由来や日本に関連するあらゆる具体的な物を指すのに対して、2の things Japanese は日本の文化、伝統、美など「日本に関する抽象的な概念」について何らかの敬意の念を持ってよく用いられます。頻度的には、後者の方が前者の倍ぐらい用いられます。

問題

Q. 以下の表現のニュアンスの違いは何でしょうか。

She made some comments on（Japanese education / Japan's education / the education of Japan）.

A. Japanese education は「日本的な教育」を表し、ある国の「教育内容・理念」などに焦点を当てているのに対して、Japan's education は「所有格」

を使っているので「日本が有し、**管理している教育制度**」を表し、「政府の役割や教育政策」などを強調します。the education of Japan は２と同じ意味で、論文などで、**歴史的・文化的コンテキストで日本の教育システムを分析**する文脈で使用されますが、使用頻度は減ります。

問題

> **Q.** 形容詞と形容詞の間の「コンマ」や「and」はどんなときに必要ですか。

A. 列記される形容詞が「性質を表す形容詞」の同一カテゴリーか別カテゴリーか、または限定か叙述かにより、コンマや **and** の有無が変わります。例えば、You are impolite, reckless, and presumptuous!（君は無礼で、無謀で、厚かましい！）や an impolite, presumptuous, reckless bastard（無礼で生意気で向こう見ずな奴）のように、３つの形容詞が「話者の主観・評価」という「同一カテゴリー」に入っている場合は、同じ性質を等しくつなぐため「等位接続詞」の **and** やコンマが必要です。一方、The man was handsome, tall and young.（叙述）のように「話者の評価、大小、新旧」という「異なるカテゴリー」の形容詞が並ぶ場合は、**コンマや and が必要**ですが、a cozy small Italian restaurant（居心地の良い小さなイタリアンレストラン）のように限定用法では**通例コンマや and は不要**です。

4. 状態形容詞と動作形容詞に要注意！

３つ目の形容詞の分類として、「**状態形容詞（stative adjective）**」と「**動作形容詞（dynamic adjective）**」があります。前者は、tall、red、small、happy、sad、intelligent のような「**自分の意思でコントロールできない、命令文・進行形にできない**」形容詞で、後者は cruel、careful、good、calm、tidy、suspicious のような「**自分の意志でコントロールでき、命令文・進行形にできる**」形容詞です。

形容詞の必須コロケーションをマスター！

問題

Q.（　）内で適切な表現はどれでしょうか。

1. Oil is in（small / short / little）supply.

2. She whispered in a（small / low / little / quiet）voice.

3. He is（an active man / a man of action）.

解答&解説

1. 正解は **short** です。**in short supply**「不足して」

☞ 「少ない」を表す形容詞の必須コロケーションには、**a low**［**small**］**income**（少ない収入）、**a modest sum of money**（わずかばかりのお金）、**a small population**（少ない人口）、**little rain**（少ない雨）などがあります。

☞ 「多い」を表す形容詞の必須コロケーションには、**a high**［**large**］**income**（多い収入）、**a large population**（多い人口）、**heavy alcohol intake**（大量のアルコール摂取）などがあります。

2. 正解は使用頻度の高い順に、**low**、**small**、**quiet** の３つです。日常会話で必須の **in a low voice** は「小さい声で」と「低い声で」の双方の意味があります。「低い声」と明確に言いたいときは、**a low-pitched voice** を使いましょう。また、「大きな声」は **a loud voice**、「高い声」は **a high-pitched voice** です。

3. 双方とも正解です。**an active man** の方が **a man of action** より若干多く使われますが、ニュアンスが異なります。同じ派生でも、名詞の方が形容詞より意味が強いため **a man of action**（行動の人）の方が「常に積極的な人」と強意になり、**an active man** は「表面的、一時的に積極的」なニュアンスがあります。同様に **a man of intelligence** は「その人は知性（intelligence）そのもの」という強意のニュアンスを持つのに対し、**an intelligent man** は意味が弱く軽いです。使用頻度は **an intelligent man** の方が **a man of intelligence** より圧倒的に高いです。

副詞の位置と修飾を完全マスター！

副詞は、**He didn't die happily.**（不幸な死に方をしなかった）のように「動詞（句）」を修飾するものと、**Happily, he didn't die.**（幸い、死ななかった）のように、文全体を修飾する「文副詞（**sentence adverbs**）」の違いが重要です。また **very** と **much**、**fairly** と **rather**、**badly** と **deeply** など、「強調」の副詞の使い分けや、英文ライティングに華を添える「程度の副詞」必須グループの使い分けが重要です。では以下のクイズで、副詞の位置によってどうニュアンスが変わるか確認してみましょう！

1. 副詞の位置とニュアンスの違いとは!?

問題

> **Q.** 次の文のニュアンスの違いを説明してください。
>
> 1. **Foolishly**, he answered the question.
>
> 2. He answered the questions **foolishly**.
>
> 3. He **foolishly** answered the questions.

A. 1（文副詞）は「愚かにも、彼が質問に答えた」と話者の意見が反映されており、「返答したこと自体」が愚かだった、2（様態副詞）は「彼は間抜けな返答をした」（**He gave a foolish answer.**）と「返答の内容」が愚かだったという違いがあります。3は文副詞とも様態副詞とも解釈できますので、「話者の判断」であることを明確にしたければ、1の表現を使うようにしましょう。頻度的には1、2、3は4対1対2の比率で用いられます。

ちなみに、副詞の位置で重要な原則として「**–ly** で終わる副詞は隣接してはいけない」があります。複数使用する場合は、以下の例のように少しずつ離しましょう。

☐ **Frankly,** Tom may **possibly** have **carelessly** missed the train.
（率直に言って、トムはおそらく、不注意にも電車に乗り遅れたかもしれない）

問題

Q. （　）内の正しい表現はどちらでしょうか。
We（**depend heavily on** / **heavily depend on** ）the Internet.
（我々はインターネットに大きく依存している）

　A. どちらも正しい表現ですが、頻度は depend heavily on ＞ heavily depend on ＝ 4：1 となっています。これは英文ライティングでも頻繁に使う表現ですが、慣用的に **depend heavily on** と heavily を間に入れるのが一般的で、これは副詞 heavily が depend on と on the Internet の双方を修飾しているので日本文にぴったりな表現といえます。heavily depend on the Internet の場合、heavily は depend on のみを修飾し、Internet が heavily から遠く離れて全体の「インターネットに大きく依存している」という意味が弱くなるという違いがあることを覚えておきましょう。
　次に、副詞には段階的形容詞と非段階的な形容詞を修飾するものがあり、一般的に次のように前者は very、後者は much で修飾すると言われています。

2. very と much の使い分けは奥が深い！

	very	**much**
基本	段階的形容詞や副詞の原級を**前から修飾**（例：very beautiful、very quickly）	動詞を**後から修飾**（例：I like classical music **very much**, but I don't like operas (very) **much**.）

過去分詞	感情や心理状態を表す過去分詞（tired、amused、excited、pleased、surprised、worried など）：形容詞ととらえ、**very** で修飾！ □ I'm **very annoyed** by your behavior. （あなたの態度にはとても困っている）	明らかに**受動態**と思われる場合：動詞的性格が濃いため、**much** で修飾！ □ **much** appreciated [improved、affected、publicized] （高く評価された[改善された、影響を受けた、宣伝された]）
比較級 最上級	① **the [one's] very best/worst** □ the **very best** member （まさに最高のメンバー） □ my **very worst** scenario （私のまさに最悪のシナリオ） ② **the [one's] very + -est 型**の最上級 □ at the **very latest** （どんなに遅くとも）	比較級・最上級は基本的には **much** や **far** で修飾！ □ You voice carries **much better** than mine. （君の声は私よりずっとよく通る） □ He is **much superior [inferior]** to his colleague. （彼は同僚よりずっと優れている[劣っている]）
too	× very too 〜は不可 ☞ too の前に very は使えない！ **much too** 〜とする	**much too** 〜 □ You are **much [far] too** nice. （君は実に素敵だ）

☞前置詞句を修飾するときは、very much とすれば可。

They are **very much** [× very] in need.

問題

> Q. 日本語に合うように（　）内の適切な語句を選んでください。
> 1. **This dish is（very / much / very much）different from ordinary dishes.**
>   （この料理は一般の料理とは非常に異なっている）
> 2. **Children are（very / much / very much）afraid of darkness.**
>   （子供たちは暗闇をとても怖がる）

　A. 1. 3つとも正解です。**different** は「比較」の概念を含むため、much で修飾も可能ですが、使用頻度は **very ＞ much ＞ very much** と、圧倒的に **very** がよく使われています。

　2. 3つとも正解です。**very** は略式用法。much も使えますがフォーマルな言い方です。使用頻度は高い順に **be very ＞ be very much ＞ be much afraid**［ashamed / aware］**of** で、very の方が圧倒的によく使われます。

〈比較〉
非段階的形容詞の asleep や awake に very を用いるのは非標準！
□ **These kids are fast [sound] asleep.**　☞ very は非標準
□ **The baby is wide [fully] awake.**　☞ very は非標準

問題

> Q.「とても疲れている」と言いたいとき、**I am very exhausted.** は正しいでしょうか。

　A. 従来の文法では **exhausted、splendid、terrible、huge** など「それ自体に強調の意味を含んだ語」と **very** の併用は避けられるといわれてきましたが、現在では **very** で修飾するケースが増えました。例えば exhausted ならば、使用頻度の高い順に、**completely ＞ so ＞ absolutely ＞ very ＞ quite ＞ totally ＋ exhausted** となり、very は最も多く使われている

completely の 3 分の 1 程度使われています。同様に、「とても大きな建物」a very huge building は、文法的には正しいですが、very も huge もそれ自体が両方とも強調の役割を果たす形容詞のため、同時に使用するとやや冗長に感じられることがあります。代わりに、より自然な表現としては、a very large building や an extremely huge building といった形で、強調表現は 1 つだけ使用することが推奨されます。

　ところで、非段階的な形容詞を修飾する副詞には次のようなものがあります。

「全く」— **absolutely / completely / utterly**（wrong）、
　　　　　　totally / entirely /radically / fundamentally（different）
　　　　　　wholly（independent）、**downright**（rude）、**plainly**
　　　　　　（ridiculous）**purely**（academic）
「かろうじて」**barely**（visible、noticeable、acceptable）
「まさに」**strictly**（confidential、private）
「明らかに」**patently**（obvious、false、absurd、illegal）
　これらの副詞は、文脈や特定の状況によって異なるニュアンスや強調の度合いを持つことがあります。使用する際には、文脈や目的に合わせて適切な副詞を選ぶことが重要です。

especially、specially、particularly の使い分けをマスター！

ではここでの使い分けクイズにトライしていただきましょう！

問題

> Q. 次の（　）に especially、specially、particularly から適切な語を選んで入れてください。
> 1. This cake is（　　　）good.
> 2. This equipment was（　　　）designed for wildlife observation.
> 3. I want to meet everyone,（　　　）Tom.
> 4. He（　　　）loves music.

解答＆解説

　especially は「重要性」を強調して選びだす、**specially** は「特別な目的」の強調、**particularly** は「個性と他との違い」を強調する、という違いがあります。また、**especially** は文頭には置きません。例：He loves sports. He **especially** likes soccer.（Especially he likes…は不可）

1. 正解は **especially** と **particularly**。形容詞の前に置いて、形容詞の意味を強める場合は **especially** と **particularly** が好まれます。specially が使われることもありますが、使用頻度は圧倒的に低いです。

　　□ **especially**［**particularly**］interesting

2. 正解は **specially**。**specially** は「特別の目的のために」という意味で、使用頻度は **specially** が **especially** より圧倒的に高いです。

　　□ a **specially** designed car（特別にデザインされた車）

　　□ a **specially** commissioned report（特別に委託された報告書）

3. 正解は **especially**。Tom の重要性を強調し、選びだしているので、especially。

4. 正解は **especially** と **particularly**。especially love ～のように動詞の前に置いて強調する場合、この2つは入れ替え可能ですが、**especially** の方が使用頻度が数倍高いです。**especially** は音楽の重要性を強調し、**particularly** は音楽の個性を強調し選び出しています。

3. 強意・程度の副詞の使い分けでスピーキング力 UP！

　まずは「強意の副詞」の中で特に使い方が要注意のものを順に見てまいりましょう！

fairly、rather、quite、pretty の使い分けをマスター！

> Q. 次の（　）に適切な副詞を fairly、rather、quite、pretty から選んでください。
> 1. He was（　　　）stingy. （彼はかなりケチだったわ）
> 2. She is（　　　）intelligent. （彼女はかなりの知性派よ）
> 3. I was（　　　）stupid. （私ってかなりおバカだったわ）

A. 1 の正解は **rather、quite、pretty** です。使用頻度は、pretty ＞ rather ＞ quite の順。2 は 4 つとも正解ですが、最も使用されるのは quite で、次に pretty ＞ rather ＞ fairly と続きます。比率は 9：5：2：1 です。3 も 4 つとも正解ですが、最もよく使用されるのは pretty で、その他の quite、rather、fairly との比率は 4：1 となっています。

ちなみに **fairly、rather、quite、pretty** はどれも「かなり」という意味の副詞でポジ・ネガ両方の文脈で使いますが、基本的なニュアンスの違いは以下のようになっています。

★ **fairly** は基本的に中立で、修飾する形容詞の強度を緩め、ポジティブな文脈では「良いが、それほど良くもない」、ネガティブな文脈で使う際は、**negativity** を強調せず「それほど悪くもない」と緩和する役割を持つ。

★ **rather** は「強調」の度合いを追加するため、ポジティブな文脈で使うと良い面を強調し、ネガティブな文脈で使うと「不快感」を強調する。

★ **quite** と **pretty** は「良い・悪い」両方の意味の単語を修飾。

例えば、It's fairly hot today. と言うと「今日は暑いが、極端な暑さではない」と中立のメッセージを伝え、It's rather hot today. と言うと「今日は本当に暑いねぇ」と暑さを強調し、rather の方が fairly より暑さが不快かもしれないと感じられます。

　意味の強さは **quite**（最も強い）＞ **rather** ＞ **pretty** ＞ **fairly**（最も弱い）の順で、**quite** はイギリス英語では **completely** や **absolutely** のように非常に強い意味ですが、アメリカ英語では **rather** に近く、強さは緩和されるといった地域差があります。

badly と deeply の使い分けは重要！

問題

Q. 1と2は日本語に合うように（　）内の適切な語を選んでください。
　　3は正しいコロケーションを選んでください。

1. **I was (badly / deeply) hurt by his words.**
（彼の言葉に私はとても傷ついた）

2. **He was (badly / deeply) hurt in a train crash.**
（彼は電車事故で重傷を負った）

3. **I (deeply liked / deeply loved / deeply admired) my
mother.**（母親が大好きだった）

解答

1. **deeply**［badly］　2. **badly**　3. **deeply loved**［deeply admired］

解説

　deeply も badly も強めの副詞ですが、前者は「**感情的な深さ**」を、後者は「程度の深刻さ」を表現します。よって、1の場合、deeply だと心底傷ついたという感じ、傷の「感情的な深さ」を表していますが、badly だと「物理的なダメージの大きさ」を強調するという違いがあります。どちらも使用可です。2の電車の衝突事故の場合、通常「**肉体的に傷つく**」ので **badly hurt** が一般的ですが、事故がトラウマとなって「**心理的に傷つく**」と言いたければ **deeply hurt** も頻度は減りますが、可能性としてはあり得ます。
　また **deeply** が修飾できるものには、**regret**、**love**、**admire**、**value** があり、**deeply** が修飾できないものには、**like**、**favor**、**prefer** があります。よっ

て3の「母親が大好きだった」は **deeply loved my mother** とは言えても、deeply liked my mother とは言えないのです。ちなみに、**badly** は口語で「非常に」（**greatly**、**earnestly**、**entirely**、**completely**）の意味があり、以下のように使います。

□ I love her **badly**.（彼女がどうしようもなく好きだ）

□ I was **badly** defeated.（ぼろぼろに負けた）

問題

> **Q.** 程度副詞 **deeply**、**greatly**、**badly**、**terribly**、**awfully**、**heavily** はどのように使い分けるのですか。

A. deeply は「感情やメンタル」に関連して、deeply respect（心から尊敬する）、I was deeply moved by the movie.（その映画に深く感動した）のように使われます。**greatly** は「状況や感情」に関連して、大きく影響を受けたり、非常に感謝していることを示し、Your help has greatly improved the situation.（あなたの助けで状況が大幅に改善された）のように使います。**badly** は主に「否定的な状況や欲求を強調」して、He was badly injured in the accident.（彼はその事故でひどく負傷した）や、I badly want to see her.（彼女にとても会いたい）のように使います。**terribly** は badly と似ていますが、「より否定的な状況や感情を強調」して、I'm terribly sorry for the mistake.（そのミスをしたこと、本当に申し訳ありません）のように使います。**awfully** は She's awfully kind to everyone.（彼女は誰に対しても非常に親切だ）、It smells awfully bad in here.（ここは非常に臭い）のように、「肯定的・否定的双方の文脈」で使います。**heavily** は「程度・強度」を表し、It rained heavily last night.（昨夜、激しく雨が降った）、He relies heavily on his team.（彼は自分のチームに大いに頼っている）のように使います。

ちなみに、

sorry では I am（◎ **deeply** ＞○ **terribly** ＞○ **awfully** ＞△ **badly** ＞△ **greatly**）**sorry** の順。

respect では（◎ **deeply** ＞◎ **greatly**）**respect** の順。

moved では（◎ **deeply** ＞○ **greatly**）**moved** の順。

want to では（◎ **badly** ＞○ **deeply** ＞○ **greatly** ＞△ **heavily** ＞△ **terribly**）**want to** の順でそれぞれ使われています。

問題

Q.「かなり」を表す considerably、significantly、dramatically、sharply、exponentially のニュアンスの違いは何でしょうか。

A.

□ **considerably**— 比較的大きな変化を示すが、他ほど極端ではない。
His health has improved considerably since he started exercising.
（運動を始めてから彼の健康状態はかなり改善された）

□ **significantly**—重要で意義のある変化があったことを強調し、科学的または統計的な文脈でよく使われる。
The new medicine has significantly reduced the symptoms.
（新薬は症状を大幅に軽減した）

□ **dramatically**—顕著な変化や影響が非常に大きい場合で、良い意味でも悪い意味でも用いる。
The new policy has dramatically reduced the number of accidents.
（この新方針によって事故件数は劇的に減少した）

□ **sharply**—数値が急激に変わる場合で、比率に関する文脈で用いられる。
Interest rates have risen sharply.（金利は急上昇した）

□ **exponentially**—成長が急激に加速している状況を強調する。
The cost of technology has been decreasing exponentially.
（テクノロジーのコストは急激に下がっている）

問題

Q. far と well と way はどのように使い分けるのですか。

A. 強調の副詞 far、well、way は似たような文脈で使われることが多いですが、それぞれには独自のニュアンスがあります。

far は far more、far less、far better（はるかに多い / 少ない / 良い）などの形で通常使用されます。例：This book is far more interesting than the last one.（この本は前の本よりもはるかに面白い）

　well は **far** に似ていますが「少し控えめな強調」を示し、**well above**、**well below**、**well over** などといった形で使われることが多いです。例：He performed well above our expectations.（彼は我々の期待以上のパフォーマンスを見せてくれた）

　way は「カジュアルな言い回し」でよく使用され、**way more**、**way less**、**way better** などの形で「非常に強い強調」を表します。例：This movie was way better than I expected.（この映画は私が期待していたよりもずっと良かった）

　far は「正式な文脈」で使われることが多いですが、**way** は「カジュアルな状況」でよく使われます。**well** は「正式・カジュアルどちらの文脈でも使える」中間的な副詞です。その他の代表的な用法は以下の通りです。

far の５つの用法をマスター！

① Joiner was **far faster** than any other runner.
　（ジョイナーは他のどのランナーよりもはるかに速かった）
② **far + 最上級**
　□ Joiner was (by) **far the fastest** runner.
　（ジョイナーは抜群に一番速いランナーだった）
③ **far too**
　□ It's **far too** hot in that country.（その国は暑すぎる）
④ **far + 前置詞句**
　□ The task is **far beyond** my ability.
　（その仕事は私の能力をはるかに超えている）
⑤ **far +「評価・程度」の動詞**（☞ outshine、outnumber、exceed、prefer、exaggerate、reduce、underestimate、misjudge など）は大切！
　□ The advantages **far outweigh** the disadvantages.
　（メリットはデメリットをはるかに上回る）

日常会話でよく使われる way の用法をマスター！

　way が使われる文脈は多く、極端な状況や期待値から大きく外れた状況を

強調するために使われます。日常会話でもよく用いられる表現です。

① **way ahead**（人や物事がかなり先を行っている状況）

□ You're **way ahead** of the rest of the class in math.
（あなたは数学でクラスの他の人たちよりもずっと先を行っている）

② **way too heavy**（予測される重量よりもずっと重い場合）

□ This box is **way too heavy** for me to lift.
（この箱は持ち上げるには重すぎる）

③ **way before**（何かが予想される時間よりもずっと早い場合）

□ I moved out of the town **way before** the disaster happened.
（惨事が起きるずっと前にその町から引っ越した）

④ **way past**（時間が期待されるよりもずっと過ぎている場合）

□ It's **way past** your bedtime.（就寝時刻をとっくに過ぎている）

■ 時や範囲を表す well の用法をマスター！

「**well** + 時・場所の副詞 / 前置詞」：かなり、相当

□ **well** past fifty（50歳をかなり超えた）

□ **well** in advance（十分前もって）

□ **well** within my capacity（十分私の対応範囲内の）

□ **well** over $100（100ドルを相当超えた）

4. その他の重要副詞を覚えてスピーキング力 UP！

言えそうで言えないその他の重要副詞をまとめてみます。

□ **halfway up** the stairs（階段を半分上がったところで）

□ The window is **high up.**（窓は高い所にある）

□ **further along** the river bank（土手をさらに進んだところで）

□ walk **alongside on** the street（通りを並んで歩く）

□ The door swings **inward**(**s**).（扉が内部へ閉まる）

□ from now **onward**（これから先）

□ gaze **downward**(**s**)（下をじっと見つめる）

□ lean **backward**(**s**)（後ろへもたれる）

□ expand **eastward**(**s**)（東へ拡張する）

- [ ] drift **downstream**（川下へ流れる）
- [ ] walk **upstream**（上流へ歩く）
- [ ] go **downhill**［**uphill**］（斜面を下る［上る］）
- [ ] go **downtown**（街中へ出る）
- [ ] live **uptown**（住宅地に住む）
- [ ] turn **sideways**（横を向く）
- [ ] move **clockwise**（時計回りに動く）
- [ ] be washed **ashore**（岸に打ち上げられる）
- [ ] walk **back and forth**［**up and down / to and fro / backward(s) and forward(s)**］（行ったり来たりする）

ライティング必須副詞表現グループ６完全マスター！

　論文など論理的に英文を書き進める際に、避けて通れないのが副詞表現です。論理明快な英文ライティングを目指して、以下のよく使われる副詞表現の使い方を覚えておきましょう。

1.「時」の表現

- [ ] **in the past**（かつては）　　[ ] **in the process**（そのうち、その過程で）
「現時点では、当面は」を表す表現は、頻度順に for the moment ＞ at the moment ＞ at this stage ＞ at present ＞ for the present ＞ at this moment in time ＞ for the time being などがあり、使い分けは次の通りです。

- [ ] **at the moment**：「今現在」という意味で日常会話でよく用いられ、at this moment in time は、それに「緊急性、不確実性、変動性」が加わり、フォーマルかつドラマチックな文脈でよく使われる。

I can't talk at the moment. I'm in a meeting.
（今は話せない。会議中なんだ）

- [ ] **for the present**［**moment**］：「当面の間は」という意味で、現状保たれているある状態が「**将来変わる**」可能性があるという意味。これに対して **at present** は現在進行中の事柄について「目下のところ」という意味。

For the moment, we have enough supplies, but we should order more soon.

228

（今のところ、物資は十分ですが、すぐに追加注文をしなければなりません）

□ **at this stage**：「（進行中のプロジェクトなどの）ある時点での状態」を述べる。

At this stage, we can't confirm how many people will attend the event.

（現段階では、イベントに何人参加するか確認できない）

□ **for the time being**：何かの「暫定的な状態や解決策を説明」する際に用いられる。

For the time being, let's use this software until we get a better one.
（当面は、もっといいソフトを入手するまでこのソフトを使おう）

問題

> **Q.**「その間に、〜方では」を表す meanwhile と in the meantime はどのように使い分けるのですか。

A.

□ **meanwhile**―1つの「出来事が進行中に同時に発生する」出来事を説明する、より短い時間枠・同時性を表す口語的表現。

I started cooking dinner. Meanwhile, my sister set the table.（私は夕食の準備を始めた。その間に、妹はテーブルをセットした）

□ **in the meantime**―1つの「出来事が完了するまでの期間に別の事が行われる」場合に用いられ、長い時間枠や連続性を表し、説明や依頼の表現が続く場合が多い、ややフォーマルな表現。

I'm going to start cooking dinner. In the meantime, could you please set the table?（私は夕食の準備を始めるよ。その間に、テーブルをセットしてくれる？）

2.「概して言えば」を表す表現のニュアンスと使い分けをマスター！

□ **on the whole**―「全体的な評価」を述べる。

On the whole, the event was a success despite a few minor issues.

（いくつかの些細な問題はあったものの、全体としてはイベントは成功裏に終わった）

□ **overall** ― いろいろ考慮に入れて「全体の結果」を述べる。

Overall, the team performed well this season.

（全体として、今シーズンのチームのパフォーマンスは良かった）

□ **as a rule** ―「一般的な傾向や規則性」を述べる。

As a rule, I don't eat after 8 p.m.（原則として午後8時以降は食事をしない）

□ **by and large** ―「例外もあり、完全ではないが大体」において。

By and large, the students in the class are well-behaved.

（概して、クラスの生徒たちは行儀がいい）

□ **all in all** ―「あらゆる点を考慮した総合評価・結論」を述べる。

All in all, it was a good day.（総じて、いい一日だった）

□ **generally speaking** ― 詳細は無視して「一般的な状況や傾向」を述べる。

Generally speaking, the weather here is quite mild.

（一般的に言って、ここの気候はとても穏やかだ）

□ **roughly speaking** ― 正確ではないが「おおよそで言えば」。

Roughly speaking, about 60% of the students passed the exam.

（大体6割の生徒が試験に合格した）

3. 「言い換え」表現のニュアンスと使い分けをマスター！

□ **that is**（**to say**）―「より明確で詳しく情報」を与える。

I love playing court sports, that is to say, sports like tennis and basketball.

（私はコートスポーツ、つまりテニスやバスケットボールのようなスポーツをするのが好きだ）

□ **namely** ― that is to say より「フォーマルで詳しい」。

She has two pets, namely a cat and a dog.

（彼女は猫と犬の2匹のペットを飼っている）

□ **in other words** ― 前の発言を「分かりやすく説明」する。

The weather outside is treacherous. In other words, it's not safe to travel.

（外の天気は荒れ模様だ。つまり、旅行するのは危険だ）

□ **put it another way** ―「見方を変えたり、類推したり」別の説明の仕方をする。

He's always the last one to leave the office. Put it another way, he works longer hours than anyone else.

（彼はいつもオフィスを出るのが一番遅い。別の言い方をすれば、彼は誰よりも長時間働いている）

4.「追加」を表す表現のニュアンスと使い分けをマスター！

□ **what is more**―前より「驚くべき重要な事実」を述べる。

The hotel is luxurious. What is more, it's located right by the beach.

（ホテルは豪華だ。しかもビーチのすぐそばにある）

□ **besides**―「別の観点から意見を裏付ける強い根拠」を述べる。

He shouldn't go to the party. Besides, he wasn't even invited.

（彼はパーティーに行くべきじゃない。それに、彼は招待されてもいないんだから）

□ **in addition**―「同じような情報」を加える。

I love reading novels. In addition, I also enjoy writing short stories.

（私は小説を読むのが好きだ。それに、短編小説を書くのも好きだ）

□ **furthermore**―前の発言を「詳しく述べる新情報」を加える。

Exercise will help reduce the risk of many diseases. Furthermore, it can promote mental well-being.

（運動は多くの病気のリスクを減らすのに役立つ。さらに、心の健康も促進することができる）

□ **moreover**―**furthermore** をさらに強める。

The results of the experiment were inconclusive. Moreover, the methodology was flawed.

（実験の結果は決定的ではなかった。しかも、その方法論には欠陥があった）

□ **on top of that**―口語的で、「不愉快な問題がさらに起こる」ことを示す。

I missed the bus this morning. On top of that, I forgot my lunch at home.

（今朝、バスに乗り遅れた。その上、家に弁当を忘れた）

5.「意見・感想」の表現のニュアンスと使い分けをマスター！

- ☐ **interestingly**（面白いことに）
- ☐ **strangely**（**enough**）（不思議なことに）
- ☐ **surprisingly**（驚いたことに）
- ☐ **ironically＝it is ironic［ironical］that**（皮肉なことに）！
  "ironically" の方がカジュアルで、口語的。

6.「場合・状況」を表す表現のニュアンスと使い分けをマスター！

- ☐ **in any case**（いずれにしても）― 予測不可能な変わりゆく「状況にも関わらず変わらない」と強調したいとき。

  It might rain tomorrow, but in any case, we're still going hiking.
  （明日は雨が降るかもしれないが、いずれにせよ、ハイキングに行くことに変わりはない）

- ☐ **at any rate**（とにかく）― 不明確な「前の発言（情報）より重要で明確な情報」を述べるとき。

  I'm not sure about all the details; at any rate, the meeting is postponed.
  （詳細は分からないが、とにかく、会議は延期だ）

- ☐ **in this connection**（これと関連して）― 述べた発言と「関連した追加の情報や詳細」を述べるとき。

  We are discussing the environmental impact of the project. In this connection, it's important to mention the recent study on local wildlife.
  （私たちはプロジェクトの環境への影響について議論している。これに関連して、地元の野生動物に関する最近の研究について触れておくことは重要である）

- ☐ **at this rate**（この調子では）― よく「懸念や警告の文脈」で使用され、現状の進行やペースが続くと仮定して、将来何が起きるかを予測するとき。

  At this rate, we won't finish the project on time.
  （このままでは、期限内にプロジェクトを終えることができない）

問題

> **Q.** 文副詞と「It is + 形容詞 + that...」の違いは何ですか。

　A. indeed、**surely**、**certainly**（確かに）などを使った文副詞は話者の思いをストレートに伝え、「感情的」「主観的」な文体になります。一方、**It is certain that ～** や **It is clear**［**obvious / evident / apparent / self-evident**］**that ～** など「**It is** + 形容詞 + **that...** 型」は「客観的」に論を進めていく「論文調」という違いがあります。使うケースにより使い分けましょう。

あなたの英文法力を診断！文法・語法訂正問題にチャレンジ！⑤

次の英文を文脈から文法・語法の誤りを正してください。

　The hectopascal (hPa) is **international unit** for measuring **atmosphere** or **barometer** pressure. Meteorologists worldwide have **long** measured atmospheric **pressures on** bars, which was originally **equivocal** to the average air pressure on Earth. **Upon** the introduction of SI **unit** (the International System of Units), many chose to preserve the customary pressure figures, thus **rediscovering** the bar as 100,000 pascals, only **slight** lower **than the standard** air pressure on Earth. Today, however, many meteorologists prefer hectopascals (hPa) for air pressure, which is **equal** to millibars, while similar pressure is **made** in kilopascals in practically all other **fields**.

文法・語法を訂正すると以下のようになります。

The hectopascal (hPa) is ①**an international unit** for measuring ②**atmospheric** or ③**barometric** pressure. Meteorologists worldwide have long measured atmospheric ④**pressure** ⑤**in** bars, which was originally ⑥**equivalent** to the average air pressure on Earth. Upon the introduction of SI ⑦**units** (the international system of units), many chose to preserve the customary pressure figures, thus ⑧**redefining** the bar as 100,000 pascals, only ⑨**slightly** lower than the standard air pressure on Earth. Today, however, many meteorologists prefer hectopascals (hPa) for air pressure, which is ⑩**equivalent** to millibars, while similar pressure is ⑪**expressed** in kilopascals in practically all other fields.

（ヘクトパスカル（hPa）は、大気圧または気圧を測定する国際単位である。世界中の気象予報士が長い間、気圧をバールで測定してきたが、これはもともと地球上の平均気圧に相当するものだった。SI 単位（国際的な単位システム）を導入したが、慣習的な圧力の数値を保つことを選ぶ者が多かったため、1 バールを地球の標準気圧よりわずかに低い 10 万パスカルと再定義した。しかしながら現在では、空気圧の測定には、ミリバールに相当するヘクトパスカル（hPa）の使用を好む気象予報士が多い一方、他のほとんどすべての分野では同様の圧力をキロパスカルを用いて表している）

【語注】

atmospheric pressure：大気圧

解説

① 名詞 unit（単位）は可算名詞なので、不定冠詞 an が必要。
② 名詞 pressure にかかる形容詞が入るので、名詞 atmosphere（雰囲気、大気）ではなく、形容詞 atmospheric（大気の、空気の）が正解。

③ barometer も名詞（気圧計、尺度）なので、名詞 pressure を修飾する形容詞 barometric（気圧の）が正解。barometric pressure（気圧）。

④ blood pressure（血圧）high pressure（高気圧）など、名詞 pressure は基本、単数の無冠詞で用いられる。

⑤「バールという単位で気圧を測定してきた」ので、単位を表す際の前置詞は on ではなく in が正解。

⑥ 形容詞 equivocal（曖昧な、はっきりしない）だと文意に合わない。equivalent to ～で「～に相当する」。

例：The average monthly salary in Denmark is equivalent to 4,000 dollars.（デンマークの平均月収は 4000 ドル相当だ）

⑦ ①と同様、名詞 unit（単位）は可算名詞。the International System of Units（国際単位系）のこと。また、upon は as soon as の堅いバージョン。

⑧ 動詞 rediscover（～を再発見する）だと文意に合わない。動詞 redefine（～を再定義する）が正解。

⑨ 形容詞 low（lower）を修飾するのは副詞なので、形容詞 slight（わずかな）ではなく、副詞 slightly（わずかに）が正解。

⑩ equal は大きさ、価値、数量などが「等しい」。equivalent は特に価値、量が「同等」「同意義の」※ equivalent は「同一」ではない点に注意。

例：equal employment opportunity（雇用機会均等）
　　These words are equivalent in meaning.（これらの語は意味が等しい）

⑪ made だと文意が通らない。given だと口語すぎるので expressed が最適。

「英文法診断テストの評価」

（評価）

正答数 9 割以上：英文法力は素晴らしい、プロレベル！

正答数 7 割以上：英文法力はかなり高いセミプロレベル

正答数 5 割以上：英文法力はまずまず、もう一息頑張りましょう。

正答数 3 割以下：英文法力はかなり弱くトレーニングが必要。

第6章

比較を一気にマスター！

1. 比較構文をマスターして表現力を数段 UP！

　比較構文（**comparative construction**）とは、ものごとの相対的な性質や数量を評価する際に2つ以上のものを比較するための文法構造や表現方法です。英語の比較構文には、原級（**positive degree**）、比較級（**comparative degree**）、最上級（**superlative degree**）の3つの形があります。日本語の場合は、「彼の方がたくさんの本を持っている」のように形容詞・副詞を変化させずに、「〜の方が」「〜より」「最も〜」などをつけるだけでよく、また、「飛行機はバスより高い」のように比較の対象物を明記しなくてもそれぞれの運賃を比べていることが分かります。これに対して英語では次のような注意点があります。

1. 比較級・最上級は形容詞・副詞を変形させ、単語によって語尾に **-er** や **-est** をつけるのか、**more**、**most** を置くのかの変化のルールがある。
2. 日本語よりも比較の対象物を揃えて明確にする（例：The population of Japan is larger than <u>that</u> of Ireland.）。
3. 「節型（**S＋V型**）」と「句（フレーズ）型」に分かれ、さらに慣用表現が多く構文が分かりにくい。

　比較構文ではよく「原級」「比較級」「最上級」の書き換え問題が出題されていますね。「彼はクラスで一番賢い」をそれらを用いて表すと、次の3通りの言い方ができますが、ニュアンスの違いは分かりますか。

問題

Q.「彼はクラスで一番賢い」で意味の強いのはどれですか。

1. **He is the most intelligent student in the class.**

2. **He is more intelligent than any other student in the class.**

3. **Nobody in the class is as intelligent as he is.**

　1の「最上級」を用いたパターンは、「彼」が比較対象となるすべての人物の中で「最も賢い」と直接述べています。これは最上級のカテゴリーで最も強い表現です。また、**by far the most** 〜とするとさらに強くなり「ダン

トツ」の意味になり、**one of the most ～**にすると一番がたくさんいるニュアンスとなって**意味が弱くなります**。

　「比較級」を用いた2は、「彼が他のどの個人よりも賢い」ことを意味し、直接的に「最も賢い」とは述べていませんが、**彼がトップにいることを示唆**しています。

　「原級」を用いた3は、他の誰も彼と同じレベルの知能を持っておらず、彼が非常に賢いことは認めつつも「最も」賢いとは述べていないので、他の表現よりも**最上級の意味合いは若干弱く**なります。

　さて原級、比較級、最上級の中でも使い方が一番難しいのは比較級で、重要なのは第1に、比較構文は「節型（**S+V**型）」と「句（フレーズ）型」があることです。そして、前者は4つのパターン、後者は3つのパターンがあります。

2. 節による比較構文 4 つのパターンをマスター！

1. 主語1＋動詞＋比較級＋ than ＋主語2＋ be 動詞 ［助動詞・代動詞］

□ You are **taller than** I am.（君は僕より背が高い）
　　─ ただし、会話では than me が一般的で数倍多く用いられる。
□ You have **more friends than** I have [do].（君は僕より友達が多い）
　　─ have でも代動詞 do でもいいが、have の方が do よりよく用いられる。
□ You are **more afraid** of me **than** I am of you.
　　（私が君を恐れている以上に君は私を恐れている）
　　─ than 以下の afraid は分かりきっているので省略するが、am of を省略した I you では訳が分からない！
□ Tokyo is **further** from Nagoya **than** Kyoto is from Osaka.
　　（東京と名古屋の距離は京都と大阪よりも遠い）
　　─ よく英作問題に出題されるパターン！
□ You have been getting **better** grades **than** I have.
　　（君は僕より良い成績を取っている）

2. 主語１＋ be 動詞＋第１形容詞比較級＋ than ＋主語２＋ be 動詞 ＋第２形容詞原級

☐ The lake is **deeper than** the river is wide.
（その湖の深さの方がその川の幅より大きい）
— この文では比較の対象が「その湖の深さ＞その川の幅」であり、主節と比較節（than 以下の S + V 節）の内容が異なるために、the river is wide はそのまま残る形。

☐ This shelf is **taller than** the door is wide.
（その棚の高さはドアの広さより大きい）

☐ The row is always **taller than** the column is wide.
（行の高さは常に列の幅よりも大きい）

3. 主語１＋動詞＋比較級＋目的語１＋ than ＋主語２＋（代動詞）＋ 目的語２（基本的に、対照となる部分は残し、動詞は代動詞などで代 用し、対照とならない要素を省く）

☐ I ate **more** apples **than** Karen bananas.
（カレンがバナナを食べたよりも多くのリンゴを食べた）
— 比較節内の動詞が省略されるパターンで、Karen ate［did］ bananas とも言える。

☐ I drank **more** wine **than** Tom did beer.
（トムがビールを飲むより多くのワインを飲んだ）

☐ Ken understands me **more than** I do him.
（私がケンを理解している以上にケンは私を理解している）
— 比較節内の動詞を省略し、助動詞要素を残している。

☐ John gave **more** cookies to Mary **than** I did candies.
（ジョンは私がメアリーにあげたキャンディー以上のクッキーを彼女 にあげた）
— John gave **more** cookies to Mary **than** I gave candies to her. から、対照となる要素（candies）は残り、対照とならない要素（to her）が省略されている。

4. …比較級＋ than ＋主語＋ thought［expected］（or than expected［thought］）

☐ Brenda was **more intelligent than** I thought.
（ブレンダは私が考えていたより賢かった）
　　— このタイプでは、比較対象を含む節全体が省略され、Brenda was more intelligent than I thought she was. のうち、I thought だけが残っている。

☐ **More** men came to the party **than** was expected.
（予想以上に多くの男性がパーティーに来た）

節型の比較は、分かりきっていて省略できる部分は省いて次のようになります。

☐ No one can get orders from customers **better than** Richard.
（リチャードほどうまく得意先から注文のとれる者はいない）
　　— Richard の後に "can get orders from customers" が省略されている。

☐ He is in **better** shape now **than** when he was staying in London.
（彼は今、ロンドンにいたときより体調がいい）
　　— than の後に "he was" が省略されている。

☐ I am now living a **more comfortable** life **than** before.
（今私は以前より快適な暮しをしている）
　　— than の後に "I did" が省略されている。

☐ Nothing could be **further** from the truth.
（それほど真実から遠いものはない⇒全くの偽りだ）
　　— truth の後に "than that" が省略されている。

☐ This car is easy to drive, but the red one is much **easier**.
（この車は運転しやすい、でも赤い車の方がずっと乗りやすい）
　　— easier の後に、"than this car is" が省略されている。

3. 句による比較構文３つのパターンをマスター！

1. more ＋名詞＋ than ＋名詞

- [ ] **More** men **than** women came to the party.
  （パーティーには女性より男性の方が多く来ていた）
- [ ] Jack has **more** enemies **than** friends.
  （ジャックは友だちよりも敵の方が多い）
- [ ] I found a **better** solution **than** yours.
  （私はあなたのより良い解決策を見つけた）
- [ ] Robert sent **more** flowers to Susan **than** to Mary.
  （ロバートはメアリーよりもスーザンに花を多く送った）
  ― Mary の前に to をつけることによって意味を明確にしている。

2. more ＋第１形容詞＋ than ＋第２形容詞

- [ ] Ken is **more** angry **than** sad.
  （ケンは悲しんでいるというより怒っている）
  ― more A than B の形で「B よりむしろ A」の意味を表すもので、rather than を使った Ken is angry rather than sad. と同義になる。
- [ ] She was **more** disappointed **than** angry.
  （彼女は怒っているというより失望していた）

3. more than ＋形容詞

- [ ] Paul is **more than** happy.
  （ポールは幸せなんてもんじゃない）
  ― more than（あるいは less than）が副詞のように用いられ、「～なんてもんじゃない（= not just happy）」の意味になる。
- [ ] The worker is **more than** upset.
  （社員は動揺しているなんてもんじゃない）

さて次に、比較構文で日本人英語学習者を悩ませる日本語にはない英語での比較表現「3つのこだわり」について述べていきたいと思います。

こだわりその1〈形容詞・副詞を変化させるルール〉

まずは形容詞・副詞を変化させるルールについて見てみましょう。普通に -er、-est を語尾につけるものはラクですが、少し厄介なのが more、most で比較級、最上級を表すのがどのような時なのか判断しなければならないことで、その原則は次の通りです。

ルール1. more、most をつける3つの場合

①3音節以上の長い形容詞と副詞
②「a」からはじまる形容詞と副詞（active 等）
③「-ing、-ed、-ful、-ly、-less、-ous、-ish」で終わる形容詞と副詞
☆ ただし、時代で変化したものや両方 OK なものもあるのでその都度 Google などでチェックすることをお勧めします。

ルール2. 比較級を作るときに -er、more のいずれも使うことができる形容詞

それらは通常、1音節または2音節の形容詞であり、どちらの形でも正当とされることが一般的で、どちらの形でも文脈に応じて使うことができます。しかし、特定の地域や話者の個人的な選好によって、一方の形がもう一方よりも一般的になることがあるので、特定の文脈に応じてどちらの形が最も適切で自然に聞こえるかを考慮することが必要です。以下は使用されている頻度を比較したものです。

brave: more brave ＜ **braver**（30倍以上）
clever: cleverer ＜ **more clever**（3倍）
common: commoner ＜ **more common**（250倍）
able: abler ＜ **more able**（60倍以上）
cruel: crueler ＜ **more cruel**（2倍）
gentle: more gentle ＜ **gentler**（3倍）

humble: humbler < **more humble**（2 倍）
simple: more simple < **simpler**（14 倍）
strict: stricter < **more strict**（8 倍）

　これらの例は一般的なものであり、特定の地域や話者によってはさらに多くの例が存在するでしょう。最良の選択肢は、ある文脈でどちらの形が最も適切で自然に聞こえるかを考慮し、必要に応じて文学や辞書の参照を検討することです。一般的に "more" をつける方が無難とも言えます。

ルール 3. 比較級や最上級にできない形容詞・副詞があるので要注意！

　excellent のように単語そのものに「極致的な意味」を含むものです。この他、原則として比較級や最上級にできない主なものは次の通りです。会話では "very excellent" と言うこともありますが、このように absolute、enough、entire、extreme、ideal、impossible、only、perfect、sufficient、whole などで、副詞については上記の形容詞から派生した absolutely などです。

ルール 4. 絶対比較級に要注意！

　比較の対象はあっても比較の意味が弱く、あるいは比較の対象を特に示さず、ただばく然と程度の高低を表しているにすぎない比較級を「絶対比較級」といいます。絶対比較級は、比較の程度によって、the、a［an］をつけるもの、無冠詞のものがあります。
　　□ the **upper**［**lower**］class（上流［下流］階級）
　　□ **higher** education（高等教育）
　　□ the **younger**［**older**］generation（若い［年長の］世代
　　　ちなみに the younger generation > the young generation > the young generations は 40 対 10 対 1 の頻度で用いられる。

ルール 5. –or で終わるラテン語系の比較級は than ではなく to を用いる

　superior（まさった）、inferior（劣った）、senior（年上の）、junior（年下の）、major（大きい方の）、minor（小さい方の）、prior（前の）など。

□ She is two years **senior to** me（= older than I〔me〕）.

　（彼女は私よりも2歳年上だ）

□ It is **superior** in speed **to** any other car.

　（それは速度の点では他のどんな車よりもまさっている）

なお、動詞の prefer（〜の方を好む）も than ではなく to を用います。

□ I **prefer** death **to** disgrace.（= I like death better than disgrace.）

　（恥辱を受けるよりはむしろ死んだ方がましだ）

┃ルール6. 比較級を強める語句はこれだ！

　比較級を強調するために使用される副詞フレーズは、**far ＞ much / a lot ＞ even** の順に弱くなります。**far more** は「ずっと（大幅に）多く」の意味で「強い強調・比較」を示します。これをさらに強めると **by far more** になります。**much more** は「大いに多く」の意味で、far more ほど強くありません。**a lot more** は「かなり多く」の意味で、会話でよく使用され、強さは much more と同じくらいです。

　even more は「さらに多く」という意味で、比較対象となるものがすでに述べられた事実や状況やすでに存在する場合の強調を示し、この中で最も弱い強調とされます。例）She was tired, but she worked even more hours.（彼女は疲れていたが、さらに多くの時間働いた）。これに対して、**still more** は継続的な増加や進行を強調するために「さらに多く」「それ以上に」という意味で、Despite his efforts, there were still more challenges ahead.（彼の努力にもかかわらず、さらに多くの課題が先に待ち構えていた）のように使われます。最後に **yet more** は、状況や数量が既存のレベルを超えていることを強調するために「さらに多く」「それ以上に」といった意味で、There are yet more reasons to be cautious.（慎重であるべき理由がさらに多い）のように使われます。

　これらの表現の意味の強さは非常に似ており、文脈によって変わることがあるため、**厳密な順序付けは困難**です。それぞれの表現は、特定のニュアンスや強調を伝えるために使用されるので、**文脈と話者の意図に応じて適切なものを選ぶことが重要**です。ちなみに、可算名詞を修飾する形容詞の比較級を強調する場合は much ではなく many を使います。

□ I got **many more** apples than I can eat.

　（食べきれないほどたくさんのリンゴを貰った）

また、書き言葉では、**significantly**（著しく）＞ **considerably**（かなり）＞ **substantially**（十分に）＞ **a great deal**（よりずっと）の順に弱くなります。**significantly more** は数値や統計の文脈でよく使われ、明確な違いを強調することが多く、具体的な変化や差を示すのに適しています。比較対象となるものが大幅に異なることを指すのによく使われます。次に **considerably more** はかなり強い強調を示すもので、「非常に」の意味で使用されます。**substantially more** は「かなりの程度に」の意味で使用されることが多い表現です。**a great deal more** は「ずっと多く」という意味でこれも強い強調を示します。しかし、これらは一般的なガイドラインで、話者や聞き手の個人的な解釈に影響を受けることがあるため、文脈や意図に応じて変動する可能性があります。

　ちなみに「very + 比較級」は不可ですが、「very much + 比較級」は可能。同様に、「so + 比較級」は不可で、「so much + 比較級」は可能です。

□ They are **very much more straightforward**.
　（それらははるかにとても分かりやすい）

　この他、"less"、"least" および "fewer"、"fewest" は「〜より度合が低い / 少ない、最も度合が低い / 少ない」などの意味ですが **more、most** ほどピッタリの日本語訳が見つからないため、すぐにピンと来ない感覚かもしれません。例えば、「医師は摂取するカロリーを減らすように言った」を訳す場合、"The doctor told me to eat **fewer** calories." のように fewer を使うとスッキリとした文になりますが、慣れるまではなかなかこの変換は難しく感じるものです。

---

few/fewer だけでなく、little/less も可算名詞も修飾する！

　学校の英文法の授業では、few/fewer は可算名詞、little/less は不可算名詞を修飾すると習いますが、実際はそうとは限らず、「**複数形も可能な概念的な名詞**」なら、few/fewer と little/less の大体両方が使えます。その使用頻度を見てみましょう。

	原級の使用頻度比率		比較級の使用頻度比率		
	a few + 複数名詞[C]	a little + 単数名詞[U]	fewer + 複数名詞[C]	less + 複数名詞[C]	less + 単数名詞[U]
chance	1	2	1	1.2	10
opportunity	2	1	9	1	5
hope	1	76	1	4	470
war	1	7	1.5	1	100

　この表の数値は横に原級内と比較級内でそれぞれの使用頻度比率を示しています。例えば、**chance** は［C］・［U］両方があるので、原級の場合、few も little も使えますが、**a few chances** を 1 とすると、**a little chance** は 2 倍多く使われ、比較級の場合、**fewer chances** を 1 とすると、**less chances** も 1.2 倍とほぼ同じですが、**less chance** だと 10 倍多く使われています。つまり、**chance は［U］として扱う方が多い**ということが分かります。しかし、類語である **opportunity** の場合は、同じく［C］・［U］両方あっても、**a few +複数名詞［C］**、**fewer +複数名詞［C］** の方が数倍以上多く、一方、**hope** や **war** は両方とも **a little +単数名詞［U］**、**less +単数名詞［U］** の方が圧倒的に多くなっています。これらのことから分かるのは、名詞に［C］・［U］両方の用法があっても、**opportunity** のような具体的な機会を表す名詞は［C］が中心となり、**hope** や **war** のような概念的意味合いの強い語は［U］の用法が中心となっているということです。

　☆ "less" が出てきたところで、次の質問について考えてみてください。

問題

> **Q.** 動物園に行ったときに「レッサーパンダ」が「小型のパンダ」という意味だと書かれているのを見ました。**less** が **little** の比較級ですが、**lesser** は何の比較級ですか。

A. lesser も **little** の比較級です。

　less も lesser も little の比較級ですが、それぞれ違った意味と用法があります。less はよく知られているように「より少ない量」を意味し、副詞として形容詞の比較級を作ったり、形容詞として不可算名詞を直接修飾するなど、いろいろ使い出があります。例えば "This car is less expensive than that one." （この車はあれよりも安い）、"Use less water." （水の使用

量を減らそう）などのように使われます。

　これに対して lesser は、「劣ったもの、重要性の低いもの」「より小さいもの」という意味で、前者のニュアンスで使われることが多いようです。例えば、"Quitting is the lesser of two evils."（辞めた方がましだ）のように使われます。"lesser evil" とは「二者の良くないもののうちまだマシな方」という意味です。"a lesser-known song"（あまり知られていない歌）、"the lesser powers of Europe"（ヨーロッパの弱小国）、"a lesser artist"（二流の芸術家）のように使われます。しかし、lesser は less に比べて使われる頻度は低いようです。ただし、レッサーパンダや小型類人猿（lesser ape）のような動物名や、小鼻翼軟骨（lesser alar cartilage）のような学術用語には「劣った」や「重要性が低い」というニュアンスは含まれません。

■ **lesser** は **less** とは別の意味

> ① 「劣ったもの、重要性の低いもの」がメジャーな意味
> ② 動物名や専門用語などに使われる場合は「より小さいもの」という
> 　意味

ルール7. 最上級を強調する方法

　最上級を強調する副詞は、**ever**（今までに）＞ **by far**（はるかに）＞ **much**（ずっと）＞ **very**（本当に）＞ **quite**（完全に）＞ **easily**（断然）の順に用いられます

☐ The last of these points is **by far** the most important.（これらの要点のうち最後はダントツに重要である）

☐ It's **easily** the best game I've ever seen this year.（それは私が今年見た断然に最高の試合だ）

☐ The clients want the **very** best quality.（クライアントは本当に最良の品質を求めている）

　ちなみに、最上級の位置でニュアンスが変わります。

☐ George is the most polite of the three boys.
　（ジョージは3人の少年のうち最も礼儀正しい）

☐ Of the three boys, George is the most polite.

（３人の少年のうち、ジョージは最も礼儀正しい）

　２つの例文はどちらも同じ状況を表していますが、話題の焦点が異なります。前者は話者の関心がジョージにありますが、後者は「３人の少年のうち」により強調が置かれています。

こだわりその２〈比較の対象を揃えて明確にする〉

　日本語では「飛行機は電車より高い」で OK ですが、英語はそうはいきません。このまま英語にすると、何が高いのか分からない文になるので、「飛行機の運賃」と「電車の運賃」を比べていることを明記する必要があります。従って "The cost of the air fare is higher than (that) of the rail fare." となります。that はインフォーマルな文の場合省略可です。

　比較の対象はもちろん名詞だけに限らず、例えば "You will find the book more quickly **online** than **at this shop**."（その本は、この書店で探すより、ネットで探す方が早い）のように「副詞」と「副詞（句）」や、"He looked **sad** than **angry**."（彼は怒るというより悲しそうだった）のように補語になる部分の「形容詞」などがあります。

　このことを踏まえ、次のクイズに取り組んでみてください。

問題

Q. 次の２つの文の誤りを正してください。
① **You can get there faster by train than car.**
② **Reading makes you smarter than TV.**

A. ① **You can get there faster by train than by car.**
　☞交通手段同士、つまり by train と by car を比較しているので、by を加えます。

② **Reading makes you smarter than watching TV.**
　☞比較対象物は「読書すること」と「テレビを見ること」なので watching を加えます。

　いかがでしょうか。文脈依存度の高い（high context）日本語では「行為」（読書）と「物」（テレビ）を比較してもお咎めなしですが、英訳する際には「行為」と「行為」など比較対象を揃えることが重要です。

このように、慣れるまでは少々困りがちな部分ですが、than のあとの主語・動詞を省略できる場合があり、こちらは比較的日本語と同じような感覚で OK なのでラクです。例えば「以前よりも」など時を表す語がくる場合や「思ったよりも」など想定されていたこととの比較の場合などがあります。

例）The relationship between those countries became stronger **than before**.
（両国の関係は以前にも増して強固なものとなった）

We scored more goals in the game **than expected**.
（試合では予想以上に多くのゴールを決めることができた）

こだわりその3〈いろいろな慣用表現〉

英語にはたくさんの慣用表現があります。まずはそのような慣用表現を含んだ下記のダイアログを読んで、下線部分の意味を考えてください。

問題

■ ダイアログで一気に比較表現マスター！

A: I heard you visited ①**as many as** 20 countries last year.

B: Yes, I ②**prefer** to travel **rather than** to stay at home. I'm interested in ③**nothing other than** going abroad.

A: I'm a travel enthusiast ④**to say the least**, but ⑤**not nearly as much as** you.

B: Without traveling, I am ⑥**as good as** dead.

A: How did you carve out time to go abroad ⑦**in your busiest time**?

B: I always try to ⑧**make the most of** my free time even in my ⑨**most hectic time**.

A: This year, you must be ⑩**busier than ever** for your new research, right?

B: Yes, but I ⑪**couldn't care less about** my busyness. On the contrary, I want to get out of my humdrum life ⑫**all the more for** my busyness. I'm planning another trip.

A: That's amazing! I'm sure you have visited ⑬**three times as many countries as** I.

B: You may be right. ⑭I'm **not so much** a researcher **as** a traveler.

＜和訳＞

A：昨年は 20 か国も訪問されたそうですね。

B：はい、家にいるより旅行する方が好きです。海外に行くこと以外には興味がないんです。

A：私も控えめに言っても旅行好きですが、あなたほどではありませんよ。

B：旅をしなければ、私は死んだも同然です。

A：一番忙しい時期に、どうやって海外に行く時間を捻出したのですか。

B：私はいつも、一番忙しいときでも、自由な時間を最大限に活用するようにしています。

A：今年は新しい研究で例年になく忙しいのでは？

B：そうですね、でも自分の忙しさなんてどうでもいいんです。それどころか、忙しいからこそ、平凡な生活から抜け出したいのです。また旅行の計画を立てているところです。

A：それはすごいですね！　私の３倍は国を訪れているんじゃないでしょうか。

B：そうかもしれません。私は研究者というよりは旅人です。

解説

① **as many as** 20 countries【強調「〜もの…」】

基本形では He is as tall as you. のように中立的に比較していますが、この文では as の後ろの 20 countries を話者は「多い」と感じて強調するときに使う表現で「20 か国もの」という意味になります。同じように

"as few as 20 countries" は少ないと感じている場合で、「ほんの 20 か国しか」という意味になります。

② **prefer** to travel **rather than** to stay at home

【**than** の代わりに **to** を使う比較表現（ルール５参照）】

ラテン語由来の比較級は than ではなく to が使われます。ただし、この文のように to 不定詞同士を比較する場合、「than の代わりの to」と紛らわしくなるので rather than を使います。動詞 **prefer** の使い方は主に次の３つです。

1. prefer **traveling** to **staying** at home（動名詞を比較）
2. prefer **mathematics** to **history**（名詞を比較）
3. prefer **to travel** rather than **to stay** at home（to 不定詞を比較）
   ☞この場合は紛らわしいので **rather than** を使う

この他、ラテン語由来の形容詞で to を用いるものは限られており、senior（年上の）、junior（年下の）、major（より大きい）、minor（より小さい）、superior（より優れた）、inferior（より劣る）、prior（前の）、posterior（後の）、preferable（より好ましい）などがあります。シニア、ジュニア、マイナーなどカタカナで日本語になっているものや、ローマ字読みっぽくすると superior はアメリカの五大湖スペリオル湖（他の湖より大きい）など、なじみのある単語が多いので覚えやすいのではないでしょうか。

③ **nothing other than**「〜のみ、〜だけ」

比較級を含む慣用表現です。直訳すると「〜以外何もない」ですので、「〜だけに興味がある」といういわば最上級の意味を表します。No other lake in Japan is larger than Lake Biwa.（日本で琵琶湖より大きい湖はない）のようにゼロのものと比較して最上級の意味を表す表現の仲間です。

④ **to say the least**「一番少なく言う」→「控えめに言っても」

最上級を含む慣用表現で、譲歩の意味を含みます。最低ラインを示しているイメージです。断定のみだと直接的で強くなり過ぎ、丁寧さに欠ける場合に表現を和らげるためにも使えます。例えば "His works are average to say the least." は「彼の作品は控えめに言っても平均点には達している」という意味ですが、その心は少なくとも平均以上である、最優秀ではないかもしれないが、悪くはない、結構良いということです。

⑤ **not nearly as much as**「〜には全く及ばない」

She is <u>not as tall as</u> I.（彼女は私ほど背が高くない）のような not as 〜 as に nearly がついて「全く及ばない」と強調している表現です。例）"It is not nearly as hot as yesterday."（昨日に比べれば今日は全く暑くない）

⑥ **as good as ≒ almost**「〜も同然である」

　ここでの good は程度の大きさを表す意味で、①の as many as とは異なり「〜と同じ程度」、すなわち almost とほぼ同じ意味の慣用表現です。もちろん、"His performance was as good as yours." のように「同じくらい良い」もありますが、他に "as good as it gets" は「最高に素晴らしい」と、否定的に「これが限界だ」の双方の意味を持つ慣用表現です。例）"This is as good as it gets!（最高に素晴らしい / これが限界だ、もうムリ）

　この他の **as 〜 as** を使った表現は以下の通りです。

1. as much as 〜
　「〜と同じくらいに多い」の他に「ほとんど〜同然」という意味もあります。通例動詞の直前に置き、"He **as much as** admits that he committed the crime."（彼は罪を犯したことを認めているも同然だ）のように使われます。

2. as much as to say 〜
　「ちょうど〜と言わんばかりに」という意味で、My dog wagged its tail, **as much as to say**, "Welcome home."（私の犬は「お帰りなさい」と言わんばかりにしっぽを振った）のように使われます。

3. as long as 〜
　そもそもの意味は「〜と同じ長さ (long)」ですので例えば、"I'll never forget your kindness **as long as** I live." の場合、直訳すると「私が生きている時間と同じ期間あなたのご恩を忘れない」となり、そこから「生きている限りあなたのご恩は忘れない（ご恩は一生忘れません）」となります。ここから「〜の限り」という<u>条件</u>を表す表現として "You can have a dog as **long as** you take good care of it."（大切に育てるのなら犬を飼ってもいい）など。

4. as far as ～

　3の "as long as" と日本語にすると同じになる場合がありますが、意味は違います。こちらは元々「～と同じ距離 (far)」という意味ですので、「～の限り」という 範囲 を表す表現です。"**As far as** I know, he works for a publishing company." は「私の知る限りでは彼は出版社に勤めている」のように使われます。

⑦ in your busiest time

【同一のものの内での最上級は the をつけない】

　これは同一の人物・事物の中で比較する場合、最上級には the をつけない、という規則に基づくものです。突然ですがここでクイズです。

〈挿入クイズ〉

Q.「私はクラシック音楽を聴いているときが一番幸せだ」の意味に合う
　　正しい英文はどちらでしょうか。

① **I'm the happiest when I'm listening to classical music.**

② **I'm happiest when I'm listening to classical music.**

　A. ②です。

　この場合「私」が他人と比較しているのではなく自分の過ごす時間内での比較です。他にも、「風はそのときが一番きつかった」なら "The wind was strongest then."、「紅葉はこの時期が一番美しい」は "Autumn leaves are most beautiful at this time." のように他との比較ではない場合には最上級でも the なしです。

　そもそも the というのは他のものと「区分」する役割があります。例えば "He is the most famous artist in the world." の場合、「彼」は他のアーティストとは一線を画しているという意味なので「区分」の the が必要になります。一番有名だということは「唯一」の存在であるので the をつける、という解釈もできます。ですから、同一人物・事物内では他（者）と「区分」する必要がなく、the が不要となるのです。また、the は名詞につけるものですから、"She runs fastest in her class." のように副詞の最上級にも原則 the は不要です。しかし、口語では the fastest のように the をつけることも多く、つけても間違いではありません。さらに、絶対最上級と呼

ばれる **most** にも **the** は不要です。絶対最上級ではふつう −est をつける
語でも a most 〜、most 〜の形で使われ、例えば "He is a most honest
man."（彼はとても正直者だ）のように very と同じような意味になります。

最上級に **the** をつけないのは…
　① 同一人物・事物内での比較の場合
　② 副詞の場合（ただし、**the** ありも可）
　③ 絶対比較級 **most** のとき

---

⑧ **make the most of**「〜を最大限に活用する」

　直訳すると「〜を最も多く作り出す」です。英英辞典によると、"make
the most of something" は "to take full advantage of something
because it may not last long"、つまり「あまり長く続かないかもしれな
いので目一杯利用すること」という意味です。本ダイアログの場合、「多
忙中のわずかな自由時間を思い切り利用する」という状況にぴったり
です。

　よく似た表現で **make the best of** がありますが、これは 英英辞典の
定義では "to make an unsatisfactory situation as pleasant as
possible"、つまり「満足できない状況をできるだけ快適にすること」であ
り "We'll just have to make the best of a bad situation." （悪い状況の
中で最善を尽くすしかない）のように使われます。日本語訳はどちらも
「最大限に活用する」とされることが多いので、違いを理解して使い分
けたいものです。

⑨ **most hectic time**

　【同一のもの内での最上級は **the** をつけない / **most** をつける形容詞・副詞】
　これは⑦と同様、同一人物内での比較なので最上級でも **the** はつけませ
ん。また、busy と違って hectic は most をつける必要があり、その法
則は「こだわりその1」で既述の通りです。

⑩ **busier than ever**「これまでで一番忙しい」

　見かけは比較級ですが、比べているのが ever、つまり「これまで」なので最
上級の意味になります。同様に "better than ever." は「かつてないほど良
い」、as 〜 as を使うと例えば "That theme park is as crowded as ever." （そ
のテーマパークは、相変わらずの混雑ぶりだ）のように「相変わらず〜」と

いう意味になります。

⑪ **couldn't care less about**「〜について気にしない」

直訳すると「〜についてこれ以上少なく気にすることはない」、つまり気にする度合が「最低レベル」→「気にしない」ということです。同じ意味で "could care less" も口語で使われるようです。これは本来は誤用ですが、くだけた表現として使われているようです。

例）· She couldn't care less whether the team wins or not.
　　（彼女にとってそのチームの勝敗はどうでもいいことだ）
　　· I could care less if he leaves.（彼が出て行っても気にしない
　　《informal》）

⑫ **all the more for**

「〜だから一層…」

この the は副詞的に比較級と共に使われ、何かが**影響を受ける量や程度を強調する**働きをします。さらに **all** も副詞で **the more** 部分を強調しています。従って **all** はなくても意味は通ります。また **for** は理由を表しており、節が続く場合は "all the more because" とします。これらのことを組み合わせてみると、

I <u>want</u> to get out of my humdrum life **all the <u>more</u>** for my busyness.
　　　　　　　　　　　　　　　　　　　　　　　　 want を修飾

「忙しいから（理由）、より多く（影響を受ける程度）平凡な生活から抜け出したいと思う」という意味になります。

よく似た表現に "none the less for/because 〜 "「〜だが、それでも…」があります。次の例文「彼には欠点があるが、それでも私は彼を愛している」で考えてみましょう。

He has many faults, but I <u>love</u> him **none the <u>less</u>** for his faults.
　　　　　　　　　　　　　　　　　　　　　　　　 love を修飾

先ほどと同様、less は love を修飾するので直訳すると「より少なく愛する」になります。それを none で否定しているので二重否定風になり、「彼の欠点を理由に、より少なく愛することはない」という意味になります。これを日本語らしく訳すと「彼には欠点があるが、それでも私は彼を愛している」となるわけです。

⑬ **three times as many countries as**

【倍数表現】

原級比較の as 〜 as は差がゼロを表します。この「差ゼロ」を生かし、ひとつの「ユニット」として捉えることで、倍数表現ができます。

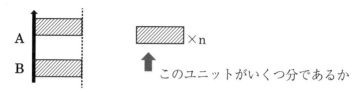

例）He has <u>twice</u> as many books as I.

同じ数の twice（２回分）、つまり２倍であるということです。「n 回分」という考えですから３回以上は "n times" で表します。そもそも "He has as many books as I." もこの「ユニット」×１回分であると考えると分かりやすいのではないでしょうか。ではここで**分数表現も含む他の倍数表現**などの表現をまとめてみましょう。

上記以外の **n 倍表現**

＜ラテン語由来の表現＞

double、triple、quadruple、quintuple、…などを使った表現で、それぞれ形容詞と動詞があります。なお、triple 以降の "**-ple**" の語源は「折る、重ねる」を意味する英語の **fold** と同じ意味です。

形容詞の場合、「**double the ＋名詞＋ of**」の形で使います。

例）・This room is **double the <u>size</u> of mine**.（この部屋は私の部屋の
　　　２倍だ）　　　　　　　　　　　　↑ number、amount、length などの名詞
　　　・Take **double the payback**!（倍返しだ！）

動詞の場合、

　　・We must **double** our efforts.（２倍の努力をしなければならない）

☆ double の部分を triple、quadruple、…に変えるとそれぞれ３倍、４倍の意味になります。

＜ "**-fold**" を使った表現＞

数字に **fold**（折る、重ねる）をつけて倍数を表し、形容詞と副詞があります。twofold、threefold **two-fold**、three-hundred とハイフンありでもなしでも OK ですが、数字が大きくなると読みやすいように "two-hundred-fold"、または算用数字を用いて "**200-fold**" のようにハイフンありにします。

例）The applicants to our company became **five-fold** compared to last year's.（うちの会社の応募者は昨年の 5 倍になった）

* ～（three、four、…）times larger than という表現も簡易なので口語を中心に増えてきていますが、正式な場面での使用は避けましょう。

＜その他＞

「**by a factor of n**」が n 倍を表し、主に数学および科学的な内容で使われます。増減を表す動詞と共に用い、"increase **by a factor of five**" なら「5倍増加する」。reduce、decrease、smaller など「減少」「低下」の意味を表す言葉と共に使われると、"decrease **by a factor of five**" のように「5分の 1 に減少する」という意味になります。

⑭ I'm **not so much** a researcher **as** a traveler.

「**A というよりむしろ B**」

これは "not as ～ as" と同じ意味ですので、"I'm a researcher." と "I'm a traveler." を比較しています。直訳すると「旅行者ほど研究者ではない」となり、「研究者というよりはむしろ旅行者だ」という意味になります。これは、I'm not as/so tall as he.（私は彼ほど背が高くない）と同じ構造です。なお、"I am a traveler rather than a researcher." とも言い換えができます。

ではここからは、質問やクイズ形式でその他の様々な慣用表現について考えてみましょう。

問題

> **Q.** テストで 100 点を取るつもりだった太郎君が 70 点だったときの発言としてはどれが適切でしょうか。
> ① **I got no less than** 70.　　② **I got not more than** 70.
> ③ **I got no more than** 70.　　④ **I got not less than** 70.

A. ③ **I got no more than** 70. でしょう。

まず、not more / less than は双方とも客観的に数値を述べており、素直に数直線で考えると分かりやすいです。つまり

② **not more than** 70　70

more than $70 \Rightarrow n > 70$　（70 より多い）

　これを逆にして　not more than $70 \Rightarrow n \leqq 70$　∴ **70 点以下だった**

④ **not less than** 70　70

less than $70 \Rightarrow n < 70$　（70 未満）

　これを逆にして　not less than $70 \Rightarrow n \geqq 70$　∴ **70 点以上だった**

　一方、**no more / less than** は数直線上では同じ位置です。その数値をそれぞれ、どのような気持ちで捉えるかという**感情が入ります**。

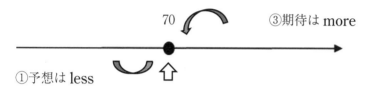

①予想は less　　③期待は more

　① **no less than** 70 $\Rightarrow$ 70 未満だと思っていたのに 70 点も取れた！

　③ **no more than** 70 $\Rightarrow$ 70 越えだと思っていたのに 70 点しか取れなかった！

　これは not と no の違いから生じるものです。**not は客観的に否定**、**no は強い否定**で **less / more than70** を丸ごと否定して両者の**数値に差がなくなり**、「70 点より上などといっていない」「70 点未満なんかではない」のように感情が入るのです。

　この他にも例えば "I don't have money." は客観的に「お金を持っていない」ですが、"I have no money." というと感情が入り「お金を持っていなくて困っている、残念だ」というようなニュアンスです。このようなことから、何かを聞かれて分からないと答えるときも "I don't know." と言うと客観的でそっけない感じがしますが、"I have no idea." と言えば「何も考えがないんです」と少し和らげることができます。

not more/less than と no more/less than

① **not more/less than**：客観的に数直線上での範囲 →以下 / 以上

② **no more/less than**：主観的に同じ数値について感情を表す → 〜しか / 〜も

  ＊可算名詞の場合は、**less** の代わりに **fewer** を使う。

問題

Q. どちらが失礼な言い方でしょうか。

① **She is no less beautiful than her sister.**

② **She is no more beautiful than her sister.**

A. ② **She is no more beautiful than her sister.** です。

これは文法の解説書などではよく、「no ＋比較級」は主語と比較する than 以下との度合が no で打ち消されて差がなくなり、「同じくらい」という意味になる、のように説明されています。

まず、①の no を not に変えてみると、"She is not less beautiful than her sister."（彼女は妹よりも美しくないことはない）となり、否定の否定、つまり肯定になって彼女は妹よりも美しいということが分かります。not は客観的な比較ですが（1 つ前の Q 参照）、これを no に戻すと肯定的に「同じ」になり「less beautiful ではない→共に beautiful だ」というニュアンスになるということです。②も同様に no を not に変えると "She is not more beautiful than her sister."（彼女は妹よりも美しくない）と否定の意味になって、no に戻すと否定的に「同じ」になり「more beautiful ではない→共に beautiful ではない」となります。これは「彼女」たちに対して失礼な言い方になります。

次に、比較表現なのに「程度が同じになる」という感覚について、日本語の場合で考えてみましょう。例えば、「彼女は私より読書家だ」という場合、客観的に読書量を比較して「彼女の読書量」＞「私の読書量」を意味するときと「私も読書家だけれども彼女も読書家だ」という感情が込められているときがあります。つまり、比べてはいるものの、暗に「彼女」「私」共にどちらも「読書家枠」に入っている前提になっていることが分かるで

しょう。これが「差がなくなって程度が同じになる」と言われる所以です。

＜イメージ図＞

このようなニュアンスを含んだ表現はいわば「日本語会話初級」ではなく「中上級」だと言えますが、結構普段の会話などでも使われるのではないでしょうか。「あの人、私より賢いなー」と言えば暗に自分も「賢い枠」に属していると物語っているあの表現です。例えば2013年1月21日、オバマ米大統領の2期目の就任演説でもこの表現が用いられています。

（一部抜粋）

　But we have always understood that when times change, so must we; that fidelity to our founding principles requires new responses to new challenges; that preserving our individual freedoms ultimately requires collective action. For the American people can **no more** meet the demands of today's world by acting alone **than** American soldiers could have met the forces of fascism or communism with muskets and militias.

　＜和訳＞しかし、我々は、時代が変われば、我々も変わらなければならないことは分かっています。建国の精神を厳しく守っていくには、新たな挑戦への新たな対応が必要です。個人の自由を守るためには、結局のところ集団行動が必要なのです。アメリカ兵がマスケット銃や民兵集団でファシズムや共産主義とは対抗できなかったように、今この世界の要求にアメリカ単独では応えられないのです。

　☆ no more meet the demands 〜
　　否定（−）×more（＋）　→要求に応えられない
　☆☆ than American soldiers could have met 〜
　　　→ than の後は no more 〜と否定的に「同じ」になる

261

no more/less A than B の意味
- **no more A than B**：否定（−）× **more**（＋）　→　否定（−）
- **no less A than B**：否定（−）× **less**（−）　→　肯定（＋）
- ☆ A、B 共に同じ「枠内」にあるので「同じ程度だ」と訳されることが多い

問題

> **Q. The smartest man cannot solve this difficult problem.** は「最も賢い人はこの難しい問題を解くことができない」という意味ですか。

A. いいえ。「たとえ最も賢い人でもこの難しい問題を解くことができない」という意味です。

最上級を使った文でその主語にとって、相反する内容の場合、「〜でさえ」という譲歩の内容を含む場合があります。問題文で言えば「最も賢い人」と「問題が解けない」という内容は普通に考えて、ありそうにないことだと判断できます。この他にも "The strongest man cannot beat a lion."（どんなに強い男性でもライオンには勝てない）、"The richest man cannot buy love."（大金持ちでも愛は買えない）のように使えます。

　　　　　　　　　　　　　　☜ここレベルの人ができない。これ以下は推し
＜イメージ図＞　　　　　　　　　　　　　　　て知るべし。
⇩
∴誰もできない

最上級には譲歩の意味を持つことがある☞文脈で判断（逆説的な内容であることが多い）

問題

> **Q. I know better than to quarrel with her.** は「私は彼女とけんかをするような愚か者ではない」ですが、なぜ「否定要素」も「愚か者だ」という単語も含まれていないのに、このような訳になるのでしょうか。

A. この know は「物事が分かっている」という意味です。

直訳すると「私は to 以下することよりも良く物事が分かっている」で、図に表すと次のようになります。

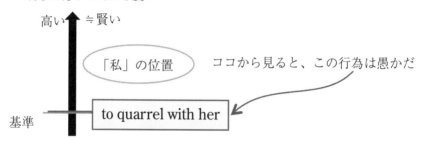

＜物事が分かっている度＞

高い　≒賢い

「私」の位置

ココから見ると、この行為は愚かだ

to quarrel with her

基準

つまり、「彼女とけんかをする」という行為を基準とし、「私」はそんなことをするよりも物事がよく分かっている、賢いのだ、ということですから、これを日本語らしく訳すと「私は彼女とけんかをするような愚か者ではない」となるわけです。

`問題`

Q. We may as well take a taxi as to wait for the next bus. は as well as があるのに、なぜ「次のバスを待つよりタクシーに乗った方が良い」のような意味になるのでしょうか。

A. 「程度の差はない」から「～した方が良い」に転じたものです。

この場合の as well as「同じ程度だ」には含みがあります。直訳すると「タクシーに乗るのは次のバスを待つことは同じくらい十分だ」ですが、気分はタクシーに乗る方に傾いています。「余分にかかるタクシー代金」と「バスを待つ時間の浪費」は同じ程度の負担だ、それならば早く行けるタクシーに乗った方が良い、という気持ちです。これは、日本語でも同じような表現があります。例えば、

A: パーティーにもう2人追加で友人を呼んでもいい？

B: 2人増えてもいっしょだ、いいよ。

といった状況の場合、Bさんの「2人増えても同じ」というセリフの裏側には2人増えてもよい、という気持ちがあることがお分かりでしょう。つま

り、実際には2人増えると準備が増えるので手間がかかるが、**同じ程度だと言うことで、相手の提案通りにする方が良い**、といったココロが垣間見えます。皆さんもこのような表現を使われたことがあるのではないでしょうか。

他に、後の **as** 以下がないバージョンもあります。例えば "We may as well start the meeting — the others will be here soon." (そろそろミーティングを始めないと、他の人たちもすぐに来るだろう) ですが、これは We may as well start the meeting の後ろに "as not start the meeting." が省略されていると言えます。参加者が揃っていなくて不完全な状態ではあるが、始めないことの不具合と同程度なので、始めたほうが良い、という解釈です。

また、**might as well** という表現もありますが、**ほとんど同じ意味**です。例えば、"You might as well throw the money as lend it to him." (彼にお金を貸すくらいなら、捨てたほうがマシだ)、"The couple might as well have been strangers." (その夫婦は他人であったのも同然だ→まるで他人のようだ) のように使われます。

よく似た表現で **may well** があります。こちらは何かと比較する要素はなく、well が may のもつ「かもしれない」という**推量の意味を強めたもの**です。例えば、"You **may well** have to work through the night." (今夜君は一晩中仕事をしなければならないだろう) のように推量そのままの意味として使う場合が多いですが、"He **may well** think so." は「彼がとてもそう思うかもしれない」が直訳で、そこから「彼がそう思うのも、もっともだ」のように少し「捻った」意味で使う場合もあります。

これらの表現は映画などのセリフにもよく使われます。

☆ **may/ might as well A (as B)**
「**A** も **B** も同じ程度だ」 → 「それなら **A** が良い」
☆ **may well**
may の意味を強めて「おそらく〜だろう」、少し捻って「〜するのも、もっともだ」

問題

Q. 次のうち正しい文をすべて選んでください。

① **This is by far the most beautiful garden in this country.**

② **She has very more books than he.**

③ **My brother far the tallest in his class.**

④ **She runs even faster than he.**

A. ①、③、④です。②の **very** は比較級を強調できません。

ここで使われているのは「〜よりずっと…」や「群を抜いて、断トツ」など、比較級・最上級を強調する表現です。口語などでは自由度が高く例外もありますが、語句の中には、<u>原則</u>比較級には使えても、最上級には使えない、またその逆の場合がありますので、注意しましょう。**主な強調語句は**次の通りです。

① 比較級のみを強調する語句

1. **far**「はるかに」ただし前述のようにインフォーマルな場面では最上級も OK。

   Computers can calculate **far faster** than humans.

   （コンピューターは人間よりはるかに速く計算できる）

2. **a lot / lots**　「はるかに」

   少し口語的な表現。lots はより口語風。

3. **even**　比較対象物も十分な度合いだが「さらに、いっそう」

   It will be **even hotter** this summer than usual in Japan.

   （今年の日本の夏は例年以上に暑くなりそうだ）

   毎年暑いが今年はさらに暑いというニュアンス

4. **still even**　even と同じく比較対象物も十分な度合いだが「さらに、いっそう」

5. **yet**「さらに」

   There was **yet more** evidence to be analyzed.

   （さらに分析すべき証拠があった）

   ＊可算名詞を修飾する形容詞の比較級を強調する場合は much ではなく **many** を使います。

例）I got **many more** apples than I can eat.
（食べきれないほどたくさんのリンゴを貰った）

② 比較級・最上級ともに使用可の語句
1. **much** 最も手軽な強調語
Mary is **much** taller than her sister.
（メアリーは姉よりずっと背が高い）
This city is **much the most beautiful** in this country.
（この街はこの国で最も美しい）
2. **by far** 以下の2点に注意
① 比較級の後ろに置く
I am taller **by far** than she.
（私は彼女よりもずっと背が高い）
②「**the** ＋比較級/最上級」の前に置く
My brother is **by far the better** player of rugby.
（ラグビーでは兄の方が圧倒的にうまい）
Maglev trains travel **by far the fastest** in our country.
（リニアは我が国では、ずば抜けて一番速い）
3. **far and away** 圧倒的に他の物からずっと離れているニュアンス
This is **far and away the best** meal I've ever eaten.
（今まで食べた食事の中で断トツにおいしい）

③ 最上級のみ使用可の語（ルール7参照）
1. **very** 「the very＋最上級」の形で使う
This is **the very best** way to solve the problem.
（これはその問題を解決するまさに最良の方法だ）
2. **easily** 「明らかに一番だ」というニュアンス（容易に→明らかに）
Ryu is **easily the best** composer in the world.
（リュウは明らかに世界で一番の作曲家だ）

では、主な比較表現をここでまとめてみましょう。

原級を使った構文

① **as ～ as any...、as ～ as ever...、as ～ as can be**「どんな…にも劣らず～」

　例）He is **as wise as any**. (彼は誰よりも賢い)

　　　He is **as great a man as ever** lived. (彼は古今に類のない偉大な人物だ)

　　　I am **as happy as can be**. (この上なく幸せだ)

この表現は最上級と同じように、強い表現として使われます。

② **as good as ～**「～も同然」「～をよく守る」

　例）He is **as good as** dead. (彼は死んだも同然だ) (ダイアログ⑥参照)

　例）He is **as good as** his words. (彼は約束を守る)

③ **not so much A as B**「**A** というよりむしろ **B**」(ダイアログ⑭参照)

　例）He is **not so much** a scholar as a writer.

　　　(彼は学者というより作家だ)

④ **without so much as ～**「～さえしないで」

　例）He went away **without so much as** saying good-bye.

　　　(彼はさようならすら言わずに帰った)

⑤ **not so much as ～**「～すらしない」(ダイアログ⑭との違いに注意！)

　例）He did **not so much as** apologize to me.

　　　(彼は私に謝りさえしなかった)

⑥ **might as well ～**（**as...**)「…するくらいなら～するほうがよい」(p.263 参照)

　例）We **might as well** go home **as** wait here.

　　　(ここで待つよりは家に帰った方がいい)

　　　＊ちょっとあきらめの気持ちが表現できる構文です。

⑦ **went so far as to ～**「～さえした」

　例）He **went so far as to** call her a fool. (彼は彼女をばかとまで呼んだ)

比較級を使った構文

① (**all**) **the** + 比較級 + **for** [**because of/because**]「～なので、いっそう」

(ダイアログ⑫参照)

例) I like him **all the better for** his faults.
　　（私は彼の欠点でいっそう彼が好きだ）
　＊書き換えもできます。
　・ I like him **none the less** for his faults.
　・ I don't like him（**any**）**the less because** he has faults.
　・ He has faults, but I like him **none the less**.
　・ He has faults, **nevertheless** I like him.
② 比較級 + **and** + 比較級　「ますます〜」
　例) She is getting **more and more famous**.
　　（彼女はますます有名になっている）
③ **much**［**still/even**］**less**　「（否定文に続いて）まして〜ない」
　＊ let alone でも OK。
　例) I can't read French, **much less**［**let alone**］speak it fluently.
　　（私はフランス語が読めない、まして流暢に話すなんてできない）
④ **no** + 比較級、**not** + 比較級（p.258 の **Q** 参照）
　not more than ≒ **at most**　「せいぜい」
　例) He has **not more than** 10 dollars.
　　（彼が持っているのはせいぜい 10 ドルだ）
　no more than ≒ **only**「たった」
　例) He has **no more than** 10 dollars
　　（彼はたった 10 ドルしか持ってない）
　not less than ≒ **at least**「少なくとも」
　例) He has **not less than** 10 dollars.
　　（彼は少なくとも 10 ドルは持っている）
　no less than ≒ **as much as**「〜も」
　例) He has **no less than** 10 dollars.（彼は 10 ドルも持っている）
⑤ **no more A than B**「**B** でないのと同じく **A** ではない」（p.260 参照）
　no less A than B「**B** 同様 **A**」「**B** に劣らず **A**」
　例) He is **no more** a genius **than** I.
　　（彼は私と同様に天才なんかじゃない）
　例) The truth is **no less** strange **than** fiction.
　　（真実は小説に劣らず不思議なものだ）
⑥ **know better than to** 〜「〜しないだけの分別がある」（p.262 の **Q** 参照）
　例) I **know better than** to quarrel with a policeman.

≒ I am not so foolish as **to** quarrel with a policeman.
（警官とけんかするようなばかではない）

⑦ **less A than B**「**A よりもむしろ B**」

例）It was **less** a question **than** a statement.
（それは質問というより主張だった）

⑧ **no...less 〜 than** ―「―**ほど〜でない（しない）人はいない**」

例）**Nobody** does **less** study **than** you.（あなたほど勉強しない人はいない）

最上級を使った構文

① **the second [third、forth] 〜 2 [3/4] 番目に〜な**

例）Canada is **the second largest** country in the world.
（カナダは世界で 2 番目に大きな国だ）

② **the last A to 〜**「**最も〜しそうもない A**」

例）She is **the last** person **to** tell a lie.
（彼女はうそをつくような人間ではない）

★その他の最上級の表現

・at best（せいぜい）　・at most（せいぜい）
・at least（少なくとも）・not in the least（少しも〜ない）
・make the best of 〜、make the most of 〜（〜を最大限利用する）
（ダイアログ⑧参照）

〈番外編〉

比較の言い換え表現

　比較の内容は原級⇔比較⇔最上級で書き換えることができますが、どの表現を使うかで語気の強さが変わってきます。たとえば、「信濃川は日本で一番長い川です」という場合、語気の弱いものから強いものへと並べると、以下のようになります。

1. The Shinano is the longest river in Japan.

単純に事実を述べているだけで、具体的に他の川との比較をしていないため、語気は比較的穏やか。

2. The Shinano is the longest of all rivers in Japan.

すべての川との比較を含んでいるが、of all が追加されているため、

少し語気が強くなる。

3. **The Shinano is longer than any other river in Japan.**
比較の観点から他の川との差別化を行っており、語気が強い。

4. **No other river in Japan is as long as the Shinano.**
否定形を使用することで最も語気が強く、他の川が信濃川と同じ長さ
である可能性を完全に排除している。

「健康は何よりも尊い」も以下のように様々な言い方があります。
- **Nothing is more precious** than health.
- Health is **the most precious（thing）of all**.
- Health is **more precious** than anything else.
- **Nothing is as precious as** health.
- Health is **the most precious thing**.

これらの文の中で最も語気が強いものは Nothing is more precious
than health.」で、この文は否定形を使っており、「健康よりも貴重なもの
は何もない」という強い断言をしています。

次の英文を文脈から文法・語法の誤りを正してください。

Cats purr **intentional** rather than **instinctive** to convey various
kind of feelings because **purring** is caused by the **activating** of
nerves within voice **box**. Cats' **purr** isn't merely an expression of
pleasure but **of** a desire **for** control anxiety or pain **on** stressful
moments and even **in** the point of death. Low sound frequency
produced by cats' **purr** is considered to promote bone **dense** and
quick **self-heal**, and **evenly** increase life **expectation**.

文法・語法を訂正すると以下のようになります。

> Cats purr ①**intentionally** rather than ②**instinctively** to convey various ③**kinds** of feelings because purring is caused by the ④**activation** of nerves within ⑤**the** voice box. Cats' ⑥**purring** isn't merely an expression of pleasure but of a desire ⑦**to** control anxiety or pain ⑧**at** stressful moments and even ⑨**at** the point of death. Low sound frequency produced by cats' ⑩**purring** is considered to promote bone ⑪**density** and quick ⑫**self-healing**, and, ⑬**even** increase life ⑭**expectancy**.
>
> （猫は、様々な感情を伝えるために本能的というよりはむしろ意図的にのどをゴロゴロと鳴らす。このゴロゴロという鳴き声は、咽頭内の神経が活性化することで起こる。単に嬉しいときだけではなく、ストレス時の不安感や痛みを抑えたいときや、死の間際ですら、のどを鳴らす。猫の鳴き声が発する低周波数は、骨密度と素早い自己治癒力を高め、寿命を延ばしさえすると考えられている）

【語注】

purr：（名）ゴロゴロとのどを鳴らす音、（動）〈猫などが〉ゴロゴロとのどを鳴らす

voice box：喉頭

解説

① 直前の自動詞 purr を修飾するので、形容詞 intentional ではなく、副詞 intentionally「意図的に、故意に」が正解。

② ①と同様。形容詞 instinctive ではなく、副詞 instinctively（本能的に）が正解。さらに相関語句 A rather than B（B よりもむしろ A）という意味で A に一致させる。

③ a kind of ～で「～の一種」となるが、この場合、of の後ろにくる名詞は単数形。kinds of ～とすると of の後ろは複数形で、種類がいくつかあることを表せる。文脈から 1 つの感情ではなく、様々な感情と

する方が適切なので、**various kinds of feelings** が正解。

④ 冠詞 the が前にあり、入るのは名詞なので activation（活性化）。

⑤ 定冠詞 the の使用で「猫の喉頭」と強調する。

⑥ purr は可算名詞で、動詞だと自動詞・他動詞両用なので動名詞とする。A cat's purr とも言えるが、不定冠詞 a をつけることで格下げ・個別化されるので、この場合は Cats' purring が適切。

⑦ 前置詞 for では後ろに動詞をとれない。解答の to は前置詞ではなく to 不定詞。

⑧ 時間の一点を表す前置詞は at で、on は特定の日を表すので、この場合は at が正解。例：at five o'clock（5 時に）、at night（夜に）、on Friday（金曜日に）、on March 16th（3 月 16 日に）。

⑨ in は週、月、年、四季など長さがある期間に用いるので、この場合も⑧と同様 at が正解。例：in August（8 月に）、in 2018（2018 年に）。

⑩ purr は可算名詞で、動詞だと自動詞・他動詞両用なので動名詞とする。

⑪ bone density は「骨密度」という意味。dense は形容詞なので不適切。

⑫ 動詞 promote の 2 つ目の目的語。self-heal も名詞ではあるものの、「ウツボグサ、病気に効く植物」という意味なので、文脈に合わない。名詞 self-healing「自然治癒」が正解。

⑬ 副詞 evenly「平等に、均等に」は文脈に合わないので、同じく副詞の even が正解。

⑭ 正解の life expectancy（平均余命）は、特定の地域、国、年齢、性別などに関連した統計情報を示す際に使われる。

「英文法診断テストの評価」

（評価）

正答数 9 割以上：英文法力は素晴らしい、プロレベル！

正答数 7 割以上：英文法力はかなり高いセミプロレベル

正答数 5 割以上：英文法力はまずまず、もう一息頑張りましょう。

正答数 3 割以下：英文法力はかなり弱くトレーニングが必要。

第7章
準動詞を一気にマスター！

準動詞とは、動詞でありながら同時に「名詞・形容詞・副詞」などの性質を帯びている、「不定詞（infinitive）・動名詞（gerund）・分詞（participle）」などの総称です。これらは動詞がいわば「変装」したもので、動詞の性質を残しつつ見かけを変え、その働きを変えているものです。不定詞は「to＋動詞の原形（または原形のみ）」で構成され、多岐にわたる文法的な機能を果たします。動名詞は動詞の "-ing" で、名詞や形容詞の役割をします。分詞は動詞から派生し、通常は形容詞や副詞として働く語形で、"-ing" をつけた現在分詞（**present participle**）と動詞の過去分詞（**past participle**）があります。分詞は動詞の特性を強く保持しているため、時制や態の情報を含んでいることがあります。しかし、形容詞や副詞のように他の名詞や動詞を修飾する役割も果たすため、文中で非常に多岐にわたる機能を持っています。

　「準動詞」を基本コンセプトからつかみ、ダイアログや段階的問題練習を通して完全マスターしていただきましょう。

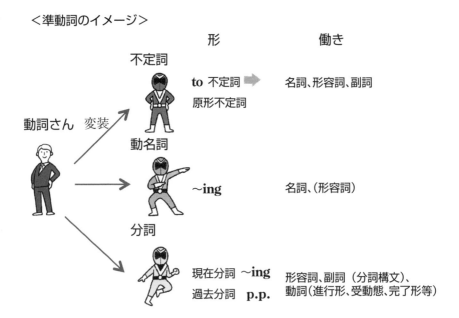

＜準動詞のイメージ＞

	形	働き
不定詞	to 不定詞 ➡	名詞、形容詞、副詞
	原形不定詞	
動名詞	~ing	名詞、（形容詞）
分詞	現在分詞 ~ing	形容詞、副詞（分詞構文）、動詞（進行形、受動態、完了形等）
	過去分詞 p.p.	

動詞さん　変装

　上図「動詞さん」による3種類の変装で変わったそれぞれの働きと、彼自身の性質が残っている部分などについて、まずは不定詞から見ていきましょう。

不定詞（infinitive）を完全マスター！

　不定詞は、主語の人称、単・複数などに左右されないもので、「**to 不定詞**」と「**原形不定詞**」があります。「to 不定詞」は矢印のイメージで「これからすること」という到達点へ向かう「**前向き思考系**」で、「原形不定詞」は文字通り動詞の原形で、主に SVOC 構文の C（補語）や慣用表現で使われます。

to 不定詞▶

　不定詞に「変装」した「動詞さん」は、名詞、形容詞、副詞の働きを担うことになり、to 不定詞の中で目的語をとることができます。"to" を伴うことにより、"to" の本質である到達点を目指す未来指向の大きな影響を受けます。

①名詞的用法

I have decided to start a new company.

☞新しい会社を立ち上げる方向　　　↑ start の目的語

＊動詞の目的語になる

to 不定詞のみを目的語にとる動詞

hope、wish、expect、promise、decide、aim、plan、intend、volunteer、offer、agree、pretend、seek、manage、arrange、strive、demand、hurry、rush など

②形容詞的用法

＜名詞を後ろから修飾＞

Give me something to write on.

☞これから書くための紙など

＜同格＞

It is important to foster the ability to think critically.（論理的に考える力を養うことが重要だ）

☞ the ability と to think critically は同格。

＊ 同格の **to** 不定詞をとる名詞は ability、desire、decision、effort、failure、intention、reluctance、tendency、trend などがあります。これらの単語は派生語で考えると、元々 "to" と結びつくものであることが分かります。例えば be able to、decide to、fail to、tend to など。

③副詞的用法
＜目的＞
I will go to the station to pick up my son.
☞駅に行く⇒息子を迎えに行くために
＜結果＞
主要な動作の結果として何かが発生することを示すときに使います。この用法は「主語が意図しないとき」に、また「結果」が表す意味通り過去形で用いられます。結果用法でよく使われる動詞・構文は次のようなものがあります。
・「**so ... as to** ～ **too**…**to** ～」構文
例）He was <u>so</u> tired <u>as to</u> fall asleep instantly.
　　She was <u>too</u> tired <u>to</u> keep her eyes open.
・**awake to** ～ / **wake up to** ～
例）He waked up to find himself in hospital.
☞ 目覚めて ⇒ 自分が病院にいることに<u>気づいた</u>
・**grow up to be**
例）She grew up to be an astronaut.
☞ 成長して ⇒ 宇宙飛行士に<u>なった</u>
・**live to be**
例）He lived to be ninety.
☞ 生きて ⇒ 90 歳に<u>なった</u>
・**only to** ～
例）I tried to look for him, <u>only to</u> find that he had left.
☞ 彼を探そうとした ⇒ 去ってしまったと<u>分かっただけだった</u>
・**never to** ～
例）He left his hometown, <u>never to</u> return.
☞ 故郷を出て行った ⇒ <u>決して戻らなかった</u>

☆この他、「目的」にも「結果」にも捉えられるものがあります。例えば He stopped to take a picture. の場合、「写真を撮るために立ち止まった」とも「立ち止まって写真を撮った」とも解釈できます。このような場合は文脈で判断する必要があります。

「形容詞＋不定詞」のパターンをマスター！

＜感情の原因＞

I am sorry to hear the sad news.
☞ 残念だ ⇒ 悲しいニュースを聞いたので
She is content to play second fiddle to her sister.
（彼女は姉の脇役を演じることで満足している）

使用される主な形容詞

> glad、sad、pleased、delighted、relieved、thrilled、terrified、frightened、upset、furious、astonished、surprised、disappointed、embarrassed

＜判断の根拠・評価＞

He must be smart to solve that difficult math question.
☞賢いに違いない ⇒ 難しい数学の問題を解くので
He was excellent to work with.
（彼はすばらしい同僚だった）

使用される主な形容詞

> attractive、correct、sensible、amazing、exciting、satisfying、marvelous、inspiring、comfortable、demanding、terrible、frustrating、depressing

＜形容詞の意味の限定＞

This pen is easy to write with.
☞ このペンは易しい ⇒ それで書くことに限定すると　∴書き易い
Children are quick to acquire a foreign language.
（子供は外国語の取得に限定すると早い）

使用される主な形容詞

> cheap、economical、expensive、costly、slow、swift、prompt、clumsy、time-consuming、available

＜可能性＞

Jane is certain to join us.
☞ ジェーンはきっとそうだ ⇒ 私たちの仲間になる可能性として

All of us are bound to make mistakes.（誰しも間違いを犯すものだ）

使用される主な形容詞

> apt、prone、liable、likely、destined、doomed、fated、sure、about、set、ready、due、meant、obliged、guaranteed

＜能力・資格＞

My pension levels are adequate to live on.
☞ 私の年金は十分だ ⇒ 生活できるには

All men and women over 20 are eligible to vote.
（20 歳以上の男女に投票権がある）

使用される主な形容詞

> able、competent、suitable、fit、enough、sufficient、appropriate、privileged、equipped、responsible

＜願望・やる気＞

He is eager to get on in the world.（彼はしきりに出世したがっている）
☞ 彼は熱心だ ⇒ 出世をしたいと

She was hesitant to mention it.（彼女はそれを口に出すのをためらった）

使用される主な形容詞

> willing、inclined、prepared、ready、tempted、ambitious、enthusiastic、anxious、keen、impatient、desperate、determined、zealous、reluctant

＜程度＞

「…するには〜」 too 〜 to…、…enough to 〜、so 〜 as to … と共に

I am <u>too</u> tired <u>to</u> clean the room.

☞ 部屋を片付けるには ⇒ 疲れ過ぎている

Ken was <u>so</u> kind <u>as to</u> help me with my homework.

≒ Ken was kind <u>enough to</u> help me with my homework.

☞ ケンはとても親切だった ⇒ 宿題を手伝ってくれたくらい

＜条件＞

<u>To hear</u> him play the piano, you'll take him for a professional pianist.

☞ プロのピアニストだと見紛う ⇒ 彼がピアノを弾くのを<u>聴くと</u>

知覚動詞の用法に要注意！

　see、look at、hear、listen to、smell、taste、feel、perceive などの知覚動詞を使った文、"I saw a duck family <u>cross</u> [crossing] the street." （カモの家族が通りを横切るのを見た）は、C（補語）に原形不定詞と分詞が使えます。**現在分詞 crossing を使った場合は「横切っている最中に見かけた」という切り取った場面ですが、原形不定詞の場合は「完結された行為を知覚」**したときです。つまりこの文の場合、「カモの親子が通りを渡り始めて渡り終わるまで見た」という状況です。そして、その**受動態**は、A duck family was seen to cross the street. のように、**使役動詞 "make" の受動態のときと同様に to** が登場します。

　しかし、**知覚動詞を受動態で使うときは、偶発的に「見られた、聞かれた、気づかれた」**というニュアンスになるため、**意図的な動詞 "watch"、"look at"、"listen to" などは使えない**点に要注意です。

　ここで次の質問について考えてみてください。

問題

> **Q.** 使役動詞、知覚動詞の他に原型不定詞をとる動詞にはどのようなものがありますか。

A.

1. **know**: 何かを知っていると確認する。

例）know her play the piano.

2. **help**: 後には原型不定詞がくることが多いが、to 不定詞を使用しても文法的には間違いではない。

例）She helped him（to）clean the house.

　これらの動詞は、後に原型不定詞を伴うのが一般的ですが、文脈によっては異なる動詞形を伴うこともあります。特に **help** のように、原型不定詞と **to** 不定詞の両方の形をとることが許容される動詞もありますので、注意が必要です。

問題

> **Q.**「自転車を盗まれた」と言う場合、**I had my bicycle stolen.** の代わりに **I got my bicycle stolen.** とするとニュアンスが変わりますか。

　A. まず、get の方が have よりも口語的です。それから、have は「状態動詞」、get は「動作動詞」なので、"I had my bicycle stolen." が自転車が盗まれたという事実を「結果的、経験的」に述べているだけなのに対して、"I got my bicycle stolen." は「一時的、流動的」で、盗難に「巻き込まれて影響を受けた」「被害者にも非がありそうな場合」にも使われます。例えば、"Don't forget to lock your bicycle, or you may get your bike stolen."（必ず自転車に鍵をかけてね。でないと自転車を盗まれるよ）、You will get yourself killed.（そんなことしてると命を落とすよ）のように、「被害者にも非がある場合」に使われます。

問題

> **Q.** なぜ、**talk**、**threaten**、**flatter**、**cajole** などの動詞の後は **I talked him into telling the truth.** のように **to** ではなく **into** を使うのですか。

　A. **into** には変化、変容を強調する働きがあるからです。

　to も into も「～へ」という意味ですが、**to** は「矢印のイメージ」で方向などを表し汎用性が高いですが、**into** は通常、ある状態・場所・条件に

入る「変化」を表し、talk（説得する）、threaten（脅す）、flatter、cajole（おだてる）、wheedle（口説く）のような説得系の動詞の後に "**into**" をつけると相手を変化させる意味が生まれます。

例）She talked him into telling the truth.
　　（彼女は彼に真実を話すよう説得した）

例）He threatened her into confessing.
　　（彼は彼女を脅して白状させた）

例）They flattered her into joining the team.
　　（彼らは彼女にお世辞を言ってチームに参加させた）

例）He cajoled his friend into lending him money.
　　（彼は友人をおだてて金を貸し出させた）

to ではなく into を使うことで、誰かを説得したり、特定の行動をとらせたりするプロセスが強調されます。相手に従わせるためには、影響力や努力の要素が伴うので、これらの文脈では to よりも into が好まれるのです。

動名詞（gerund）を完全マスター！

動名詞は、動詞の -ing 形で「〜すること」と名詞の働きをするものです。「前向き志向」の to 不定詞に対して、動名詞は「後ろ向き志向」で、「すでにしたこと、習慣的にしていること、一般的なこと」などを表します。また、実際の動作をイメージした形なので「回避、阻止、延期」する動作とも結びつきやすくなります。そして、見た目は名詞ですが「ココロ」は動詞なので、目的語をとることができます。

では動名詞が文の中でどのような働きをするのか見てみましょう。

①主語になる　例）**Playing** the piano is a stress reliever for me.
　　　　　　　　（ピアノを弾くことは、私のストレス解消法だ）

②補語になる　例）My task was **making** 3D structural models.
　　　　　　　　（私の仕事は 3D 構造モデルを作ることだった）

③目的語になる　例）I gave up **eating** sushi.（私は寿司を食べるのをやめた）

　　　　　　　例）I am looking forward to **seeing** you again.（またお会いするのを楽しみにしています）＊前置詞 to の目的語

1つ目の例で、まだ**食べていない**場合は "I gave up **the idea of eating sushi.**" となり、要注意です。"give up" の他に動名詞のみを目的語にとる動詞は以下の通りです。

> enjoy、practice、mind、imagine、consider、contemplate、appreciate、acknowledge、admit、envisage、describe、suggest、recommend、quit など

ではここで「不定詞」と「動名詞」の使い方をより深く理解するためにその慣用表現を使ったダイアログを味わっていただきましょう。

■ダイアログで一気に準動詞をマスター！

A: I've been really stressed lately. ①**There is no escaping** the daily grind.

B: I know how you feel. ②**It is no use working** non-stop without taking a break.

A: Exactly! I need to get away from it all. ③**When it comes to unwinding**, nothing beats a relaxing vacation.

B: ④**What do you say to going** to a tropical island? It would be the perfect way to recharge.

A: *I couldn't agree more! Oh, ⑤**I look forward to lying** on the beach and **soaking** up the sun.

B: ⑥**There is no point in worrying** about work while we're there. ⑦**It goes without saying that** we should leave all our troubles behind.

A: You're right. While we're on the island, I want to go snorkeling. Besides, I heard there's a beautiful waterfall we can visit.

B: That sounds wonderful. ⑧**On visiting** the waterfall, how about taking lots of photos to remember the trip?

A: It will definitely ⑨**be worth capturing** those memories. I want to explore and experience everything the island has to offer.

B: I'm sure ⑩we **are capable of making** this a memorable and enjoyable vacation.

A: You're right. With all the fun activities, ⑪we'll **come near to forgetting** our worries and just enjoying the moment.

B: ⑫**To say nothing of** the delicious food we'll get to taste there. ⑬**To begin with**, I can't wait to try their local cuisine.

A: Oh, yes! I'm already craving some fresh seafood dishes!

B: ⑭**To tell the truth**, I've been looking forward to this vacation for months. ⑮**There is no other choice but to** have a great time and make unforgettable memories.

A: Well, ⑯**there is nothing for it but to** plan the details and book our tickets. Let's do it right away!

B: I agree. ⑰I'll **do nothing but** get excited about this vacation until the day we leave.

A: Oh, ⑱I **would rather** be on that island right now!

B: Me too! ⑲We **had better** start packing and getting ready for our wonderful adventure.

* I couldn't agree more.　p. 310 参照

<和訳>

A：最近本当にストレスが溜まっているんだ。日々の忙しさから逃れられないんだ。

B：気持ちは分かるわ。休まずに働き続けるのは無駄よ。

A：本当に！すべてから離れたいんだ。リラックスするなら、休暇に勝るものはないね。

B：南国の島に行くのはどう？充電するには最適でしょう。

A：大賛成！ああ、ビーチに寝そべって太陽を浴びるのが楽しみだ。

B：滞在中に仕事の心配をしても意味がない。言うまでもなく、悩みはすべて

捨て去るべきよ。

A：確かに。島にいる間に、スノーケリングに行きたいな。それにきれいな滝が
　　あるって聞いたよ。

B：それは素敵ね。滝を訪れたら、旅の思い出に写真をたくさん撮ってはどう
　　かしら。

A：思い出を写真に収める価値は間違いなくあるだろうね。この島すべてを探
　　索し、体験したいね。

B：きっと思い出に残る楽しい休暇になるわよ。

A：本当に。楽しいアクティビティがたくさんあるから、心配事を忘れて、ただ
　　その瞬間を楽しむことになるだろうね。

B：そこで味わえるおいしい食べ物は言うまでもないわね。まず、その土地の
　　料理を食べるのが待ちきれないわ。

A：そうだね！すでに新鮮なシーフード料理が食べたくなってるんだ！

B：実を言うと、この休暇を何か月も前から楽しみにしていたの。素晴らしい
　　時間を過ごして、忘れられない思い出を作るしかないよ。

A：じゃあ、詳しい計画を立てて、チケットを予約するしかないね。すぐにやろ
　　う！

B：そうね。出発の日まで、この休暇だけを楽しみにしておくわ。

A：ああ、今すぐあの島に行きたいよ！

B：私も！そろそろ荷造りをして、素晴らしい冒険の準備をしなくちゃ。

> 解説

① **There is no ～ing** 「～することができない」
　個人的な事象のみを表す I cannot ～ と違って、**一般的なことを表し**、ダイ
　アログでは「（誰でも）日々の忙しさからは逃げ出せないものだ」と
　一般化することで少し絶望感を漂わせています。

② **It is no use ～ing** 「～**しても無駄だ**」
　"use" は名詞で、of no use の "of" が省略された形です。"There is no
　use ～ ing" も同じ意味になります。

③ **When it comes to ～ ing** 「～のこととなると」
　話題を変えたいときや、強調したいときなどに日常的によく使われる表
　現。

④ **What do you say to ～ ing?** 「～するのはどうですか」
　インフォーマルな "How about going to a tropical island?" と違って、

丁寧で、「具体的な計画を立てる前に相手にお伺いを立てる」ニュアンス。

⑤ **look forward to ～ ing…and ～ ing** 「～するのを楽しみにしている」

⑥ **There is no point in ～ ing** 「～しても意味がない」

②で述べた "There is no use ～ ing" と同じ構文で "use" の代わりに "point" を使ったバージョンです。

⑦ **It goes without saying that ～** 「～は言うまでもない」

この "It" は形式主語で、"that" 以下が意味上の主語です。Needless to say（that）と同じ意味。

⑧ **On ～ ing** 「～したとき、～するとすぐに」

接触を表す前置詞 "on" と共に用いて「～したとき、～するとすぐに」という意味になりますが、"In visiting the waterfall" とすると「滝に行ったとき」という意味で、「滝を訪れている間に」に主眼が置かれています。

⑨ **be worth ～ ing** 「～する価値がある」

worth + ～ ing は、「努力やコストをかける価値がある」ことを示す表現で、後にくる動詞は -ing 形（動名詞）。これに対して、worthwhile + to 不定詞［ing］は、"worthwhile" が形容詞としての性質を持っており、「時間や努力をかける価値がある」ことを示す表現。

⑩ **we are capable of making** 「～することができる」

類似表現の be able to は行為が実際に達成されたことを強調しますが、be capable of ～ ing は～を行う可能性や能力を強調しています。

⑪ **come near to ～ ing** 「（危うく）～しそうになる」

ここでは「忘れる動作の近くにくる」ということなのでまだ完全に忘れていない過程を含む表現です。そこから「～しそうだ」という意味になるわけです。類似表現の "almost forget" の場合は、「もうほとんど忘れている」という意味。

⑫ **To say nothing of ～** 「～は言うまでもなく」

独立不定詞で、"needless to say"、"not to mention" の類語です。

⑬ **To begin with** 「まず初めに」

⑫と同様、独立不定詞です。類似表現に first and foremost、to start with、in the first place、initially、at the outset などがあります。

⑭ **To tell the truth** 「実を言うと」

こちらも独立不定詞。類似表現に to be honest、in truth、to be frank、

in all truthfulness、to be candid などがあります。

⑮ **There is no other choice but to 〜**　「〜する以外ない」
ここでの "but" は "except" の意味で、考えられるすべての選択肢や代替案を検討した結果、他の選択肢はなく to 以下することだけが実行できるという結論に達したという含みがあります。

⑯ **There is nothing for it but to 〜**　「〜する以外ない」
⑮とよく似た表現ですが、こちらは状況を受け入れ、どんな留保があっても行動を起こす必要性を強調しています。ダイアログでは詳しい計画を立てて、チケットを予約するという行動を起こさないと、という含みが表れています。

⑰ **do nothing but 〜**　「〜する以外何もしない、〜ばかりする」
"only" を強調した表現。

⑱ **would rather 〜**　「（むしろ）〜したい、どちらかといえば〜したい」
2つ以上の選択肢から、1つを選ぶ場合に使われるので、他にも選択肢があることを含んだ表現。

⑲ **had better 〜**　「〜した方がよい、〜せよ」
提案を表す should と違って、「had better + 原形不定詞」は警告を表し、緊急性や重要性のある忠告に使われます。否定形は「had better not + 原形」。

分詞（participle）を完全マスター！

　分詞には現在分詞（present participle）と過去分詞（past participle）があり、形容詞や副詞、そして動詞の働きをします。ここでも動詞らしく、現在分詞は能動的に、過去分詞は受動的に名詞などを修飾します。

1. 現在分詞（**present participle**）
・進行形：I am reading a book.（私は本を読んでいる）
・形容詞：The reading public will enjoy this book.（読書する人々はこの本を楽しむでしょう）
・副詞：Reading the instructions, he assembled the furniture.（説明書を読みながら、彼は家具を組み立てた）＊分詞構文

2. 過去分詞（**past participle**）

・完了形：I have <u>read</u> the book.（私はその本を読み終えた）
・受動態：The book was <u>read</u> by many people.（その本は多くの人々に読まれた）
・形容詞：I'm <u>interested</u> in reading more.（私はもっと読むことに興味があります）

このコーナーではそれぞれの形容詞の働き、副詞の働きについて見ていきましょう。

まずは、「形容詞」の働きをする分詞についてお話しましょう。

〈現在分詞〉

ご存じのように動詞の〜 ing 形で、"boiling water" のように名詞の前から（前置修飾）、または "a girl playing tennis over there" のように名詞の後ろから（後置修飾）修飾します。既述の通り、「動詞」の本領を発揮し、能動的な動きを表します。

〈過去分詞〉

動詞の過去分詞で、他動詞の場合は "smoked salmon" のように「燻製にされた」と受動を表し、自動詞の場合は "fallen leaves" のように「落ちてしまった」と完了を表します。現在分詞と同様に名詞の前から（前置修飾）、または後ろから（後置修飾）修飾します。

次に「補語に分詞がくる使役動詞」について整理しておきましょう。（⑥参照）

make

make + O + 過去分詞：O が〜される状況を作り出す

☞ O を〜してもらう【使役】

例）He **made** his presence **felt** in the meeting today.
（彼は今日の会議で注目される存在だった）

have

ⅰ）**have** + O + 現在分詞：O が〜している状況を持つ

☞ O が〜しているようにする　【使役】

例）I will **have** you **speaking** English in three month.
（3か月で英語を話せるようにしてあげます）

☞ O に〜しているようにさせておく【許容】

例）I won't **have** you **singing** here.
（あなたをここで歌わせておくわけにはいかない）

☞ O が〜しているのを経験する【経験】

例）I'll **have** my parents **coming** to see me tomorrow.
（明日両親が訪ねてくることになっている）

ii）**have** + **O** + 過去分詞：O が〜される状況を持つ

☞ O を〜してもらう【使役】

例）When did you **have** your house **built**?
（いつ家を建てたのですか）

☞ O が〜されるようにしておく【許容】

例）I won't **have** him **bullied**.
（彼がいじめられるようなことは許さない）

☞ O を〜される【経験】

例）John **had** his leg **broken** in the accident.
（ジョンは事故で脚を骨折した）

☞ O を〜してしまう【完了】

例）We have to **have** this work **finished** by Monday.
（月曜日までにこの仕事を終えなければならない）

---

get

i）**get** + **O** + 現在分詞：O が〜している状況を手に入れる

☞ O に〜し始めさせる【使役】

例）I **got** the engine **running**.（エンジンを始動させた）

ii）**get** + **O** + 過去分詞：O が〜される状況を手に入れる

☞ O を〜してもらう【使役】

例）We are **getting** our office **remodeled**.
（事務所を改築してもらっています）

☞ O を〜される【受け身】

例）I **got** my finger **caught** in the door.（指をドアに挟まれた）

☞ O を〜してしまう【完了】

例）**Get** your homework **done** as soon as possible.
（できるだけ早く宿題を片付けなさい）

〈動名詞・不定詞・分詞の違いをつかむ！〉

> **コラム**　「百聞は一見にしかず」を英語で言う場合、次の３つの違いが分かりますか。
>
> 1. **Seeing is believing**.（動名詞を用いた場合）**具体的**
> 2. **To see is to believe**.（不定詞を用いた場合）**抽象的**
> 3. **Seeing activity is believing activity**.（分詞を用いた場合）**不自然・不明瞭**
>
> 　これらの文はそれぞれ異なる文法構造を使用しているためにニュアンスが変わってきます。まず、**動名詞を用いた Seeing is believing**. は、一般的なことわざで、「自分で何かを見ることが、それを信じること」であるという概念を表しています。言い換えれば、「自分の目で見ないと信じられない」という具体的な意味を明確に表しています。それに対して、**不定詞を用いた To see is to believe**. は、「見ることと信じることが密接に関連している」という考えを表していますが、不定詞を用いることで、より抽象的、哲学的な感じをもたらします。最後に、**分詞を用いた Seeing activity is believing activity**. は、前の２つと異なり、具体的な「活動」に焦点を当てていますが、語法的に不自然で、具体的な文脈がないと意味が不明確になるでしょう。

　次に「副詞」の働きをする「分詞構文」についてお話しましょう。

〈分詞構文〉

　文中で現在分詞が**接続詞と動詞を兼ね、副詞的な働きをするものが分詞構文**です。例えば

　When the thief saw the police officer, he ran away. ―①
　Seeing the police officer, the thief ran away. ―②
の場合を考えてみましょう。

　①の「従属節＋主節」になっている複文は、接続詞の意味が明確になり、情報を正確に伝えることができる反面、主語が２つ登場し、語数が増え、重くなります。

　②の分詞構文は主節のみの単文で、主語は１つ、早く主節に辿り着くことができ、語数が少なく引き締まった印象を与えます。接続詞がないので、分詞構文の意味が when、because、after、before などの可能性が考えら

れ、発信者の意図が必ずしも正確に伝わらない場合があります。そこで意味をより明確に表すために、"After seeing the police officer, the thief ran away." (②-1) のように after を入れたり、"The thief ran away when seeing the police officer."、(②-2) のように when を入れて読みやすく文末に移動させたりする方法があります。②-1や②-2のように**接続詞と共によく使われる分詞構文**には次のようなものがあります。

例) I got injured **while playing** rugby. (ラグビー中にけがをした)

If handled with care, this item won't break.
(丁寧に扱えばこの品物は壊れない)

Although tired, he continued working late into the night.
(疲れていたけれども彼は夜遅くまで仕事を続けた)

While waiting for the bus, I read a book to pass the time.
(バスを待つ間、暇つぶしに本を読んだ)

Since winning the championship, the team has gained a large following of fans. (優勝して以来、チームは多くのファンを獲得した)

＊過去分詞が使われているものは **being** が省略されています。

分詞構文を作る注意点はこれだ！（現在分詞の場合）

① 否定の場合は、Not ～ing　☞ not の位置に注意

② 分詞構文が主節と同じ時制なら～ ing、主節より以前の出来事なら「having + 過去分詞」

③ 分詞構文と主節の主語が違うときは、主語を残す　☞**独立分詞構文**

例) **Weather** permitting, I will leave tomorrow.
(天気が良ければ、明日出発する)

I sat on the sofa, **my dog** lying beside me.
(私はソファーに座り、愛犬は私の横に寝そべった)

上記③の独立分詞構文には、一見「懸垂分詞」のようでも、慣用的に使われてきた表現があり、主に次のようなものがあります。

独立分詞構文の慣用表現

・副詞 + speaking シリーズ　「○○に言えば」

Strictly speaking、(厳密に言えば)、Frankly speaking、(率直に言えば)、Roughly speaking、(大ざっぱに言えば)、Broadly speaking、(大まかに言えば)

- Regarding 〜、(〜に関しては)
- Talking [speaking] of 〜、「〜と言えば」
- Considering 〜、「〜を考慮すると」
- Given the circumstances、(こういった状況では)
- Based on 〜、(〜に基づいて)

次の英文を文脈から文法・語法の誤りを正してください。

Genome is defined **for** the **entirely** genetic information described **in** a base sequence of DNA or RNA that makes **unique** all living organisms. Unusually **somatic** cells have two **set for** genomes and reproductive cells have one set **for** them **without** some exceptions, mutation or development of new species. **Study on** decode the **entire** base sequence of human **beings** has been **carried** with the achievement of decoding 99 percent of them by **jointly international research team**, and further research is **proceeding to**.

解答

文法・語法を訂正すると以下のようになります。

Genome is defined ①**as** the ②**entire** genetic information described in a base sequence of DNA or RNA that makes ③**each** living organism unique. Unusually somatic cells have two ④**sets of** genomes and reproductive cells have one set ⑤**of** them ⑥**with** some exceptions, mutation or development of new species. ⑦**A** study ⑧**to** decode the entire base sequence of human beings has been ⑨**carried out** with the achievement of decoding 99 percent of them by ⑩**an** international ⑪**joint** research team, and further research is ⑫**proceeding**.

（ゲノムとは、各生命体を独特な存在にする DNA または RNA の塩基配列に記述された遺伝情報全体のことである。通常、体細胞は 2 セット、生殖細胞は 1 セットのゲノムを持つが、突然変異や新種の成長などの例外がある。国際共同研究チームによって、人類の全塩基配列を解読する研究が行われており、全体の 99%が解読され、さらに研究が進められている）

【語注】

base sequence：塩基配列
somatic：体細胞の、体腔の

解説

① 動詞 define は「SVO as C」で「O を C と定義する」という意味なので、for は不適切。
② 形容詞 genetic を修飾するのではなく、複合名詞 genetic information（遺伝情報）を修飾するので、副詞ではなく、形容詞 entire「全体の」が正解。
③ ゲノムとは、それぞれの生物が有している固有の遺伝情報の総体のことで、いわば設計図。まずここでは all が形容詞なので、同じ形容詞 unique は all を修飾できない。make を第 5 文型 SVOC の形で用い

292

て、形容詞 each で living organism を修飾すると、O（each living organism）＝ C（unique）となり、「それぞれの生物を固有のものにする」という意味になる。all living organisms unique としても間違いではないが、「すべての生物を唯一無二の存在にする」というよりも each（それぞれの〜）とした方が、各生物個体がそれぞれ固有の遺伝情報を持つことを強調できる。

④ a set of 〜で「1 組の、ひと揃いの〜」。例：a set of measures（一連の措置）

⑤ one set of ＝ a set of（④と同じ）。ちなみに、a set of 〜は単数扱いなので、A set of instructions is necessary to teach steps for accomplishing the tasks.（タスクを達成するためのステップを教えるためには、一連の指示が必要だ）となる。

⑥ 前置詞 without だと文意に合わず、逆の意味になってしまうので with が正解。

⑦ 名詞 study は「研究、学問」の意味では可算名詞であり、この文脈では無冠詞にして概念的に捉えるよりも不定冠詞 a で個別化・具体化した方が適切。

⑧ 前置詞 on に続くのが他動詞 decode（〜を解読する）では、文法的におかしい。to 不定詞とすることで a study を形容詞的用法で修飾することができる。

⑨ 他動詞 carry out で「〜を実行する、〜を行う」。

⑩ 名詞 team は可算名詞であり、この場合、具体的な研究チームについてなので冠詞が必要。

⑪ 副詞 jointly は、例えば、They work jointly on the project.（彼らはプロジェクトに協力して取り組む）のように使用される。「国際共同研究チーム」なので、形容詞 joint が正解。

⑫ proceed to で「〜へ進む」という用法はあるが、訂正前は前置詞 to で終わっており、目的語がない。例：(1) The work is proceeding.（仕事は順調に進んでいる）(2) Let's proceed to the next item on the agenda.（次の協議事項に移りましょう）

「英文法診断テストの評価」

（評価）

正答数９割以上：英文法力は素晴らしい、プロレベル！

正答数７割以上：英文法力はかなり高いセミプロレベル

正答数５割以上：英文法力はまずまず、もう一息頑張りましょう。

正答数３割以下：英文法力はかなり弱くトレーニングが必要。

第8章
仮定法を一気にマスター！

話者の気持ちと物事の可能性が明るみに出る仮定法の用法

　日本語は東洋の言語にもよくあるように、時制を厳しく使い分けません。「仕事が順調に終わったら旅に出よう」「私だったらそんなことは言わないね」と言う場合も、これから起こる可能性のある事柄なのか、決して起こりえないことなのかを動詞の時制をはっきりと使い分けて表現しない言語です。しかし英語をはじめ、西洋の言語では動詞を活用させて可能性を詳しく表現します。その動詞の活用、つまり時制が**仮定法（the subjunctive mood）**です。事実とは異なる「仮定」や可能性の低い事柄を表すことができるので便利な反面、一歩間違えて使うとエライ目に合うので注意して使いこなせるようになりたいものです。

　例えば、「仮定法未来」の If we should fail（Should we fail）～と言うと、「まず失敗することはないとは思いますが万一失敗すれば」という成功を前提にしています。ところが「直接法」の If we fail と言うと、「失敗するか成功するかどうか五分五分で分かりませんが」と弱気な雰囲気を醸し出し信用されない可能性があります。ビジネスなどで他人の信用を得るためにはこのような場合、絶対に仮定法未来を使わなくてはなりません。そこで本章は、英会話で極めて重要な仮定法の神髄を会得していただきましょう。

　仮定法（**the subjunctive mood**）とは、直説法（**the indicative mood**）、命令法（**the imperative mood**）と並んで、英語における３つのmood（法）の１つで、主に「仮定の状況や願望、提案、要求」などを表す用法です。単なる仮定は「直説法（**the indicative mood**）」と言われるもので、仮定法の学習は、この直説法と仮定法の違いを認識することから始まります。そこで仮定法を根本から理解していただくために、図解によってその基本原則を説明したいと思います。

直説法と仮定法の違い

　　＜状況＞
　　　山に続く道**A**と海に続く道**B**がある

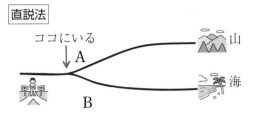

直説法

ココにいる

A

B

山

海

「道 A を行けば山、道 B を行けば海」という分岐点、もしくはそれより手前にいると考えてください。いまだどちらの道にも進んでいないので単純に条件（直説法）なので次のようになります。

例）**If she goes to the road A, she will get to the mountain.**

　　（もし道 A を進めば山に到着する）

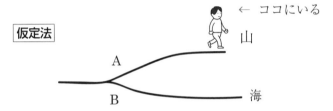

仮定法

← ココにいる

山

A

B

海

　今度は、図の女性がコース A に進んで山に到着したと考えてください。この場合、実際に A の道を歩んだという事実ができたので、それに反する仮定が成立します。

　If she had taken the course B, she would get to the sea.

　（もし道 B を選んでいたら、今頃、海に到着しているでしょう）

　⇑

「仮定法過去完了 ＋ 現在の推量」

（事実）As she took the course A, she got to the mountain.

　ではここで、直説法と仮定法の見分けを身につけていただくための問題です。次の「ヒロシさんのつぶやき」を英訳するとき、下線部①〜④の「もし〜」は仮定法か直説法のどちらを使うべきかを考えてください。

今日はあいにく朝から雨だ。①もし晴れていたらミキと一緒にピクニックに行くのだが。昨日彼女から電話があり、②もし今日雨だったら映画に行こうと言っていた。さっきネットで調べると、面白そうな映画を見つけた。ミキに電話して、③もし彼女が気に入ったらこれを見に行こう。それにしても映画代は結構高い。④もう少しリーズナブルならもっとガンガン見に行くんだけど。

A. ①と④ → 仮定法
☞ 現実の世界：①＝雨、④＝映画代が高価
現実ではない世界：①＝晴れていたら、④＝映画代がリーズナブルなら

②と③ → 直説法
☞ どちらもいまだ事実がない状態での条件だから。ただし、"**we go**" は仮定法現在です。

Unfortunately, it has been raining since this morning. ①If it were sunny, I would go on a picnic with Miki. Yesterday she called me and suggested that ②we (should) go to see a movie if it rains today. I looked on the Internet earlier and found a movie that looked interesting. I'll call Miki and ③if she likes it, we'll go see it. Even so, the cost of movies is still quite expensive. ④If it were more reasonable, I would go see them more often.

いかがでしょうか。日本語の「もしも」に惑わされず、実際に起きたことか否かで直説法、仮定法の判断ができます。

それでは今度は「**仮定法現在**」について考えてみましょう。

仮定法現在とはいったい何なのか!?

　話し手と書き手の「頭の中での出来事」、そのいわば「空想内」での「時制」を「仮定法現在」と呼び、動詞の原形を使います。仮定法現在は主節の動詞が「提案」「要求」「命令」などを表す場合、それに続く that 節の中で、また「重要な」「必要な」などを表す形容詞に続く that 節でも使われます。これに対して、「should ＋動詞」にすると「直説法」になって紛らわしいですが、should の方は単なる提案である一方、「仮定法」の方は間接的で「今はそうではない状況」を表します。頻度的には、下の①のタイプでは that の「省略型」がありますが、that をつける方が多くなります。また②のタイプでは、should をつける方が数倍多くなります。

① We **suggested** that he **go** to see a movie.
　　　　↑主張した　　　　↑仮定法現在
② It is **necessary** that he **submit** his essay by tomorrow.
　　　　↑必要な　　　　　　↑仮定法現在

問題

> **Q.** 今、まだプロジェクトに取りかかっていない社員に対して、「非常に重要なので直ちにやってほしい」と言いたい場合に適切な文はどれでしょう。
>
> 1. **It is necessary for him to do so.**
> 2. **It is necessary that he should do so.**
> 3. **It is necessary that he do so.**

　A. 1 の「for ＋人＋ to 不定詞」パターンは、彼がその行動を既にやっているかどうかにかかわらず、実行する「必要性」を非常にダイレクトで端的に述べています。should を用いた直説法の 2 は、necessary と should がダブって冗長ですが分かりやすく、1 ほどではありませんがダイレクトと言えます。仮定法を用いた 3 は、「必要性や助言」の表現の後によく使われ、少しフォーマルで、1 や 2 ほどダイレクトではありませんが、今やっていな

い状態に対して「義務・重要性・緊急性」を強調して用います。

問題

> **Q. It is easy to solve the problem.** は「その問題を解くのは簡単だ」
> ですが、**It is easy that you solve the problem.** とも言えますか。

A. 言えません。

日本語にすると、どちらも「～することは…だ」と同じになるので、両者は区別し難く、日本語のみで考えると意外と難しいですが、これは to 不定詞と that 節の意味の違いを考えると理解の一助になるでしょう。つまり、**to 不定詞は「行為そのもの」「これからすること」**を、**that 節は「実際にすること」「事実・事柄」**を表します。ここでは、It is easy that you solve the problem. にすると、「あなたがその問題を解くという事実は簡単だ」という妙な意味になってしまいます。It is easy to solve the problem. の場合は「あなたがその問題を解くという行為は簡単だ」と、自然な意味になります。これで分かるように、「行為」と easy の意味の相性は良く、「事柄」との相性は悪いと判断できます。

このように、両構文それぞれ言い換え可能か否かは **It is** の後にくる形容詞によって決まります。次に挙げるのは使い分けの形容詞リストです。

「It is to 構文」と「It is that 構文」使い分け形容詞リスト

(1) **「It is ～ to 構文」のみ可、「It is that 構文」不可**
 ☞「行為」と結びつきの良い「難易度・危険度」系の形容詞
 例）easy、hard、dangerous、safe、useful、useful
(2) **「It is ～ that 構文」のみ可、「It is to 構文」不可**
 ☞「事実・事柄」と結びつきの良い「事柄の真偽、確信度」系形容詞
 例）clear、likely、fortunate、certain、apparent、obvious、true
(3) **「It is ～ to 構文」「It is that 構文」どちらも可**
 ⅰ）「行為」「事柄」に対する「判断や感情・提案」系
 例）desirable、essential、important、necessary、eager、urgent、
  wrong
 ☆ ただし、that 節内の動詞は仮定法現在（原形）または「should

＋原形」になる。∵ that 節内の事実はまだないから。

例)
* It is necessary that he tell the truth.
  It is necessary for him to tell the truth.

ⅱ) to 不定詞と that 節で意味が異なるもの

例) possible、impossible

【to 不定詞】「行為」が可能か否か

* Would it be possible for you to send the document by email?
  （その書類をメールで送っていただけますか）＊Could you send
  〜と同じ

* It is impossible for him to climb Mt. Fuji.
  （彼が富士山に登るのは不可能だ）

【that 節】「事柄」の可能性があるか否か

* It is possible that an big earthquake will occur in the near
  future.
  （近い将来、大きな地震が起きる可能性はある）

* It is impossible that he climb Mt. Fuji.
  （彼が富士山に登るなんてありえない）

☆ここで仮定法現在の話に戻りましょう。

祈願文でも動詞の原形、つまり仮定法現在が使われます。

例)・God **save** the King!（神よ、王を守りたまえ）

　　＊これは英国国歌のタイトルですが、エリザベス女王時代は God
　　save the Queen! でした。

　　・May you **have** a happy Christmas!（よいクリスマスを）

以下は **that** 節内の動詞が仮定法現在になる場合の動詞・形容詞リストです。

■ 動詞の仮定法現在パターンをマスター！

「提案・助言」系（suggest、propose、move、recommend、urge、
advise）

　例) I **proposed** that Tom telephone his lawyer.
　　（私はトムに弁護士に電話するように提案した）

「要求」系（ask、request、require、demand）

例) The teacher **demanded** that students submit homework by the next week.

（先生は生徒に宿題を来週までに提出するよう求めた）

「命令」系（order、command、decree、dictate、direct）

例) The president **orders** that he attend the ceremony.

（社長は彼に儀式に出席するように命令した）

「願望」系（beg、desire、petition）

例) I **begged** that she reconsider my proposal.

（彼女に対して私のプロポーズを考え直してくれるように頼み込んだ）

「決定」系（decide、determine、resolve、intend）

例) Our boss **resolved** that the computers be replaced.

（上司はコンピューターを取り変えることを決めた）

「その他」（insist、agree、arrange、vote）

例) The girl **insisted** that she play with friend until it gets dark.

（その女の子は暗くなるまで友達と遊ぶと言い張った）

形容詞の仮定法現在パターンをマスター！

「重要」系（important、vital、crucial、critical）

例) It is **important** that everyone follow the rules.

（皆がルールに従うことが大切だ）

「必要」系（necessary、essential、imperative）

例) It is **necessary** that driver be alert to pedestrians.

（車に乗っている人は歩行者に注意することが必要だ）

「願望」系（desirable、anxious、eager）

例) It is **desirable** that you be a teetotaler at least twice a week.

（少なくとも週に2回は休肝日を設けるのが望ましい）

「その他」（urgent、determined、sufficient、careful）

例) It is **urgent** that she be operated on. （彼女の手術は急を要する）

> 　👤 **コラム**　「彼が今、ここにいたらいいのにな」を英訳すると…
> ① I wish he **could be** here now.（彼が今ここにいられたらいいの
> 　に）**仮定法過去**
> ② I wish he **were** here now.
> 　（無理かもしれないけど、今、彼にここにいて欲しい）**仮定法過去**
> ③ I wish he **be** here now.
> 　（絶対に無理だけど、彼が今ここにいたらいいのに）**仮定法現在**
> 　ニュアンス的には、③は、今実際に彼にいてほしいという欲求度が強
> く、②①と弱くなっていき、①は「現実的にはその人がここにいること
> ができないという状況を想定し、できればその人がここにいてほしい」
> という場合で、"could" は能力や可能性を表しているため、「ここにいる
> こと」が現実に難しい状況に対する願いを表します。②は「その人が今
> ここにいないという現実とは異なる状況」を望んでおり、現実ではない
> ことを強調しています。これは単に今の状況とは違う状況を望んでいる
> ことを表すための一般的な表現です。③は標準的な英語として一般的に
> 使用される頻度は低いですが、"I insist he should be here". という意
> 味の堅い言い方です。要するに、①は現実的な制約があることを暗示し、②
> は現実とは異なる状況を望んでいることを強調し、③はどうなるか分からな
> いけど強く望んでいる心の状態を表します。ちなみに、①は②の 5 倍以上、
> ③の 8 倍以上の頻度で用いられます。

　ではここからは質問、クイズ形式で仮定法の神髄を極めましょう！

問題

> **Q. If I knew his phone number, I would call him.** のように、現
> 　在の事実ではないことを表すときになぜ **knew** と過去形を使うのです
> 　か。

A. ここでの過去形は「事実ではない世界」での動詞の「時制」で、「現実世界」
　での過去形とは異なるものです。
　そもそも英語など欧米語はアジア系言語とは異なり、時制の概念がはっ

きりしている言語です。それぞれの「時間」を表すために動詞を変化させ、いつの動作なのかを明確にしています。実際、フランス語やドイツ語などは、動詞は英語よりももっと細かく活用されており、その究極の姿はおびただしい活用形のあるラテン語です。

　これを踏まえて、問題の if 節の動詞 "**know**" の形に着目してみましょう。このいわゆる仮定法の世界、つまり「事実ではない世界」「もしもの世界」「another world」をここでは『虚』と名付け、事実の世界を『実』と呼ぶことにします。それぞれの動詞の変化は次のようになります。

〈時間軸 ①〉

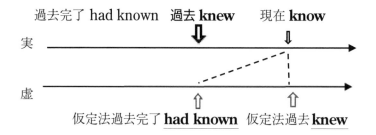

　上図の『虚』の時間軸は『実』と同時進行する、いわば「パラレルワールド」で、英語などではここの「ワールド」での時制が必要なのです。問題文で考えると、「電話番号を知らない」のは『実』、「知っている」のは『虚』の世界となり、その時制は仮定法過去と名付けた形に変化させたものですが、上図での下線付き **knew** は、上段 **knew** とは全く異なるものなのです。同様に、過去に対する『虚』の世界の時制は仮定法過去完了の had known になりますが、こちらも上段と下線付きの **had known** はそれぞれ似て非なるものです。「仮定の世界は遠いから過去形だ」という解釈もあるようですが、上述のように、『虚』の世界での時制であり英語ではドイツ語やラテン語のように専用の活用をさせず、「過去形と過去完了形を使いまわしした」と考えると応用が利き、ややこしさが解消されるのではないでしょうか。

　『虚』の世界の時制だということを理解すれば、仮定法は自由自在に使えます。

　『実』の世界から『虚』の世界に対して主に3種類の視線を注ぐわけです。つまり①推量（もし虚の世界なら〜するだろう）、②願望（虚の世界だったらいいのに）、③まるで〜系（まるで虚の世界のように）です。例文を挙げますと、①は

If I <u>knew</u> his phone number, I would call him.（主節の would は推量）、② は I wish I <u>knew</u> his phone number./ If only I <u>knew</u> his phone number. ③は He talks as if he <u>were</u> a child. のように使い、下線部分は『虚』の世界での時制です。

　次に、上記３つの用法において『実』が過去形の場合や、『実』と『虚』がそれぞれ同時に起きない場合はどうすべきか考えてみましょう。

〈時間軸②〉　　　　　　　　主節の時（現在・過去いずれか）

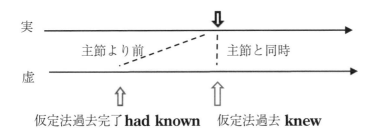

　上図のように、『実』世界である主節が現在形でも過去形でも、同時の『虚世界』のことなら仮定法過去、それよりも前の『虚世界』のことなら仮定法過去完了になります。例えば、"I wished I were rich." なら『実』wished、『虚』were 共に過去の話なので上図<u>垂直破線</u>の表現、I wish I had been rich. なら『実』wish は現在、『虚』had been は過去なので「あの時お金持ちだったらなあ」と、上図斜め破線の表現ができます。主節つまり『実』を基準に『虚』が同時（垂直線）なら仮定法過去、主節より前のこと（斜め線）なら仮定法過去完了と考えると OK です。

いわゆる仮定法構文の動詞と用法

① 事実ではない世界の時制の種類は２種類のみ
　ⅰ）主節と同時期→仮定法過去　　　He talks as if he <u>knew</u> everything.
　ⅱ）主節よりも前→仮定法過去完了　He talks as if he <u>had known</u> everything.

② ①を主に３つの視点から表現

　　ⅰ）推量☞ would、could を用いて　If I <u>were</u> rich, I would buy a
　　　　helicopter.
　　ⅱ）願望☞ I wish、If only と共に　I wish I <u>were</u> rich.
　　ⅲ）まるで〜☞ as if と共に　　　He talks as if he <u>were</u> a child.

☆補足

　このコーナーのタイトルを「いわゆる仮定法」としたのには理由があります。一般に学校などで学習する仮定法は、英語で "the subjunctive mood" と呼ばれるのもので、正確に訳すと「叙想法」です。「叙想法」とは前述のパラレルワールド、つまり『虚』の世界のことです。「仮定」と言ってしまうと「もし明日雨だったら」のような直説法の「もし〜」も含まれてしまいますし、必ずしも「もし〜だったら」という意味で使われるわけではないので、あまり適切な訳ではないかもしれません。実際に、英語の「仮定法」を「叙想法」と呼ぶことを提唱する学者もいます。ここで、あえて「いわゆる」と述べた所以です。

問題

Q. 「彼はまるで何でも知っているかのように話す」は **He talks as if he knew everything.** ですが **He talks as if he knows everything.** という文もよく見かけます。これは誤りでしょうか。

A. いいえ、誤りではありません。

　学校などで as if の後に続くのはいわゆる仮定法だと学習しますが、必ずしもそうすべきなのではありません。**as if** の後の仮定法は、明らかに事実に反するときや、話し手がありえないと思っているときに使われます。例えば "She talks to me as if I <u>were</u> a child."（彼女はまるで私が子供のように話しかけてくる）では実際に「私」は子供ではないと判断できます。

　これに対して as if の後に直説法がくると、事実である可能性が高まります。例えば、"Dave seems as if he is ill."（デイブはまるで病気のようだ）なら、話者はデイブがもしかすると病気かもと思っています。また、問題文の "He talks as if he knows everything." も話者は彼が本当に物知りか

306

もと思っているわけです。

　他に、**as if** の後に節ではなく、"He opened his lips as if to say something."（彼は何か言いたげに唇を開いた）のように **to 不定詞**がくる慣用表現もあります。さらに "She speaks as if singing"（彼女は歌うように話す）、"This device makes a sound as if blown"（その装置は吹き飛ばされたような音を出す）のように**分詞**がきたり、"as if by accident"（まるで偶然のように）、"as if against his will"（あたかも意に反しているかのように）といった**前置詞句**がくる表現もあります。

　■ as if の後ろには…
① 仮定法過去、仮定法過去完了　☞事実の可能性なし、話者がそうでないと思うとき
② 直説法　☞事実の可能性ありの場合、話者がありかもと思うとき
③ 節を省略して to 不定詞や分詞、前置詞句

問題

　Q. 子供に寝る時間だと言っている、少しキレ気味なお母さんの発言として適切なのはどちらでしょうか。

　① **It's time you went to bed.**

　② **It's time for you to go to bed.**

　A. 仮定法を使って「気持ち」が入っている①です。

　②の文 It's time for you to go to bed. は to 不定詞が用いられており、to は「これからすること」を意味するので、話者は時計などを見て「（そろそろ）寝る時間ですよ」と普通の感情であることが分かります。これに対して①の文 It's time you went to bed. は仮定法過去 went が使われています。仮定法過去とは主節の時制と同じとき（この場合だと現在）の事実ではないことを表す「時制」。「（実際には今ベッドに入っていないが）とっくに寝ているはずの時間でしょう」というニュアンスが含まれますので、②とは異なり、話者には**不満**や**批判**の感情を含むことが分かります。ちなみに、頻度的には①より②が 10 倍ぐらい多いですが、It's **about** time 〜（そろそろ〜の時間だ）と "about" をつけると②が①の倍ぐらいとなり「仮定法過去」は about と相性が良いことが分かります。

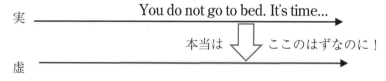

You went to bed

　このように仮定法は話者や筆者の気持ちを表すことができます。例えば "If you <u>had not got</u> injured, you <u>could be</u> the best player now." （けがさえしなければ、今頃は最高の選手になっていたかもしれない）の場合、「けがをせずに最高の選手になってほしかった」という話者の「**嘆き**」が含まれます。"If you <u>did not get</u>～、you <u>will be</u>～" と直説法の場合は単なる条件を表すにとどまります。また、"I <u>should have got up</u> earlier this morning."（今朝もっと早く起きればよかった）は「**後悔**」を、"A smart person <u>would never do</u> such a silly things."（賢い人はそんな愚かなことはしない）は暗に「その人は愚かだ」と揶揄する気持ちを表しています。

☆直説法は客観的に事実を述べる
☆仮定法は感情を表す：不満、批判、嘆き、揶揄、後悔、感嘆など

問題

　Q. 宝くじ当選の期待がほぼゼロだと思っているのはどちらでしょうか。

① **If I were to win the lottery, I would go on an around-the-globe trip.**

② **If I should win the lottery, I would go on an around-the-globe trip.**

A. If S were to を使っている①です。

　If S were to は原則、可能性がないことや話者がありえないと思っている未来のことを表す表現です。例えば "Even if the sun <u>were to</u> rise in the west, I would never change my mind."（太陽が西から昇っても私の気

持ちは変わりません）のような絶対に起こらないことや、"If you were to live on Mars, who would you like to live with?"（もし火星に住むとしたら、誰と一緒に暮らしたいですか）のように話者が可能性がほぼゼロだと思っている場合に使われます。従って、**主節の推量助動詞は直説法ではなく、必ず仮定法で使われる would や could** などにします。

If S were to は他に高校などの文法で学習する「be to 構文」の仮定法バージョンだとも考えられます。if 節の中にある be to は「意志」を表すことが多い、という原則に基づき「もし〜しようとしたら」という意味になり、例えば "If you were to move your chair a bit, we could all sit down."（もう少し椅子を動かしてもらえると、私たち皆が座れるのですが）のように**控えめに依頼を表す**ことができます。これは日本語の「ありがとう」の原義、「有り難し：あり得ないことに感謝する」に似ている気がします。

これに対して **If S should** は、可能性はとても低いものの were to よりも話者や筆者が少しは可能性があると思っている未来のことの表現です。日本語の「万一」がぴったりの表現と言えます。例えば "If a fire should occur, get out of the building immediately."（万一火事になったら、すぐに建物から出てください）のように使えます。こちらは可能性が少しはありの未来なので、主節は直説法も使えます。

☆ If S were to ☞ 可能性ゼロまたは超低いと思う場合。主節は仮定法のみ。
　　　　　　　　 If you were to 〜で控えめに依頼を表すこともできる。
☆ If S should ☞ 「万一」という確率。主節は仮定法での助動詞過去形または直説法での助動詞。

問題

Q. 太郎君は来日した友人ゴンサレスさんと和食レストランに行きました。次の対話からゴンサレスさんは食事に満足したのでしょうか。

Taro: How was the food at the Japanese restaurant?
González: It couldn't be better.

A. したようです。

この couldn't は言外に「もし、もっとおいしくしようとしても」という

仮定の条件を含んだ、いわゆる仮定法の要素が含まれる推量で、「これよりもおいしくなるはずがない」、つまり「**最高においしい**」という意味になります。これを "cannot be better" とすると、直説法ですから「(実際に)これよりもおいしいはずがない、おいしくなりえない」と逆の意味になってしまうので要注意です。

このような「**仮定法系推量の否定語＋比較級**」で最上級の意味になる表現は他にもあります。"I couldn't agree more." は「(例えしようとしても)これ以上賛成しようがない」→「大賛成だ」、"I couldn't be happier." は「(もしこれ以上幸せになろうとしても) なりえない」→「最高に幸せだ」、"It couldn't be worse." も同様に「最悪だ」という意味になります。口語では "I cannot agree more" も大賛成という意味で使えることもありますが、これには文脈が必要です。

では "It could be worse." はどういう意味になるでしょうか。これも**仮定法系推量**ですので、「これよりも悪くなる可能性もあった (のにならなかった)」→「悪くない、まだマシだ」という意味になります。同様に、"It could be better." は「これよりも良くなる可能性もあった (のにならなかった)」→「あまり良くない」となります。

なお、口語ではいずれも主語 It を省略して "Couldn't be better." のように使われることが多いようです。

肯定？否定？

① couldn't be better、could be worse ☞肯定
② couldn't be worse、could be better、cannot be better (原則) ☞否定

問題

Q. If it were not for water, we could not live. はなぜ「もし水が

なかったら、私たちは生きられないだろう」という意味になるのです

か。また、この if 節は **If there were no water** や **Without water**、

But for water とはどのような違いがありますか。

A. この **for** は理由を表します。

　"If it were not for water" の部分は英英辞典によると、"Something or some one is **the only thing** that is preventing it from happening."、つまり、何か起きていることの原因を強調している表現です。この文で考えてみると、裏を返せば「私たちが生きられるのは水（の存在）のお陰だ」ということになります。この文を英訳すると、"It is for water that we can live." と、いわゆる強調構文になります。「水のお陰だ」ということを書き手、話し手の、いわば主観的な「思い」が込められて強調されているのです。そして、この「事実」とは異なる世界を仮定法現在を用いて表すと "If it **were not** for water"、現在の推量は "we **could not** live." となるわけです。

　では、「もし〜がなかったら」の部分を "If there were no water" と言う場合とはどのような違いがあるのでしょうか。ご存じのように「there is 構文」は客観的なニュアンスがあります。従って "If it were not for water" のような「思い」は込もっておらず、数あるうちのひとつの要素と中立的な立場である場合に用いられます。

　また、"Without water" は口語的な表現、"But for water" は少しフォーマルな表現で文学的、いわゆる日常会話的ではないかもしれません。

「A がなかったら〜」

1. Without A
　　口語的で日常会話風

2. But for A
　　文語的な表現

3. If there were no A
　　客観的に捉えている場合
　　∴筆者、話者の主観的な「思い」なし

4. If it were not for A〔were it not for A〕、If it had not been for A〔Had it not been for A〕
　　元々強調構文であるものを仮定法にしたのは
　　∴Aのお陰だと強調している。筆者、話者の主観的な「思い」あり

頻度的に上記の順になりますが、やはり 1 と 2 は 3 と 4 と比べて圧倒的に多く用いられます。

　さて、今度は仮定法を含んだダイアログを読んでいろいろな表現に触れていきましょう。

A: How come you are eating lunch? It's still 10:00.

B: I had no time for breakfast because I overslept this morning and had to rush out. ①**I would not be** hungry if I **had had** breakfast.

A: By the way, Ken told me that the boss asked him to do something crazy yesterday saying that ②a promising worker **would** accept his offer. Reluctantly, he agreed.

B: That's just like him. ③**Had I been** him, I **would have refused** it.

A: ④Suppose you **had** to support your family, **would** you still refuse it?

B: I would! I'm afraid he is, ⑤**as it were**, a wage slave.

A: Still, ⑥**without** enough money you **couldn't** support your family, could you? That's the case with him.

B: I ⑦**would rather** live in honest poverty **than** bend my beliefs.

A: ⑧**If only** you **had** a little more flexibility in your belief!

<和訳>

A: どうしてお弁当を食べているの？まだ10時だよ。

B: 今朝は寝坊して急いで出かけたから、朝食をとる時間がなかったんだ。朝ごはんを食べていれば、お腹が空くことはないんだろうけどね。

A: そういえば、昨日、上司から「有望な社員なら引き受けてくれるだろう」と無茶なことを頼まれたって、ケンが言っていたよ。彼はしぶしぶ承諾したんだ。

B: 彼らしいね。僕だったら断っていたかも。

A: もし君が家族を養わなければならないとしたら、それでも断る？

B: 断るよ！彼は言わば社畜だからね。

A: それでも、十分なお金がなければ、家族を養うことはできないよね。彼の場合はそうなんだよ。

B: 自分の信念を曲げるくらいなら、清貧に甘んじた方がましだよ。

A: 君の信念にもう少し柔軟性があればいいんだけどね！

解説

① I **would not be** hungry if I **had had** breakfast.

【過去の事実に反することを仮定し、現在の状態を推量】

　過去の事実は "I **did not have** breakfast" だから仮定は仮定法過去完了 "if I **had had** breakfast."。実際現在は "I am hungry." で、その逆を推量しているので "I **would not be** hungry." となります。

② a promising worker **would** accept his offer.

【if 節の代わりに条件の意味が含まれる仮定法】

「もし〜なら」との言及がなくとも、仮定法の意味を持たせることができます。この文の場合、主語そのものが条件になります。日本語でも例えば、「良い人ならそんなひどいことしないよ」のような同じ表現があります。これを噛み砕くと「もし良い人だったら彼はそんなひどいことをしないだろう」、つまりその心は、「彼は良い人ではないのでそんなひどいことをする」です。

　この他にも **to** 不定詞、分詞構文、副詞（句）を用いて if の代わりに条件を含ませ、仮定法の文を作ることができます。

例）**To hear** him speak, you would find that he is from Kyoto. 〈to 不定詞〉

（彼が話すのを**聞けば**、京都出身であることが分かるだろう）

Born in better times, she would be successful in her company. 〈分詞構文〉

（もっと良い時代に**生まれていたら**、彼女は会社で成功しているだろう）

With his advice, the team could have won the game. 〈副詞句〉

（**彼のアドバイスがあれば**、チームは試合に勝っていたかもしれない）

The investigation revealed the truth that might **otherwise** go unnoticed.

〈副詞〉（調査によって、**普通なら**気づかないような真実が明らかになった）

☆ 仮定法か否かの見分けポイントは would、could、might のよ

うな助動詞の過去形が使われているかどうかです。

③ **Had I been** him, I **would have refused** it.
【倒置で if を使わない仮定法】

　従属節は "If I had been him" を倒置させたものです。**倒置することにより文はスッキリとし、早く主節に辿り着くことができます。**つまり、"Had I been him" の場合、"Had I" がひとカタマリで少し弱く、"been him" がひとカタマリで強く読まれます。こうすることで聞き手は had で過去のことだと判断し、him で「彼だったら」と理解できるわけです。ただし、このように倒置できる仮定法は had、were、should のみと限られています。時制的には had は過去、were は現在、should は未来に対応しています。

④ Suppose you **had** to support your family, **would** you still refuse it?
【if の代わりになる語句を使う仮定法】

　②、③に続き、if を使わない仮定法シリーズ第3弾です。**Suppose（that）と Supposing（that）は仮定法、直説法ともに使えます。**よく似た条件を表す語句に **provided**、**providing**、**given**、**in case**、**unless** などがありますが、これらは仮定法では使えず、直説法のみで使用可です。

⑤ **as it were**【仮定法の慣用表現】

　元々は "as if it were so"、つまり「まるでそうであるかのように」で、それが簡略化したものです。「言わば」「言ってみれば」という意味で、so to speak や in a way が類似表現です。

⑥ **without** enough money you **couldn't** support your family
【if 節の代わりに条件の意味が含まれる仮定法】

　②と同様、副詞句 "without enough money" が条件の意味を含んでいます。この文でもやはり助動詞の過去形 couldn't で仮定法であると見分けられます。

⑦ I **would rather** live in honest poverty **than** bend my beliefs.
【仮定法の慣用表現】

　主節 "I would rather live in honest poverty"「清貧に甘んじるだろう」は推量、条件は than 以下 bend my beliefs「信念を曲げる」と考えると仮定法だと分かりやすいでしょう。

　また、必ずしも would rather A than B の形ではなく、例えば "I'd rather stay home（than go out）."（どちらかというと［外出するよりは］家にいたい）のように than 以下を省略することもできます。

⑧ **If only** you **had** a little more flexibility in your belief!

【願望を表す仮定法】

　「もし〜だったら」という条件の部分のみの仮定法です。日本語と同様、願望を表すときに用いられ、ほぼ同じ意味の "I wish you had a little more flexibility in your belief." よりも強い気持ちが表れています。

あなたの英文法力を診断！文法・語法訂正問題にチャレンジ！⑧

　次の英文を文脈から文法・語法の誤りを正してください。

　A chemical reaction is a process **in which** transforms one set of chemical **substance** to another. **Classically**, chemical reactions refer to changes that **involves** the motion of electrons in the making and breaking of chemical bonds. **Substance** initially involved **into** a chemical reaction are called reactants or reagents. Chemical reactions **administer** one or more products, which usually have **property uniquely** from the **reactant**. Chemical reactions are described **as** chemical equations, which **graphically** present the initial **material**, end products, intermediate **productions**, and **reaction** conditions.

文法・語法を訂正すると以下のようになります。

A chemical reaction is a process ①**that** transforms one set of chemical ②**substances** to another. Classically, chemical reactions refer to changes that ③**involve** the motion of electrons in the making and breaking of chemical bonds. ④**Substances** initially involved ⑤**in** a chemical reaction are called reactants or reagents. Chemical reactions ⑥**yield** one or more products, which usually have ⑦**properties** ⑧**different** from the ⑨**reactants**. Chemical reactions are described ⑩**by** chemical equations, which graphically present the initial ⑪**materials**, end products, intermediate ⑫**products**, and reaction conditions.

（化学反応とは、1セットの化学物質を他の化学物質に変化させるプロセスである。伝統的には、化学反応とは、化学結合の生成・切断における電子の動きを伴う変化を指す。化学反応に最初に関わる物質は、反応物または試薬と呼ばれている。化学反応は、通常、反応物とは異なる性質を持つ1つ以上の生成物を生成し、初期物質、最終生成物、中間生成物、および反応条件を図式化した化学式で表される）

【語注】

reactant：反応物　　reagent：試薬

解説

① 「前置詞＋関係代名詞」（in which）の場合、transforms one set of chemical substance to another in a process となり、文の主語がないので完全な文にならないため、関係代名詞 that が正解。例：This is the city in which I grew up.（ここは私が育った街です）　＊日常会話では、in which ではなく関係副詞 where を使うことが多い。

② 名詞 substance は「物質」という意味では可算名詞扱いなので、複

数形が適切。また、one［a］set of ～「～一式、ひとそろいの～」は単数扱い。例：A set of rules needs to be followed.（一連の規則に従う必要がある）。

③ 先行詞 changes が複数形なので、involves ではなく involve が正解。

④ ②同様、名詞 substance は「物質」という意味では可算名詞扱いなので、複数形が適切。

⑤ 動詞 involve は前置詞 in と相性が良く、be involved in ～で「～に関与する、関わる」。

⑥ 動詞 administer「～を運営する、管理する、執行する」は文脈に合わないので、動詞 yield「～をもたらす、生む、与える」が正解。

⑦ 名詞 property「性質、特性」の意味では可算名詞であり、通常複数形で用いられる。例：the properties of metal（金属の特性）。

⑧ 名詞 properties を後置修飾するには形容詞が入るので、副詞 uniquely（比類なく、特有に）ではなく形容詞 different が入る。また、different は from と相性が良く、be different from ～で「～と異なる」という意味。

⑨ 名詞 reactant は可算名詞で、この場合、1つの「反応物」と限定しているわけでないので、複数形が正解。

⑩ 「chemical equations（化学反応式）によって表される」ので、by が正解。

⑪ 文脈から1つの「初期物質」と限定するものではないと分かるので、複数形の the initial materials が適切。

⑫ 名詞 production「製造、生産量、生成」だと文意に合わないので、名詞 product とすることで、intermediate products「中間生成物」となる。

「英文法診断テストの評価」

（評価）

正答数9割以上：英文法力は素晴らしい、プロレベル！

正答数7割以上：英文法力はかなり高いセミプロレベル

正答数5割以上：英文法力はまずまず、もう一息頑張りましょう。

正答数3割以下：英文法力はかなり弱くトレーニングが必要。

第9章

関係詞・接続詞を
一気にマスター！

関係詞を完全マスター！

　関係詞 (relative) とは、接続詞と他の品詞（代名詞・副詞・形容詞）の性質を持ち合わせたものです。関係詞で 2 つ以上の節を 1 つにまとめると、主節を決定することができ、文の重要な情報をはっきりさせることができます。つまり、単に 2 文を 1 文につなぐというものではなく、何を先行詞にするかで情報のポイント（priority）が変わってくる点に要注意です。関係代名詞を使った文を例に挙げて考えてみましょう。

　I would like to go to a movie. —①

　A movie will be released next month. —②

　先行詞 a movie で 1 文にするとき、2 通りの文ができます。

　① を 主 節 に し て、I would like to go to a movie **which** will be released next month. ならば主語は「私」になりますので、「私は映画に行きたい」が最も述べたい事柄になります。

　② を 主 節 に す る と A movie **which** I would like to go to will be released next month. となり、主語は「映画」ですので「映画が来月封切りされる」が優先情報となります。このように、2 つの文がばらばらだと「情報の優先度 (information priority)」が分かりませんが、関係詞を使って 1 文にし、主語を決定することで「情報の重要度に強弱をつける」ことができます。文章の内容に応じて何を主語にすべきかを決定すると、視点をブラせず文の前後のつながりを良くし、論理明快な文章を構築することができます。また、文を引き締めてスッキリさせる働きもあるので、非常に重要な品詞です。

　関係詞には関係代名詞、関係副詞、および関係形容詞の 3 種類ありますが、先ずは関係代名詞についてみていきましょう。

関係代名詞使い分けを完全マスター！

　関係代名詞（relative pronouns）は、「接続詞＋代名詞」の役割で、原則、先行詞を修飾する形容詞節ですが、**what** は名詞節です。

先行詞	主格	所有格	目的格
人	who	whose	whom（who）
物	which	whose/of which	which
基本的に何でも	that	なし	that
先行詞込み	what	なし	what

☆ what ≒ the thing（s）which

【問題】

> **Q.** 関係代名詞 **which** と **that** はどんなときでも同じように使ってもよい
> のでしょうか。

　A. 互換性はありますが、先行詞によっては that が好まれる場合があり
ます。

　関係代名詞 which と that では先行詞とのつながりの強さが違います。
元々 that は "that book" のように「その本」という意味から、**名詞を限定
する働きが強くなる**のに対して、which は元々 "which book"（どの本？）
のように「どれかと言うと…」という意味があるので、名詞との結びつき
は弱くなります。また、**論文など文書の種類によっては制限用法のときは that
を、非制限用法（コンマあり）のときは which** と使い分けられます。さらに、
書き言葉では **which**、口語では **that が好まれる**という傾向がありますが、
原則として that が好まれる場合、that が好まれない場合は次の通りです。

that を用いる場合を徹底マスター！

1. 先行詞が「強い限定」を表す意味を持つ場合
　・最上級や the first、the only、the very、the same、the last などで修飾
され、強く先行詞を限定する場合。
　例）This is the most delicious bread that I've ever eaten.
　（これは今まで食べたパンの中で一番おいしい）
　・不定代名詞や「全」や「無」を意味する形容詞つきの場合、つまり
everything、nobody、none、something、anything、all、no、much、
little などが先行詞に含まれる場合。

例）These are all the books **that** I read during the weekend.
（これらは私が週末に読んだ本すべてだ）
There is so much **that** I am proud of you.（あなたを誇りに思うことがたくさんある）

2. 先行詞が「人＋物・事・動物」の場合

The street was crowded with people and cars **that** were heading for the festival.（通りはお祭りに向かう人や車で混雑していた）のように、先行詞が「人＋物」の場合、that でまとめる。

3. 疑問代名詞 who、which、what が前にある場合

関係代名詞 which などが疑問詞とダブってゴロが悪く紛らわしいとき。

例）Who is the man **that** is dancing there?
（向こうで踊っているあの男性は誰だろう）

4. 先行詞が関係代名詞節で補語となっている場合

格変化する関係代名詞 which、who の主格、目的格、所有格いずれにも相当しないため、万能型関係代名詞 that の出番となる。ただし、省略可。

例）She is not the great performer **that** she used to be.
（彼女は以前のようなすごい演奏家ではない）
＊先行詞 the great performer は関係代名詞節の補語

---

that が使えない場合に注意！

1. 非制限用法の場合

that は語源的に the と関連があるので先行詞をあらかじめ限定する働きがあり、先行詞との結びつきが which よりも強い。さらに、コンマの後に that がくると、指示代名詞の that と区別がつきにくい。これらの点から、コンマでいったん緩く切った文の後に続けるのは適さない。

例）I was late for the meeting, which made my boss upset.
（私は会議に遅刻してしまい、そのことで上司を怒らせてしまった）

この which を that で置き換えると、2つの文が接続詞なしでコンマのみで羅列しているように見え、不自然。（～ , and that made ～とするのは OK）。ただし、最近では非制限用法の that もよく使われ、特にジャーナリ

スティックな文章など厳格な制限のないものでは緩くなってきたと言える。しかし、フォーマルな文書などスタイルガイドによっては "that" と "which" に関して特定の推奨事項や好みがある場合があるので要注意。

2. 前置詞つきの場合

先行詞との結び付きが強い that は、前置詞に割り込む余地を与えない。

例）This is the music by which I was so impressed.

（これは私が感銘を受けた音楽だ）

3. 先行詞に that や those が含まれる場合

指示代名詞と共に使うと、紛らわしくなるので好まれない。

That book **which** I lend you is written by a famous musician.

（私が貸したあの本は有名なミュージシャンが書いたものだ）

では上記のことを踏まえて、次のクイズにチャレンジしてください。

関係代名詞thatとwhichの使い分けクイズは奥が深い！

Q.（　）内の適切な関係代名詞（**that** か **which**）を選んでください。

1. This is the coldest winter（**that** / **which**）we have had in 40 years.
2. Bob is a heavy smoker,（**that** / **which**）I am not.
3. I usually use this dictionary（**that** / **which**）my father gave me.
4. Tell me if there is something（**that** / **which**）I can do for you.
5. My hometown is no longer an idyllic town（**that** / **which**）it used to be.

解答＆解説

1. **that**：先行詞が最上級の coldest で強く限定されているため that。
（今年の冬は 40 年ぶりの寒さだ）
2. **which**：関係代名詞節の補語だが、非制限用法なので which。コンマ

の後、接続詞なしで that は NG。
（ボブはヘビースモーカーだが、私はそうではない）

3. **which**：先行詞に **this** が含まれるので which が好まれる。
（普段は父から譲り受けたこの辞書を使っている）

4. **that**：**something** など不定代名詞は that で受ける。
（私にできることがあれば、何でも言ってください）

5. **that**：先行詞が関係代名詞節の補語になっているので that が適切。
（私の故郷はかつてのようなのどかな町ではなくなった）

📖 コラム　例外的に関係代名詞を省略できる場合

1. I think や I know などの SV が挿入されている場合
　例）This is the very dress（that）I think would be to your
　　　taste.
　　　（これはまさに、あなたの好みに合うタイプだと思うドレスだ）

2. There is ...、This is ...、That is ...、It is ...、Who is ... などで始まる
　文
　例）This is the best music（that）he has ever composed.
　　　（これは彼が作曲した中で最高の曲だ）

3. 関係代名詞が補語になっている場合（p.322 参照）
　例）She is not a diligent person（that）she used to be.
　　　（彼女は、かつてのような勤勉な人ではない）

関係代名詞の制限用法と非制限用法の使い分けは奥が深い！

まずは次のクイズにチャレンジ！

問題

> Q. 次の各文で、必要な場合はコンマを入れてください。
> 1. **My computer which I bought last month already has some problems.**
> 2. **Don't touch the painting which I will finish later.**
> 3. **Mr. Tanaka who was a great rugby player is now a firefighter.**

解答&解説

　現代の日常的な英語の使用において、**that** と **which** の間の制限的用法と非制限用法の違いが厳密に守られているわけではありませんが、特に書き言葉や正式な場面での使用においては伝統的なルールを守るのがベターです。

1. 要コンマ：... ,which I bought last month, ...
☞先行詞 computer は所有格 my で特定されているのでコンマが必要。
（先月買った私のコンピュータ、もう何かおかしいよ）

2. 不要：そのままで OK
☞命令文では、目的格に非制限用法は使えない。
（私が後で仕上げる絵には触れないで）

3. 要コンマ：... ,who was a great rugby player, ...
☞固有名詞はコンマが必要。ただし、複数の「田中さん」の中から特定するなど特殊な場合は、"the Tanaka" と先行詞に the をつけて例外的に OK。
（田中さんはラグビーの名選手だったが今は消防士をしている）

＊制限用法（restrictive relative clauses）
・先行詞の内容を制限する働き
・固有名詞、所有格などで先行詞が特定されているときは使えない
＊非制限用法（non-restrictive relative clauses）
・先行詞に補足説明を加える働き
・先行する文全体、文の一部、名詞・動詞・形容詞を受ける
・否定文・疑問文・命令文では使えない
・関係代名詞 that は使えない

前置詞つきの関係代名詞＋to 不定詞はスゴイ！

そもそも前置詞の後には「目的語」がきますので、関係代名詞も、目的格の **which** と **whom** のみで、**that** は不可です。

This is the house **which** Bach lived in. ―① in を前へ移動すると

→ This is the house **in which** Bach lived. ―②（①よりフォーマル）

The twins, **both of whom** got recently married, held a party.

のように使えます。

この他、**to** 不定詞を伴うバージョンもあります。例えば、

I have to find a house **in which to live** in NY.

（ニューヨークで住む家をさがさないといけない）

I have no words **with which to express** my thanks.

（感謝の言葉もありません）―上級者向けテクニック！

上級者は「疑似関係代名詞」も覚えておこう！

as、but、than も関係代名詞の働きをするときがあり「疑似関係代名詞」と呼ばれています。下記の例はいずれも関係代名詞主格の働きをしています。

＜ **as** ＞
①非制限用法（前の節全体を受ける）

He came late for the meeting, **as** is often the case with him.

（彼にはよくあることだが、会議に遅刻した）

②制限用法（**as ～ as ….、such ～ as ….、the same ～ as …**）

Do **such** things **as** will bring others happiness.

（他人の幸せになるようなことをしなさい）

＜**but**＞

二重否定（〜でない…はない）（**but = that ～ not**）

There is no one **but** has faults.

（欠点のない人はいない）

＜**than**＞

比較級（〜よりも…）

Don't spend more money **than** is needed.

（必要以上にお金を使うな）

関係副詞の使い分けはチャレンジング！

　関係副詞（relative adverb）は、「接続詞＋副詞」の役割を持ち、従属節は形容詞節と名詞節になります。

先行詞	関係副詞	非制限用法	省略	先行詞の省略
時	when	○	○	○
場所	where	○	×	○
理由	why	×	○	○
方法	how the way	×	×	
（番外万能選手	that	×	○	×）

　＊ how または the way を単独で使う。

　~~the way how~~

　関係副詞は先行詞である**名詞を修飾**し、副詞の役割をして文をつなぎます。使い方の注意点は次の通りです。（　）内の語句は省略可です。

　＜**when** の場合＞

　・時を表す語句が先行詞

　　例）The day will soon come **when** you realize the truth.

（あなたが真実に気づく日も近い）

・先行詞を省略することができる

例）I remember（the day）**when** I first met him.

（彼と初めて会った日を覚えている）

・先行詞 time、day、week、year などの直後にくる場合、関係副詞を省略することができる。

例）The day（**when**）I must leave here is approaching.

（出発しなければならない日が近づいている）

・非制限用法で使える

例）I got into the hall, **when** the performance just began.

（会場に入ると、ちょうど演奏が始まったところだった）

＜ **where** の場合＞

・場所を表す語句が先行詞

例）I will go to the beach **where** the fireworks display will be held.

（花火大会が行われる海辺に行く予定だ）

・先行詞が **in**、**under**、**at** などと結びつく名詞のとき（situation、circumstance、case、condition、stage など）＊ただし occasion は原則として when を用いる

例）This is the case **where** many people mistakenly believe it.

（これは多くの人が勘違いしているケースだ）

＊ This is the case. Many people mistakenly believe it **in the case**.

・先行詞を省略することができる

例）That is（the point）**where** I am worried.（そこが心配なところだ）

・非制限用法で使える

例）I found a nice restaurant, **where** I took lunch.

（素敵なレストランを見つけたので、そこで昼食をとった）

＜ **why** の場合＞

・理由を表す語句が先行詞

例）I want to know **the reason why** he behaved like that.

（私は、彼があのように振る舞った理由を知りたい）

・先行詞を省略することができる ─────┐ ＊上記の文で**the reason**、

・関係副詞を省略することができる ────┘ **why** のいずれかを省略できる

＜**how** の場合＞

・方法を表し、**how**、**the way** を同時ではなくどちらかのみを使う

　例）This is **how**［**the way**］Ken succeeded in business.

　　（ケンはこうしてビジネスで成功した）

＜**that** の場合＞

厳密には「関係代名詞」だが、便宜上「関係副詞」と呼んでいると言ってよい。言語の効率化・単純化の中、汎用性のある便利な that が、関係副詞の代わりに使われるようになったと考えられる。

　例）I remember the day（that）we met each other.

　　（私たちが出会った日のことを覚えている）

なお、関係副詞の that は

・先行詞が必要　　○ This is <u>the place</u> that my brother lives.

　　　　　　　　　× This is <u>that</u> my brother lives.

　　　　　　　　（ここは兄が住んでいるところだ）

・非制限用法には使えない　○ I arrived there, <u>when</u> it began raining.

　　　　　　　　　　　　　× I arrived there, <u>that</u> it began raining.

　　　　　　　　（現地に着いたとき、雨が降り始めた）

・省略されることが多い　○ I remember the day we met each other.

では次に、関係詞を含んだ下記のダイアログを読んで意味やその働きについて考えてみましょう。

■ ダイアログで一気に関係詞をマスター！

A: ①<u>Who is that lady you were talking **to**</u>?

B: You must know her! ②It's **Julie, who** has recently started up a company.

A: Was it that Julie? She looked different from ③**what she used to be**.

B: Right, I heard that she has made every effort, ④**however hard it is**, to succeed. ⑤**That may be why** her vibe has changed.

A: You can say she is ⑥**what is called** a self-made woman. By the way, do you do anything that improves yourself?

B: Unfortunately, no. ⑦**What with** this **and** that, I have no time for self-improvement. ⑧**What is more**, I'm supposed to participate in a new project.

A: Maybe you should horn your skills that are valued ⑨**whatever you are entrusted** in your company.

B: You have a point. I'll try to find ⑩**what little time** I have for self-development.

<和訳>

A：あなたが話していた女性は誰？

B：ご存じでしょう！ジュリーですよ。彼女、最近会社を立ち上げたんです。

A：あのジュリー？以前とは違う感じだったね。

B：確かに。彼女は成功するために、どんなに困難なことでも努力してきたらしいです。だから雰囲気が変わったのかもしれないです。

A：いわゆる「たたき上げ」だね。ところで、君は何か自分を高めるようなことはしていますか。

B：残念ながらしていません。なんやかんやで、自分磨きをする時間もないんです。しかも、新しいプロジェクトに参加することになったんです。

A：会社でどんなことを任されても評価されるようなスキルを磨いておいた方がいいかもね。

B：確かにそうですね。わずかな時間でも見つけて自己啓発に励んでみます。

解説

① Who is that lady (**whom**) you were talking **to** ?

【前置詞＋関係代名詞】

書き言葉では whom とのつながりを明確にさせるために Who is that lady **to whom** you were talking ? のように to を前へ出した形

が好まれます。

② It's **Julie, who** has recently started up a company.
【固有名詞は非制限用法で補足説明】
固有名詞は原則として、制限用法は使われません。(p.325 参照)

③ She looked different from **what she used to be**.
【補語の働きをする **what**】
この "what" は "she used to be" 後の補語の働きをし、"what I am" なら「現在の私」、"what I was" は「過去の私」。

④ **however hard it is**
【複合関係副詞「どんなに～でも」】
複合関係副詞には **however**、**whenever**、**wherever** の３つがあり、それぞれ副詞節の働きをします。

however ☞ no matter how（どんなに～でも）
whenever ☞ any time　（～するときはいつでも）
　　　　　 no matter when　（いつ～しても）
wherever ☞ (at) any place（～するところはどこでも）
　　　　　 no matter where（どこで～しようとも）

｝ どちらの意味になるかは文脈で判断

⑤ **That may be why** her vibe has changed.
【関係副詞 **why** と先行詞の省略】
be the reason why の the reason を省略した形。

⑥ **what is called**
【**what** の慣用表現「いわゆる」】
"what [you / we / they] call" とも言えます。"a self-made person" とは「親などの財力ではなく自力で成功して財を築いた人」のこと。

⑦ **What with** this **and** that
【**what** の慣用表現「～やら…やらで」】
what「なにか、幾分」+ with「～があるから」から、「幾分～があり、幾分…があるから」という意味になります。必ずしもネガティブなニュアンスで使われるわけではありません。

⑧ **What is more,**
【**what** の慣用表現「さらに～」】
「what is + 比較級」で「さらに～なことに」という意味で副詞節の働きをします。この他 what is better（さらに良いことに）、what is worse（さらに悪いことに）がよく使われます。

⑨ **whatever you are entrusted**

【複合関係代名詞 **whatever** SV「何を～しても」】

複合関係代名詞 **whoever**、**whichever**、**whatever** は、名詞節または副詞節の働きをします。名詞節のときと副詞節のときで意味は変化します。

ⅰ）名詞節のとき：「何でも系」

whoever ☞ anyone who（～する人は誰でも）

whichever ☞ any one(s) that（～するものはどれでも / どちらでも）

whatever ☞ anything that（～するものは何でも）

ⅱ）副詞節のとき：「譲歩」

whoever ☞ no matter who（誰が～しようとも）

whichever ☞ no matter which（どれが～しようとも）

whatever ☞ no matter what（何が～しようとも）

＊ちなみに、よく似た単語 "**whatsoever**" は関係詞ではなく副詞です。否定の表現を強調する際に使われます。

例）There is **no** evidence **whatsoever**［**whatever**］to show that this is in fact the case.（それが事実であることを示す証拠は何１つない）

⑩ **what little time** I have

【関係形容詞（relative、adjective）】

この **what** は「関係形容詞」と呼ばれるもので、直後の名詞を修飾しつつ形容詞と接続詞の働きをします。関係形容詞になり得るのは **what**、**which**、**whatever**、**whichever** の４つです。

上級テクニック「関係形容詞」のすべて！

〈関係形容詞の **what**〉

①「～なだけ」「何でも」の意味

例）Show what ability you have.（持っている能力を発揮せよ）

≒ Show all the ability you have.

② little または few をあとに伴って「少ないながらも～」「なけなしの～」

例）He spent what little money he had. ≒ He spent all the little money he had.（彼はなけなしの金を使い果たした）

〈関係形容詞の **which**〉

制限用法と非制限用法があります。制限用法は「どちらでも」の意、非

制限用法は前の句や節を受け、そのあとに名詞を伴います。

① 制限用法:「どちらでも / どれでも」

例) Take <u>which cake</u> you like.（好きなケーキを選んでください）

② 非制限用法:「そしてその〜」

例) He called the wrong name, <u>for which mistake</u> he apologized.

≒ ... name, and he apologized <u>for the mistake</u>.

（彼は間違い電話をしたが、その間違いをわびた）

〈関係形容詞の **whatever**〉

what を強調したもので「どんな〜でも」という意味。

例) I will buy you <u>whatever book</u> you want.

（欲しい本は何でも買ってあげるよ）

〈関係形容詞の **whichever**〉

上記の制限用法 which を強調したものです。名詞節の働きをする場合は「どちらの〜でも」、副詞節の場合は「どちらの〜だったとしても」のような譲歩の意味になります。

① 名詞節の場合

例) Tell us <u>whichever time</u> is best for you.

（一番ご都合の良い時間をお知らせください）

② 副詞節の場合

例) It will cost about the same <u>whichever course</u> you take.

（どちらのコースでも、費用はほとんど同じです）

問題

> **Q. Air is to us what water is to fish.** はなぜ「空気と人間の関係は、水と魚の関係と同じである」という意味になるのでしょうか。

A. 本来の意味は「空気は私たちにとって水が魚に対するものと同じだ」です。

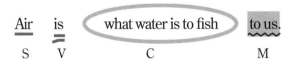

となり、「空気は、水が魚に対するもの（what water is to fish）である。

私たちに対しては（to us）」が直訳で、この関係性を変えないで日本語らしく訳したものが「空気と人間の関係は、水と魚の関係と同じである」となるのです。ちょうど、A:B=C:D のようになって視覚的には分かりやすいので、**書き言葉でよく使われます。**

Air is to us what water is to fish の what water is to fish は元々文の補語。分かりやすく視覚的に air : us = water : fish となっているので読みやすい。

あなたの英文法力を診断！最難関文法・語法訂正問題にチャレンジ！⑨

次の英文を文脈から文法・語法の誤りを正してください。

A tsunami refers to **series** of **destroyed** waves caused **when a large number of water is rapidly replaced** by **seismological**, volcanic or other disturbances **at** the ocean floor. **Like** wind-generated waves, it has **an** extremely long wavelength of up to hundreds **kilometers** and **maximum wave velocity** as **fast** as jet planes, which can inflict **devastating** damages on coastal areas. Because of the high seismic activities, most **tsunami occurs** around the margins of Pacific Ocean, **where** denser oceanic plates **subdue** under continental **plate**.

文法・語法を訂正すると以下のようになります。

A tsunami refers to ①**a** series of ②**destructive** waves caused ③**by the rapid displacement of massive water** by ④**seismic**, volcanic, or other disturbances ⑤**on** the ocean floor. ⑥**Unlike** wind-generated waves, it has an extremely long wavelength of up to hundreds ⑦**of** kilometers and ⑧**a** maximum wave velocity as fast as jet planes, which can inflict devastating ⑨**damage** on coastal areas. Because of the high seismic activities, most ⑩**tsunamis** ⑪**occur** around the margins of Pacific Ocean, where denser oceanic plates ⑫**subside** under continental ⑬**plates**.

（津波とは、地震や火山などの海底の擾乱によって大量の水が急激に変位することによって発生する一連の破壊的な波のことを指す。風によって発生する波と異なり、波長が数百 km と非常に長く、最大波速度はジェット機並みで、沿岸部に壊滅的な被害を与える。地震活動が盛んなため、津波の多くは、密度の高い海洋プレートが大陸プレートの下に沈み込む太平洋の縁辺で発生する）

【語注】seismic disturbances：地震擾乱（定常状態から乱れること）

解説

① series は名詞で、単複同形。a series of 〜で「一連の〜」。a series of の後ろには複数形がくるが、動詞は必ず単数形となる。
　例：A series of baseball games **has** been held at the stadium.
　　（一連の野球の試合はこのスタジアムで行われています）
② destroyed waves だと「破壊された波」で意味が通らない。destructive は形容詞で「破壊的な」。
③ water は不可算名詞なので、a large number of ではなく a large amount of が正解。そして、a large amount of だと語数が多いので、形容詞 massive（〈量などが〉膨大な）にすること、さらに節を句に

することで引き締まる。

※ massive は不可算名詞に対して使用できるので、例えば massive data（大量のデータ）などと使用でき、文がより引き締まる。形容詞 significant（〈数・量などが〉かなりの）なども文の引き締めに役立つ。

④ seismological は形容詞で「地震学の」という意味なので意味が通らない。形容詞 seismic（地震の）が正解。

⑤ at は「点」のイメージだが、on は「面」のイメージなので、on the ocean floor とするのがここでは適切。

⑥ 前置詞 like（〜のような）だと文の意味が通らないので、前置詞 unlike（〜と違って、異なって）が正解。

⑦ hundreds は名詞 hundred の複数形で、hundreds of 〜で「多数の〜、何百もの〜」。例：hundreds of people（何百もの人々）

⑧ 名詞 velocity は可算・不可算両用だが、この場合は不定冠詞をつけて a maximum wave velocity とし、具体化・個別化した方がよい。

⑨ 名詞 damage は通例不可算で「損害、被害」。

⑩ 直前が形容詞 most（many の最上級）でそれに続くのは、名詞の複数形となり、「most + 複数名詞」で「大部分の〜、たいていの〜」という意味になる。tsunami の複数形 tsunamis が正解。

⑪ ⑩で主語が複数形になったので、三人称単数ではなく occur とする。

⑫ 動詞 subdue は「〈軍隊などが〉〈敵など〉を征服、支配する」という意味なので、意味が通らない。さらに subdue は他動詞のみなので、自動詞である subside（〈建物・地面などが〉沈下［陥没］する）が正解。

⑬ 名詞 plate（〈地盤の〉プレート）は可算名詞なので、plates が正解。

「英文法診断テストの評価」

（評価）

正答数９割以上：英文法力は素晴らしい、プロレベル！

正答数７割以上：英文法力はかなり高いセミプロレベル

正答数５割以上：英文法力はまずまず、もう一息頑張りましょう。

正答数３割以下：英文法力はかなり弱くトレーニングが必要。

☆ところで次の質問について考えてみてください。

可問題

> **Q.** 次の文はどこが誤りでしょうか。
>
> **I have experience that I attended an international conference.**
>
> （私は国際会議に出席した経験がある）

　A. 関係詞節は成り立たず、"**experience**" は同格の接続詞 "**that**" が使えないので、"I have the experience of **attending** ..." にします。同格の "**that**" は「〜という○○」という日本語に当てはめてどんな名詞にも使ってしまいがちですが、that を導くことのできる名詞は下の4項目に限られているので要注意です。それから、日本語ではよく「〜した経験がある」と言いますが、英語では必ずしも "**experience**" を使う必要がない場合が多く、"I have attended an international conference." の方が自然でスッキリとした文になります。experience は the process of acquiring knowledge or skill from doing, seeing, or feeling things（何かを行ったり、見たり、感じたりして、知識や技術を得ること）や、"The new job will provide you with invaluable experience."（新しい仕事は貴重な経験になるだろう）のように、「何か起きたことが影響を与えること」という意味で、単にサラっと「経験」したのではありません。日本語での「経験した」をいつもそのまま "experience" と訳さないようにしましょう。

〈同格を導く抽象名詞はこれだ！〉
1. 考え・感情・主張・知らせ：decision、expectation、awareness、principle、attitude、anxiety、concern、optimism、contention、demand、guarantee、rumor、assertion、notice、notification、warning、verdict、ruling、reminder
2. 実状・兆し・傾向・可能性：fact、case、evidence、truth、reality、chance、convention、hope、possibility、probability、likelihood、prospect、indication、proof、sign、trend、tendency
3. 因　果：grounds、reason、rationale、consequence、result、basis、premise
4. 利点・障害：benefit、advantage、disadvantage、problem、dilemma

接続詞を完全マスター！

②

接続詞は、語と語、句と句、節と節をつなぎ、文の異なる部分間の関係を明確にし、コミュニケーションをスムーズにする役割を果たします。少し専門的になりますが、接続詞は、「重要性が同じ語や句、節をつなぐ」等位接続詞、主節と従属節をつなぎ「重要度の強弱をつける」従位接続詞、「文中の要素をつないで強調・バランス・対比・相互依存の関係を示し、インパクトのある文を作る」相関接続詞の 3 つのタイプに分けられます。

1) **等位接続詞**：連結 and、nor　選択 or　反意 but、yet　因果 for、so
2) **従位接続詞**：逆接、譲歩 though、although　因果 because、since
   時、条件 when、while、before、after、if、　同格 that　対比 while、whereas
3) **相関接続詞**：強調　both A and B、not only A but also B
   選択　either A or B、neither A nor B、whether A or B

1. 重要性が同じ語や句、節をつなぐ「等位接続詞」とは！

☆ 紛らわしい等位接続詞クイズにチャレンジ！

問題

> **Q.** （　）内に適切な接続詞を入れてください。
>
> **Tom, leading an ascetic life, does not smoke（　　　）drink alcohol.**
>
> （禁欲的な生活をしているトムは、タバコも吸わないしお酒も飲まない）

A. or または **nor** です。

この文の場合、"and" を入れると動詞と動詞（"smoke" と "drink"）をつないでしまいますので "smoke alcohol" となり**オカシナ**ことになってし

まいます。また、否定語 "does not" を活かすために "or" にする必要があります。もちろん or よりフォーマルな "nor" も使えます。smoke and drink（タバコを吸ってお酒を飲む）とひとまとめにする文脈なら ... does not smoke and drink. も可です。

問題

> **Q.** 次の文中の接続詞は **because** に変えても使えますか。
>
> **Someone must be outside, for my dog is barking at the door.**
>
> （誰かが外にいるに違いない、というのもうちの犬が戸口で吠えている）

　A.「というのは」を表す等位接続詞 **"for"** のみで、**because** は使えません。英文を2つに分けてその関係性を見てみましょう。

　　Someone must be outside. ─①
　　My dog is barking at the door. ─②

　①が判断の結果、②がその「**判断材料**」となっています。情報の重要度は①と②では対等なので、理由を表す等位接続詞 **"for"** が最適です。ちなみに **for** は他の等位接続詞とは異なり、節と節のみをつなぐ等位接続詞です。もし理由を表す接続詞 "because" を入れると、「②犬が吠えていることが原因で、その結果 ①誰かが外にいる」となり、意味が通りません。日本語では「犬が吠えているから」ですが、冷静に考えると吠えているのが「原因」ではないことが分かります。ただ、I cannot trust him, for［because］he lied to me.（私は彼を信用できない、というのも彼は私に嘘をついたから）のようにどちらも使える場合があります。その場合、**"for"** は「彼を信用できない」ことと「彼が嘘をついた」ことの**重要度が同等**であるのに対して、**"because"** は2つの文の情報に強弱がつき、「彼を信用できない」が最重要情報、「彼が嘘をついた」は追加情報というニュアンスの違いが生じます。

　もうひとつの違いは **"because"** 節は文頭においてもよいのですが、**等位接続詞である "for" は**原則不可です。

　○ Because he lied to me, I cannot trust him.
　× For he lied to me, I cannot trust him.

　カジュアルな文章などでは等位接続詞 "and"、"but" などが文頭に使われますが、フォーマルな文章では注意が必要です。文章全体の形式やトーンに合わせ、明瞭さと流れを良くするためならば文頭に使うことも可でしょ

う。

> **Q.**「しかし」という意味の等位接続詞 **but** と **yet** にニュアンスの違いは
> ありますか。

A. "**but**" は前に述べたこととの対比・例外・矛盾する 2 つの考えを結びつけ、"**yet**" は「意外性や予想外」の対比を強調します。例えば、"He wanted to go to the party, **but** he had to finish his work." (彼はパーティーに行きたかったが、仕事を終わらせなければならなかった) では、"**but**" が、「パーティーに参加したいという願望」と「仕事を終わらせなければならないという義務」の間の対立をつないでいます。それに対して、"She studied diligently, **yet** she still struggled with the test." (彼女は熱心に勉強したが、それでもテストに苦戦した) という文では、"**yet**" は期待や仮定と、現実との対比を示すときに使われており、それまでの情報や状況から「予想外のことが起こった」ことを示します。

2. 重要度の強弱を表す「従位接続詞」とは？

等位接続詞は 7 つしかありませんが、従位（従属）接続詞は **that**、**when**、**if**、**though** など実に多数あります。大きく分けると「名詞節を導く」と「副詞節を導く」タイプがあります。

〈名詞節を導く従位接続詞〉
1)「**that** + S V」（〜ということ）など　☞ 主語や目的語になる
2)「抽象名詞 * + **that** + S V」（〜という［名詞］）☞ 同格の働きをする
　　* fact、belief、conclusion、doubt、question、news など
3)「**if/whether**」+ S V（〜かどうか）
4)「疑問詞 * + S V」（何・誰・いつ・どこ・どのように〜するのか）
　　* what、who、when、where、how
5)「関係詞 * + S V」（〜すること、〜すること等）
　　☞関係詞が接続詞の働きをする（p.320 参照）

〈副詞節を導く従位接続詞〉

1)「時」を表す：when、while、as、till、until、before、after、since、meanwhile

2)「原因・理由・結果」を表す：because、since、as、so ~ that

3)「仮定・条件」を表す：if、unless、as/so long as、supposing（that）

4)「目的」を表す：so that、in order that

5)「譲歩・比較・様態」を表す：although、though、even though/if、while

さてここで、用途の多い “**that**” を徹底マスターしていただきましょう。

接続詞 that の全貌はこれだ！

関係代名詞で大活躍の that ですが、接続詞でもいろいろな用法があり、大きく分けて「名詞節を導く」と「副詞節を導く」パターンがあります。

①名詞節を導くパターン

ⅰ）主語や目的語、補語になる

・It is a good idea **that you study Latin**.（ラテン語を学ぶのはいい考えだ）

　　It は形式主語、**that** 節は意味上の主語で、“Studying Latin is a good idea.” が一般的です。“That you study Latin is a good idea.” とすることもできますが、フォーマルなスピーチや学術論文、文学などで使われます。

・I think **that he is honest**.（彼は正直者だと思う）

　　that 以下は “**think**” の目的語です。この他、that 節を目的語にとる動詞は admit、agree、announce、conclude、decide、expect、explain、guess、imagine、mention、promise、realize、suggest、suppose など多数あります。

・He is unusual in **that he is multitalented**.（彼女は多才だという点で珍しい）

　　前置詞 **in** の目的語で「～という点で」という意味です。ちなみにこの文は簡潔に “He is remarkably multitalented.” と言えます。

・The problem is **that we have little time to prepare**. ＜補語＞（問題は、準備する時間がほとんどないことだ）

ⅱ）同格の働きをする（p.337 の Q 参照）

②副詞節を導くパターン

まずは **so that** 構文についてまとめてみましょう．

so that 構文は奥が深い！

ⅰ）目的「〜のために」（**so that S ＋助動詞＋ V**）

例）I'll keep the window open **so that** fresh wind **can** come in.
　　（新鮮な風が入るように窓を開けておく）

目的を表す **so that** はまだなされていないことなので can、will、may と共に使われることが多く、"I'll keep the window open <u>in order that</u> fresh wind can come in." のように "**in order that**" も使えます．

　＊また、否定「〜しないように」の場合次のような表現もあります．

　　例）Leave home at once **so that** you will **not** miss the train.
　　　　≒ Leave home at once **for fear** (**that**) you (**should**) miss the train.
　　例）≒ Leave home at once **lest** you (**should**) miss the train.
　　　　（電車に乗り遅れないようにすぐに家を出なさい）

ⅱ）結果「〜 なので…だ」

1.「とても〜なので…だ」（so 〜 that ...）

例）The problem was **so** complicated **that** no one could solve it.
　　（その問題はあまりに複雑だったので誰も解決できなかった）

この that 節は「問題がとても複雑だ」 → （その結果）「誰も解けない」と「結果」を表します．

2.「〜 なので…だ」（〜 , so that ...）

例）I missed the train this morning, **so that** I was late for school.
　　（今朝、電車に乗り遅れて学校に遅刻した）

この **so that** は前にコンマを入れて使われるのが通例です．また、カジュアルな日常会話などでは **that** がよく省略されます．

3. so 〜 that の上級レベル構文

様態「〜 のように…だ」（so + 過去分詞 + that 〜）

例）The device is **so** designed **that** even children can use safely.

（この機器は子供でも安全に使えるように設計されている）

程度「…ほど〜ではない」（否定文で so 〜 that...）

例）Your blog is not **so** interesting **that** people want to read it.

（あなたのブログは人が読みたいと思えるほど面白くない）

☆ **think** が出てきたところで次の質問について考えてみてください。

問題 〈"think" という語は実に奥が深い！〉

> **Q. think** には自動詞と他動詞がありますが、「その問題を考える」という
> 場合、**think the problem** のように使えますか。

　A. 使えません。「その問題を考える」は "think of/about the problem" と自動詞で使います。ちなみに of を使う場合はその問題そのものについて、about はその問題に関連することについて考えるといったニュアンスの違いがあります。

　think は基本的に「頭の中で考えを巡らせる」という意味の自動詞で、**"think that SV"**、**"think OC"** の場合に他動詞になります。例えば "I think (that) he is honest."、"I think him (to be) honest."（彼は正直だと思う）のように使われ、that 節＞ to be あり＞ to be なしの順によく使われます。この他、"I thought it best to call first."（まずは電話するのが一番だと思った）のように形式目的語 **it** を伴って使われることもあります。

　さらに、「**think**＋疑問詞」は例えば、"**I think what to do.**"（どうしようかと思う）、"I cannot think where I left my keys."（鍵をどこへ置いたか思い出せない）のように使われます。他に "**think a happy thought**"（幸せなことを考える）のように同族目的語がくる場合や、"think something new"（何か新しいことを考える）、"He thought nothing of it at the time."（彼はその時は何も思わなかった）のように **-thing** 系が目的語になる場合に他動詞として働きます。

that を省略する場合、しない場合を会得！

　接続詞 "that" は英語の文章、特にインフォーマルなスピーチやライティングにおいて、その文の意味を理解するのに必要でない場合、省略されることが多いです。that の省略が起こりやすい例は以下の通りです。

〈基本的に **that** を省略する場合〉

① 文全体が短い場合

② say、think、wish、hope、believe、suppose、know、see、notice など日常的によく使われる動詞に続く場合

③ **that** 節の主語が代名詞である場合

〈基本的に **that** をつける場合〉

① complain、confide、deny、speculate、warn など日常的ではない動詞に続く場合や主節に重みを出したい場合

② **that** 節が受動態の場合

I was told that the product was shipped as scheduled.

（その商品は予定どおり発送されたんだって）

③ 動詞と **that** 節との間に語が挿入されている場合

As I have already notified you that we would...

（すでにお知らせいたしましたとおり・・・）

④ **that** 節が２つ続く場合の２つ目以降の接続詞 **that**

I think (that) he is right but that nobody would believe him.

（彼の言うことは正しいと思うけれど、誰も信じないだろうね）

that 以外の接続詞の使い分けをマスター！

　いかがでしたか。英語の接続詞は本当に奥が深いでしょう。でももう一息。ここからは that 以外の使い分けの難しい接続詞についてクイズを通して学んでいくことにしましょう。

if、whetherの使い分けに関するクイズにチャレンジ！

Q. （　）内の「〜かどうか」を表す **if**、**whether**、または「いずれも可」のうち最も適切なものを選んでください。

1. **The question is (if / whether / いずれも可) he will agree with us.**

2. **I asked him** (**if** / **whether** / いずれも可) **he liked her or not.**

3. **I don't remember** (**if** / **whether** / いずれも可) **or not I met him at the party.**

4. **I'm not sure** (**if** / **whether** / いずれも可) **my son understands what I said.**

5. **It does not matter** (**if** / **whether** / いずれも可) **he will come.**

6. (**If** / **Whether** / いずれも可) **he will come is not certain.**

解答

1. **whether**　（彼が同意するかどうかが疑問だ）
   ☞ 文中で補語になるときは whether のみで if は使えない。

2. **いずれも可**　（私は彼に彼女が好きかどうか尋ねた）
   ☞ 文末に **or not** がくる場合は if も whether も使える。

3. **whether**　（パーティーで彼に会ったかどうかは覚えていない）
   ☞ 直後に **or not** がくる場合は if は不可。

4. **いずれも可**　（私の言ったことを息子が理解しているかどうかは分からない）
   ☞ 文中で目的語になるときは if でも whether でも可。

5. **いずれも可**　（彼が来るかどうかは重要ではない）
   ☞ 意味上の主語の場合は if でも whether でも可。

6. **Whether**　（彼が来るかどうかは確かではない）
   ☞ 重要 文頭で主語になるときは whether のみ OK で if は使えない。

以上のように if, whether は使い方に注意が必要です。ザックリ言うと whether の方が広く使え、フォーマルな場面でも使えますので困ったときにはこちらを使う方が無難です。まとめると…

whether ⇒ **フォーマルな場面や書き言葉で好まれる**

・主語、補語、目的語になる

・前置詞の後につけられる

　例）I'm worried **about whether** it will rain tomorrow.
　　　（明日雨が降らないか心配だ）

・**to** 不定詞の前に つけられる

　例）I don't know **whether to buy**.

　　（買うべきかどうか分からない）

if ⇒ カジュアルな場面や話し言葉で好まれる

・目的語になる

・形式主語の意味上の主語に使える

> **Q.**「〜の時」を表す従位接続詞にはどのような違いがありますか。

A.

when ☞ ある動作が行われる特定の時点や期間

例）**When** the sun sets, the sky turns a beautiful shade of orange.

　（太陽が沈むと、空は美しいオレンジ色に染まる）

while ☞ ２つの同時進行する行動や状況

例）**While** she read her book, he played the piano in the background.

　（彼女が本を読んでいる間、彼は後ろでピアノを弾いていた）

　While I was studying for the exam, my phone kept buzzing with notifications.（試験勉強中、私の携帯は通知で鳴り続けた）

as ☞ ２つの同時進行する行動や状況と因果関係

例）**As** the rain began to fall, people rushed to find shelter.

　（雨が降り始めたので、人々は急いで雨宿りできるところを探した）

　The temperature dropped, **as** the sun disappeared below the horizon.

　（太陽が地平線の下に消えるにつれて、気温が下がった）

> **Q.** 次の文はそれぞれどんな意味でしょうか。
>
> 1. **He will work until 20:00.**
>
> 2. **I will finish cleaning by the time you come back.**
>
> 3. **It is better to buy some food and water before the typhoon comes.**

A.

1. 彼は 20 時まで働くつもりです。

   until［**till**］は継続を表し、until 20:00 は **20:00 を含まない**ので、20:00 に仕事を終えるという意味になります。

2. あなたが帰ってくるまでに掃除を終わらせます。

   by the time は「〜までに」という「締め切り」のイメージで、帰ってくるときを含んで、それまでに掃除を終わらせる、という意味になります。なお、by のみで使うときは前置詞なので後ろに節は NG。

3. 台風がくる前に食料と水を買っておいた方がいい。

   before は「〜より前に」という意味で、by the time と異なる点は、**before** 以下の時点を含まず、締め切り感が緩いことです。

「原因・理由」を表す接続詞の使い分けをマスター！

問題

> **Q.**「理由」を表す従位接続詞 **because**、**since**、**as** にはどのような違いがありますか。

A.

because

　理由を強調したり、因果関係をはっきりさせるとき、聞き手にとって**新情報である理由**を述べるときに使われます。

since

　「〜以来」という意味もあり、because より理由を伝えたい気持ちが弱く、また、聞き手にとって旧情報である理由を述べるときに使います。

as

　since 同様 as 節の内容は聞き手にとって**旧情報**で、意味が多く、since 以上に**理由を伝えたい気持ちは弱く**なります。

「仮定・条件」を表す接続詞の使い分けは要注意！

問題

> **Q.** 次の2文での「もし〜でなければ」を意味する接続詞 unless、if not
> にはどのようなニュアンスの違いがありますか。
>
> ・**I won't go to the party unless I finish my work.**
> （仕事が終わらない限り、パーティーには行かない）
>
> ・**Bring an umbrella, if you don't have a raincoat.**
> （レインコートがない場合は傘を持ってきてください）

A.

unless：「特定の結果を得るための条件」を強調する接続詞です。裏を返せば「仕事を終わらせること」が「パーティーに行く」条件だということで、その肯定的条件表現が、**provided**〔**providing/on the condition**〕（**that**）で "I will go to the party provided that I finish my work." となります。

if not：望ましい結果のための「代替選択肢」を示し、この文では雨に備えるという結果のためにレインコートか傘の選択肢を提示しています。

「譲歩・様態」を表す even if と even though の使い分けは要注意！

問題

> **Q.** 次の対話で実際に大金持ちなのはどちらでしょうか。
>
> **Dave: Even if I am a billionaire, I won't travel to the Mars.**
> **Catherine: Even though I am a billionaire, I won't travel to the Mars.**

A. Catherine

両方とも even で強調していますが、**if** の場合、「もし〜」と仮定の話なので、事実とは異なることを示します。ここでは直説法が使われているの

で、仮定が現実になる可能性がゼロではないという気持ちが入っています。一方、**though** は現実の話です。従って対話の意味は以下のようになります。

　デイブ：たとえ私が億万長者でも、火星へは旅行しない

　キャサリン：私は億万長者だけれども、火星には旅行しない。

　＊この違いは as if と as though でも同様で、as though の方がより現実的の場合に使われます。

 コラム　コラム　**although** と **though** の使い分け をマスター！

　although は通例、文頭（最近はコンマで区切って文中でも使われる）で用い、対比を強調し、読者によりインパクトを与えることができます。

　例）**Although** it was raining heavily, he decided to go for a walk.
　　　He decided to go for a walk, **although** it was raining heavily.
　　　（大雨が降っていたが、彼は散歩に行くことにした）

　これに対して **though** は、文の始め、中、または終わりに置くことができます。**although** よりも口語的で、but の意味を持ち、文尾において副詞としても使用することができます。

　1. **Though** it was raining, we decided to go out.
　2. It was raining, **though** we decided to go out.
　3. It was raining. We decided to go out, **though**.（副詞として）
　　　ちなみに、**while** と **whereas** の違いは…

　while は広い意味で「同時進行」を表す接続詞で、「～の一方」や「～する間に」など複数の解釈ができるのに対して、**whereas** は「～に対して…、～に反して…」という「対比」の意味オンリーです。よって読者に想像する余地を与えない正確な文を書くときには whereas を使う方が良いでしょう。

次の英文を文脈から文法・語法の誤りを正してください。

Considering as **a** common but treatable mental illness, **depression** refers to as **mental disorder** marked by **emotional state** of lowered self-esteem and/or guilt, which often **leads** to **recurrently** thoughts of death or suicide. Research conducted **on** magnetic resonance imaging (MRI) revealed that depression is a disorder **on the** brain. However, its **exactly** causes remain **clarified**, although **unlikely** causes **is** genetic, biochemical, environmental, and psychological. The most common **clinics** treatments are psychotherapy, medication, and electroconvulsive therapy (ECT).

解答

文法・語法を訂正すると以下のようになります。

---

①**Considered** as a common but treatable mental illness, depression refers to ②**a** mental disorder marked by ③**an** emotional state of lowered self-esteem and/or guilt, which often leads to ④**recurrent** thoughts of death or suicide. Research conducted ⑤**with** magnetic resonance imaging (MRI) revealed that depression is a disorder ⑥**of** the brain. However, its ⑦**exact** causes remain ⑧**unclarified**, although ⑨**likely** causes ⑩**are** genetic, biochemical, environmental, and psychological. The most common ⑪**clinical** treatments are psychotherapy, medication, and electroconvulsive therapy (ECT).

（うつ病は、自尊心や罪悪感が低下し、しばしば死や自殺を考えるようになる精神疾患であり、治療可能な精神疾患と考えられている。MRI（磁気共鳴画像装置）を用いた研究により、うつ病は脳の疾患であることが明らかになった。しかし、その原因は、遺伝的、生化学的、環境的、心理的なものであると考えられているが、正確にはまだ解明されていない。臨床的な治療法としては、精神療法、薬物療法、電気けいれん療法（ECT）などが最も一般的である）

解説

① 分詞構文だが、depression が主語なので、現在分詞ではなく過去分詞（受動の意味）としないと意味が通らない。つまり、(Being) considered as a common but treatable mental illness, depression refers to ～ということ。
② 名詞 disorder（障がい、不調）は可算・不可算両方の用法があるが、ここでは抽象的というより個別化・具体化する必要があるので、不定冠詞 a で数ある疾患の 1 つとする。
③ 名詞 state は可算名詞で 1 つの「状態」を示すので不定冠詞 an が必要。

④ 名詞 thoughts を修飾するので、副詞ではなく形容詞 recurrent（再発する、回帰性の）が適切。

⑤ 前置詞 on は「〜に関して」という意味もあるが、この場合は文意に合わない。前置詞 with は「（道具・材料）を使って」というのが基本の意味なので適切。

⑥ 「脳の疾患」なので、on だと文意に合わない。of のイメージは元々「分離」であり、「所有・所属」を表す。

⑦ 名詞 causes を修飾するので、副詞 exactly ではなく、形容詞 exact（正確な、まさにその）が正解。

⑧ clarified だと文意に合わないので、unclarified にすれば「正確な原因はまだ解明されていない」となり、意味が通る。

⑨ 形容詞 unlikely（ありそうもない）だと文意に合わないが、likely causes とすることで「考えられる原因」となる。

⑩ 主語が causes で複数形なので、is ではなく are。

⑪ clinics treatments という複合名詞はないので、名詞 treatments を修飾する形容詞 clinical（臨床の）が適切。

「英文法診断テストの評価」

（評価）

正答数９割以上：英文法力は素晴らしい、プロレベル！

正答数７割以上：英文法力はかなり高いセミプロレベル

正答数５割以上：英文法力はまずまず、もう一息頑張りましょう。

正答数３割以下：英文法力はかなり弱くトレーニングが必要。

第10章

ワンランクUP！論理的で引き締まった英文を書く技術をマスター！

①
接続詞・分詞・関係詞・前置詞で簡潔で論理明快な英文が書ける！

　日本語と同様に、英語の文章には様々なタイプがあります。小説や脚本など**クリエイティブライティング**、ニュース記事やオピニオン記事などのジャーナリスティックライティング、スピーチライティング、そして学術論文、契約書、マニュアルなどいわゆる**実務で使われるテクニカルライティング**などです。ここでは最も実用的といえるテクニカルライティングについて触れます。

　英語のテクニカルライティングは、**実務で使う**のですから時間効率を考えて、「論理明快で英文が引き締まっている」**ものがベスト**とされます。引き締まって論理的な英文とは、情報の優先順位（**prioritization**）を考慮し、かつ**無駄のない簡潔な**（**concise**）**文章**でなければなりません。そこでこのセクションでは無駄の多い英文を引き締めるテクニックを身につけましょう。そのテクニックを習得するために、関連する2つの文を1文にまとめる練習をするのが効果的です。そしてさらに応用すると、3文以上の場合でも同じテクニックで引き締められるようになるでしょう。では2文1文引き締めの方法はどのようなものでしょうか。関連性のある複数の文を1文にまとめる方法には文法の観点から次のようなパターンがあります。

---

1. 接続詞パターン

   whereas、and、but、that 節など文脈に合う適切な意味を持つ接続詞を使う

2. 分詞パターン

   現在分詞、過去分詞、分詞構文を使う

3. 関係詞パターン

   関係代名詞、関係副詞を使う

4. 前置詞・句（副詞句など）パターン

   to 不定詞、**due to** などの前置詞句、**by ～ing** などの句を使う

5. パンクチュエーションパターン

   コロン、セミコロン、ダッシュ、コンマのような句読点、記号を使う

例題

次の 2 つの文を 5 つのどのパターンを用いるのかを考え、1 文にまとめて
ください。

① **The cell walls of all eubacteria contain the chemical**
substance peptidoglycan.
② **In comparison, the cell walls of archaeans lack the**
chemical substance peptidoglycan.

解説

　まず、内容を判断すると the cell walls が主題であることが分かるので
主語にします。次に②の文頭に In comparison とあり、①の内容と②の内
容を対比していることが分かるので、「対比」を表す接続 whereas を使っ
て 1 文にできます（接続詞パターン）。and や while も OK ですが、これら
の語は「対比」の他に「〜と」「〜の間に」など他の意味も含むので、論
文などのテクニカルライティングでは「対比」の意味一義の whereas が
好まれます。

解答例

The cell walls of all eubacteria contain the chemical substance
peptidoglycan, **whereas** the cell walls of archaeans lack this
substance.
　（すべての真正細菌の細胞壁にはペプチドグリカンという化学物質が含ま
れているが、古細菌の細胞壁にはこの物質がない）　　【接続詞パターン】

　ではそれぞれのパターン別に練習してみましょう。

1. 基本の接続詞パターンを習得

　2 つまたはそれ以上の文の**情報の強弱**、**因果関係**などを見抜き、第 9 章で
詳述の**等位接続詞**（**and、but、yet、for、so、or** など）、従位接続詞（従属接続

355

詞）（**although**、**because**、**since**、**when**、**if** など）、相関接続詞（**not only A but also B**、**either A or B** など）を用いて文をつなぎます。

1-1

> ① **A firewall can be a single router that filters out unwanted packets.**
> ② **At other times it may comprise a combination of routers and servers with separate tasks.**

解答例

A firewall can be **either** a single router that filters out unwanted packets **or** a combination of routers and servers with separate tasks.

（ファイアウォールは、不要なパケットをフィルタリングする単一のルーターであることもあれば、別々のタスクを持つルーターとサーバーの組み合わせであることもある）

解説

①の a firewall と②の it が共通項。2文ともファイアウォールの構成を述べているので、情報は並列です。「ルーター単体」の場合と「ルーターとサーバーの組み合わせ」の場合があるという内容なので、主語をファイアウォールに統一し、「選択」を表す**相関接続詞 either A or B** を使ってまとめることができます。

＜問題文和訳＞

① ファイアウォールは、不要なパケットをフィルタリングするルーター単体の場合もある。
② ファイアウォールは、別々のタスクを持つルーターとサーバーを組み合わせて構成されることもある。

1-2

① The telecommunication company invested heavily in converting from analog to digital systems as part of its digitization program.

② The telecommunication company placed an order many 1.6 gigabit-per-second fiber optic transmission systems and digital microwave systems for use in trunk lines.

解答例

As part of its digitization program, the telecommunication company placed an order many 1.6 gigabit-per-second fiber optic transmission systems **and** digital microwave systems for use in trunk lines.

（デジタル化計画の一環として、その通信会社は、幹線用に毎秒 1.6 ギガビットの光ファイバー伝送システムとデジタルマイクロ波システムを多数発注した）

解説

①②とも、①で言及されている「デジタル化計画の一環として」の内容になっています。すなわち、情報は重みに差がなく、同列であることから等位接続詞でつなぐことができると言えます。また、①の「多額の投資をした」は②の「多数発注した」と同じ行為なので発注したもの、つまり目的語を**等位接続詞 and** でつなぐと主語と動詞が統一されて情報が伝わりやすくなります。

＜問題文和訳＞

① その通信会社はデジタル化計画の一環として、アナログからデジタルへの変換に多額の投資を行った。

② その通信会社は幹線用に毎秒 1.6 ギガビットの光ファイバー伝送システムとデジタルマイクロ波システムを多数発注した。

> ① Technology has undergone dramatical change in the last 15 years.
>
> ② The ordinary people have not been able to keep pace with those changes.

解答例

Technology has undergone **such** dramatical change in the last 15 years **that** the ordinary people have not been able to keep pace.

（この15年間、テクノロジーは劇的な変化を遂げてきたので、一般の人々はそれについていけていない）

解説

①②各文の共通情報は「テクノロジーの変化」であることが分かります。②では「テクノロジーの変化」の**結果**が述べられているので、so ～ that構文の名詞修飾バージョンである **such ～ that** 構文を用いて2文をつなぐことができます。この that は結果を表すので、読み手は話の流れが分かりやすくなります。

＜問題文和訳＞

① テクノロジーはここ15年で劇的な変化を遂げてきた。

② 一般の人々はその変化についていけていない。

1-4

> ① The ABC brand of synthetic grass remained synonymous with artificial turf for 20 years.
>
> ② Still, players mentioned that the ground sensation was tough on their feet and voiced concerns about skin burns while gliding over it.

解答例

　The ABC brand of synthetic grass remained synonymous with artificial turf for 20 years, (**even**) **though** players mentioned that the ground sensation was tough on their feet and voiced concerns about skin burns while gliding over it.

　（ABC ブランドの人工芝は 20 年間、人工芝の代名詞であり続けたが、（それでも）選手たちはその接地感が足にこたえることに言及し、その上を滑る際に火傷をする懸念の声を上げていた）

解説

　②の文頭 still（それでも）は直前に述べた内容から通常予測される結果とは反することを述べる際に使う副詞なので、この 2 文は**逆説を表す従位接続詞 though** でつなぐことができると分かります。even をつけると「それでも」と強調することができます。次に①と②のどちらを主節にするかですが、②は①の内容で伝えられている主旨に対して、追加的な情報、つまり課題や問題点を詳しく説明しているため、主節は①になります。文頭に though 節を置くと、主節に辿り着くまで時間がかかるので解答例のように文末に置くのが良いでしょう。ただ、問題点を指摘することを趣旨にしたい場合は主節を②にします。

＜問題文和訳＞

　① ABC ブランドの人工芝は 20 年間、人工芝の代名詞であり続けた。
　② それでも、選手たちはその接地感が足にこたえると言い、その上を滑る際に火傷をする懸念の声を上げていた。

《**英文引き締めの極意**》
情報の優先順位を見極めて、主節と従属節を決定する！

> ① **Clocking in at 16 kilometers in just 10 minutes, the pronghorn antelope is the fastest creature in long-distance running.**
> ② **The pronghorn's stamina originates from its exceptionally large heart and lungs, and its hemoglobin-rich blood.**

解答例

The pronghorn antelope, which can run 16 kilometers in just 10 minutes, is the fastest creature in long-distance running **because** it has exceptionally large heart and lungs, and hemoglobin-rich blood.

（わずか 10 分間で 16 キロを走ることができるプロングホーンが長距離走で最速の生物であるのは、非常に大きな心臓と肺、そしてヘモグロビンが豊富な血液を持っているからである）

解説

①と②の内容をみると、①の「長距離走で最速の生物である」理由が②にある身体のメカニズムであると分かるので、両文は**因果関係を表す従位接続詞 because** でつなぎます。また、それぞれの文の情報を整理すると、主節は「プロングホーンが長距離走で最速の生物である」とするのがよいことが分かります。ゆえに具体的な数値は関係代名詞 which とコンマで挿入し、主節を浮き彫りにするとよいでしょう。

＊プロングホーン：北アメリカ西部および中央内陸に国有の偶蹄目哺乳類

＜問題文和訳＞

① わずか 10 分で 16 キロを走るプロングホーンは、長距離走で最速の生物である。
② プロングホーンのスタミナは、非常に大きな心臓と肺、そしてヘモグロビンが豊富な血液に由来する。

1-6

> ① **Viruses possess a few enzymes and molecules distinctive to living organisms.**
> ② **Nevertheless, they lack the ability to reproduce without the presence of a host cell.**

解答例

Although viruses possess a few enzymes and molecules distinctive to living organisms, they lack the ability to reproduce without the presence of a host cell.

（ウイルスは生物に特徴的な酵素や分子をいくつか持っているが、宿主細胞の存在なしに繁殖する能力はない）

解説

②文頭の Nevertheless（それにもかかわらず）は、①の内容の逆になっていることを示しているので、**逆説を表す従位接続詞 although / though** で2文をつなぐことができます。主節は内容から判断すると、「繁殖する能力はない」が「酵素や分子をいくつか持っている」よりも大きな内容になるので②を主節にします。ただ、1-4 と同様に、文脈によっては①を主節にすることもできます。

＜問題文和訳＞

① ウイルスは生物に特徴的な酵素や分子をいくつか持っている。
② それにもかかわらず、宿主細胞の存在なしに繁殖する能力はない。

《英文引き締めの極意》
2文の関連（逆説か順説か。）と情報の優先順位を考慮して、接続表現とその挿入位置を決定する。

> ① **FM radio waves are shorter than those of AM radio.**
> ② **FM radio waves do not diffract as much around buildings as AM radio waves.**
> ③ **FM radio waves are not received as effectively in canyons as AM radio waves.**

解答例

i) FM radio waves are shorter than AM radio waves, do not diffract as much around buildings, **and** are not received as well in canyons (as AM radio waves).

（FM 電波は AM 電波より短く、建物の周りでは回折しにくく、峡谷でも（AM 電波ほど）うまく受信されない）

ii) **Because** FM radio waves are shorter than AM radio waves, they do not diffract as much around buildings nor are received as well in canyons.

（FM 電波は AM 電波より短いため、建物の周りでは回折が少なく、峡谷でも受信しにくい）

解説

　これは 3 文を 1 文にまとめる問題です。いずれも FM 電波の特徴を述べたものであるので、解答例 i) のように並列に等位接続詞でつなぐことができます。3 つ以上の情報を羅列する場合、「A, B, …, and X」のようにコンマと**等位接続詞 and** でつなぎます。ライティングのルールでは and 直前のコンマはありでも無しでも可ですが、**紛らわしさをなくすためにはありの方がよいでしょう。**というのも、読者に読み返しさせることなく正確に伝わることが良い文章だとの見地から、最後の 2 つを and がつないでいるようにも見えてしまうことを防ぐためです。

　また、①の「FM 電波は AM 電波より短い」ことが原因で②、③が結果として起きると捉えると ii) のように**因果関係 because** でつなぐことができます。

<問題文和訳>

①FM 電波は AM 電波より短い。

②FM 電波は AM 電波ほど建物の周りで回折しない。

③FM 電波は AM 電波に比べ、峡谷では受信しにくい。

1-8

①**An IP address is necessary for every client and server in a TCP/IP network.**

②**Each IP address is either assigned permanently or assigned dynamically at startup.**

解答例

Every client and server in a TCP/IP network requires **either** a permanent IP address **or** dynamic IP address assigned at startup.

(TCP/IP ネットワーク内のすべてのクライアントとサーバーには、恒久的な IP アドレスか起動時に割り当てられる動的な IP アドレスのどちらかが必要だ)

解説

　いずれの文も IP アドレスに関する説明がなされていますが、①の「クライアントとサーバーに必要だ」が**最重要情報**だと言えるのでこれを**主節**にします。①の every client and server を主語にするのですから、An IP address is necessary の部分は動詞 require に変えるとよいでしょう。次に IP アドレスを説明している②の内容を**選択を表す相関接続詞 either A or B** をそのまま使ってつなぐことができます。また、②では is either assigned ～ or assigned という形でしたが、require の目的語になるので名詞形に、それぞれを a permanent IP address と dynamic IP address assigned at startup と変えます。　　　　　　　　　　　　　　　　後ろから修飾

<問題文和訳>

①IP アドレスは、TCP/IP ネットワーク内のすべてのクライアントと

サーバーに必要だ。

② 各 IP アドレスは永続的に割り当てられるか、起動時に動的に割り当てられる。

2. 分詞パターンはかなり引き締める！

　現在分詞、過去分詞の他に、**動詞と接続詞の働きを兼ねて副詞的に働く分詞構文**を使って2文を1文に引き締めるパターンです。現在分詞、過去分詞については第7章を参照してください。分詞構文には主に次のような6つの用法があります。

・時　　「～するとき」	・付帯状況　「～しながら」
・理由「～だから」	・条件　「もし～するなら」
・結果 …「して～」	・譲歩　「～だけれども」

2-1

① Shape-memory alloys are metal-based materials that return to their initial form when subjected to heat.
② More than two decades ago, shape-memory alloys were primarily created for military use.

解答例

Shape-memory alloys, (being) **created** more than 20 years ago primarily for the military, are metal-based materials that return to their initial form when subjected to heat.
（形状記憶合金は、主に軍事用として20年以上前に作られたもので、熱を加えると最初の形状に戻る金属ベースの材料である）

解説

　①②ともに形状記憶合金を説明したものなので主語はもちろん、Shape-memory alloys にします。内容から判断して②は形状記憶合金の歴史な

ので追加情報とみなし、①を主節にするのがよいでしょう。関係代名詞 which を使って、which are created とすることもできます。しかし 1 文での語数が増えて簡潔さに欠けることから分詞で後ろから Shape-memory alloys を修飾してつなぐ方がスッキリとして読みやすくなるという利点があります。2 文は等位接続詞 and などでつなぐこともできますが、解答例のように**現在分詞 being created** を使ってつなぐと、**主節が際立ち、読み手に情報の重要度を知らせる**ことができます。ただし、この **being** は**通例省略**されます。

<問題文和訳>

① 形状記憶合金は、熱を加えると初期形状に戻る金属ベースの材料である。

② 20 年以上前、形状記憶合金は主に軍事用として作られた。

2-2

> ① **Kinematics is the science of describing the motion of objects.**
>
> ② **This description is conducted through the use of words, diagrams, numbers, graphs, and equations.**

解答例

Kinematics is the science of describing the motion of objects **using** words, diagrams, numbers, graphs, and equations.

（運動学は、言葉、図、数、グラフ、方程式を使って物体の運動を記述する科学である）

解説

両文の内容から判断すると、運動学の定義を述べている①を主節にするのがよいことが分かります。さらに①の describing について、②で description を主語にして補足説明をしています。② の through the use of の部分を using とし、付帯状況「～しながら」を表す分詞構文で 2 文をつなぐと簡潔な 1 文に仕上がります。

① 運動学とは物体の運動を記述する科学である。

② この記述は、言葉、図、数、グラフ、方程式を使って行われる。

3. 関係詞パターンは「主節」と「従節」に要注意！

3-1

① **Precise measurements are generally made relative to reference standards.**

② **In the U.S., NIST maintains these standards and, in England, NPL maintains these standards, and in Germany, PTB maintains these standards.**

解答例

Precise measurements are generally made relative to reference standards, **which are** maintained by NIST in the U.S., by NPL in England, and by PTB in Germany.

（正確な測定は一般に、参照標準に相対して行われ、参照標準はアメリカの NIST、イギリスの NPL、ドイツの PTB によって管理されている）

解説

　①が概論、②が具体例になっていることから判断すると、①を主節にするのがよいと分かります。②は standards に関する説明なので、**関係代名詞 which** でつなぐことができます。また、②の動詞は standards を主語にする受動態にすると 1 回のみの使用で済みます。さらに 3 つの例を「by 〜 △ in ...」の形に揃えてパラレルにすると、読み手には情報が伝わりやすくなります。

<問題文和訳>

① 正確な測定は一般に参照標準との相対関係で行われる。

② アメリカでは NIST が、イギリスでは NPL が、ドイツでは PTB がこれらの標準を管理している。

3-2

① The atomic number of an atom corresponds to the number of protons within the atom.

② When the atom is neutral, this numerical value is equivalent to the number of electrons.

解答例

The atomic number of an atom corresponds to the number of protons within the atom **which**, when the atom is neutral, is equivalent to the number of electrons.

（原子の原子番号は原子内の陽子の数に相当し、原子が中性の場合、原子は電子の数に相当する）

解説

まず、①が概論で②が具体的な例なので、①を主節にするとよいことが分かります。②は①の the atom を説明しているので先行詞にして関係代名詞 which でつなぐことができます。さらに②の when the atom is neutral について、文末に置くこともできますが、そうすると主節を修飾してしまい、「原子が中性の場合、原子の原子番号は原子内の陽子の数に相当する」というおかしな内容になってしまいます。従って解答例のように関係詞節に挿入するのがよいでしょう。

<問題文和訳>

① 原子の原子番号は原子内の陽子の数に相当する。

② 原子が中性の場合、この数値は電子の数に相当する。

> ① This informal partnership was jointly instigated by G&H Corp. and LMN.
> ② The informal partnership comes just seven months after DEF Co. released the technical specifications of its PCZ family.

解答例

The informal partnership, **which** was jointly instigated by G&H Corp. and LMN, comes just seven months after DEF Co. released the technical specifications of its PCZ family.

（G&H 社と LMN 社が共同で立ち上げたこの非公式提携は、DEF 社が PCZ ファミリーの技術仕様を発表してからわずか7か月後のことである）

解説

①は具体的な説明で、②が包括的な内容になっているので、②を主節にするとよいでしょう。次に①は②の the informal partnership を説明しているのでこれを先行詞にし、関係代名詞 **which** を用いて同格挿入します。また、別解は The informal partnership, jointly instigated by ～のようにスッキリと分詞パターンでも **OK** ですが、which を使うことで、挿入節の内容に重みを持たせることができます。

＜問題文和訳＞

① この非公式提携は G&H 社と LMN 社が共同で立ち上げた。
② この非公式提携は、DEF 社が PCZ ファミリーの技術仕様を発表してからわずか7か月後のことである。

3-4

> ① The highest level of friction occurs at the rigid supports of
> rotating shafts.
> ② That is where the most typical bearings are located.

解答例

The friction level is highest at the rigid supports of rotating shafts, **where** the most typical bearings are located.

（摩擦レベルは、最も典型的なベアリングが配置されている回転軸の固定支柱部で最も高くなる）

＜別解＞

The most typical bearings are located at the rigid supports of rotating shafts **where** the friction level is the highest.

（最も典型的なベアリングは、摩擦レベルが最も高い回転軸の固定支柱部に配置される）

解説

　②の文頭 That は①の内容を受けていて②は補足説明であるので、主節は①だということが分かります。①の the rigid supports of rotating shafts の説明が②に述べられているのでそれを先行詞にし、**関係副詞 where** でつなぐことができます。また、The highest level of friction occurs は The friction level is highest とパラフレーズするとスッキリします。

　別解はベアリング（軸受）の位置が主題である場合で、②を主節にしたものです。この場合もやはり先行詞を the rigid supports of rotating shafts にし、関係副詞でつないで 1 文にまとめることができます。

＜問題文和訳＞

　① 最も高い摩擦レベルは、回転軸の固定支柱部で起こる。
　② 最も典型的なベアリングはそこにある。

4. 前置詞・句パターンはテクニシャン！

　前置詞（句）や to 不定詞などを用いて文をつなぐことができます。この場合、節を句にすることができ、文が簡潔にスッキリする効果があります。

4-1

> ① The development of the 5th generation mobile network (5G) is expected to accelerate in the future worldwide.
> ② The purpose of 5G is to offer safer transport, telemedicine, precision agriculture and digitalized logistics.

解答例

The development of the 5th generation mobile network (5G) is expected to accelerate in the future worldwide **to offer** safer transport, telemedicine, precision agriculture and digitalized logistics.

（第 5 世代モバイルネットワーク（5G）の開発は、より安全な輸送、遠隔医療、精密農業、デジタル化された物流を提供するために、今後世界中で加速すると予想されている）

解説

　①が 5 G の概論、②は 5 G の具体的な説明になっているので①を主節にします。②には目的が書かれています。The purpose of 5G is の部分は冗長になるので省き、目的を表す to 不定詞 to offer でつなぐことができます。

＜問題文和訳＞

① 第 5 世代モバイルネットワーク（5G）の開発が今後、世界中で加速すると予想されている。
② 5G の目的は、より安全な輸送、遠隔医療、精密農業、デジタル化された物流を提供することである。

4-2

> ① **A new Internet spider can list the most relevant search hits in descending order.**
>
> ② **The new Internet spider can also eliminate duplicates found by the different search robots it uses.**

解答例

In addition to listing the most relevant search hits in descending order, a new Internet spider can eliminate duplicates found by the different search robots it uses.

（新しいインターネット・スパイダーは、最も関連性の高い検索ヒットを降順にリストアップするだけでなく、使用する様々な検索ロボットによって発見された重複を排除することができる）

＜別解＞

Beyond listing the most relevant search hits in descending order, a new Internet spider can eliminate duplicates found by the different search robots it uses.（和訳同上）

解説

①②ともに「新しいインターネット・スパイダー」の特徴を述べていますが、②は **also** があるので①の追加情報だと考えられます。解答例では追加情報を意味する前置詞句 **in addition to** でつないでいます。別解では前置詞 **beyond** を用いています。

＜問題文和訳＞

① 新しいインターネット・スパイダーは、最も関連性の高い検索ヒットを降順にリストアップすることができる。

② 新しいインターネットスパイダーは、様々な検索ロボットによって発見された重複を排除することもできる。

① **Marvin Minsky developed a revolutionary light microscope that eliminated the need to cut a specimen into thin sections.**

② **The microscope enabled Minsky to view successively deeper layers in a specimen with remarkable clarity.**

解答例

Marvin Minsky developed a revolutionary light microscope that enabled him to view successively deeper layers in a specimen with remarkable clarity, **without** cutting（having to cut）the specimen into thin sections.

（マーヴィン・ミンスキーは画期的な光学顕微鏡を開発した。この顕微鏡を使えば、標本を薄く切り出すことなく、驚くべき鮮明さで標本の深い層を次々に見ることができる）

解説

①の「マーヴィン・ミンスキーは画期的な光学顕微鏡を開発した」が概論なので主節にします。この顕微鏡の情報を整理すると次のようになります。

ⅰ）標本を薄く切り出す必要がない

ⅱ）標本の深い層を次々に見ることができる

ⅲ）驚くべき鮮明さで（標本を見られる）

これらの情報を主節に追加する必要がありますが、光学顕微鏡を修飾するので、顕微鏡の一番の目的である「ⅱ）標本の深い層を次々に見ることができる」が最重要でしょう。次に「標本を見られる」を修飾する「ⅲ）驚くべき鮮明さで」、そして「ⅰ）標本を薄く切り出す必要がない」の順に情報を加えていくとよいでしょう。① eliminated the need to cut の部分を「〜せずに」を意味する前置詞 **without** でつなぐと語数も減り、簡潔に読み手に伝わります。

<問題文和訳>

① マーヴィン・ミンスキーは、標本を薄く切り出す必要がない画期的な光学顕微鏡を開発した。

② この顕微鏡のおかげで、ミンスキーは標本の深い層を驚くべき鮮明さで次々に見ることができるようになった。

5. パンクチュエーションパターンも使いこなそう！

　パンクチュエーション（punctuation）とは、文を分かりやすくしたり、間を示したり、意味を伝えたり、文構造を整理したりするために使われる記号のことで、句読点とも訳されます。一般的なパンクチュエーションの例は以下の通りです。

- ・ピリオド **period**（.）：文の終わりを表す
- ・コンマ **comma**（,）：
  一時停止を表したり、リスト内の項目を区切ったり、文中の節を区切ったりする
- ・クエスチョンマーク **question mark**（?）：直接的な質問を表す
- ・感嘆符 **exclamation mark**（!）：強い感情や強調を表す
- ・コロン **colon**（:）：リスト、説明、引用を始める
- ・セミコロン **semicolon**（;）：密接に関連する2つの独立節を接続する
- ・引用符（" "）：直接話や引用、楽曲のタイトルなどを囲む
- ・アポストロフィ **apostrophe**（'）：所有または短縮を表す
- ・ハイフン **hyphen**（-）：単語をつなげて複合語を作ったり、単語の区切りを明確にする
- ・ダッシュ **dash**（— または –）：思考の区切りを示したり、情報を強調する
- ・カッコ **parentheses**（　）：補足または説明情報を囲む
- ・省略記号 **ellipsis**（…）：省略された言葉や、思考が途切れたことを表す

　この中でも2文を1文に引き締める際によく使われるのは**コンマ、コロン、セミコロン、ハイフン、ダッシュ**などが挙げられます。

① **Larger in diameter than both Earth's moon and the planet Mercury, Titan is the only satellite in the solar system with a true atmosphere.**

② **Its atmosphere is a dense, rotating fog of nitrogen supporting hydrocarbon clouds made of methane and ethane.**

解答例

Larger in diameter than both Earth's moon and the planet Mercury, Titan is the only satellite in the solar system with a true atmosphere—a dense, rotating fog of nitrogen supporting hydrocarbon clouds made of methane and ethane.

（地球の月や水星よりも直径が大きいタイタンは、太陽系で唯一真の大気を持つ衛星であり、その大気とはメタンやエタンからなる炭化水素雲を支える窒素の濃密な回転霧だ）

解説

①は概論、②は補足説明になっているので①を主節にします。ダッシュ（—）を入れて a true atmosphere を説明し、2文をスッキリとまとめることができます。関係代名詞 which などでつなぐこともできますが、ダッシュでつなぐことで視覚的に追加情報であることが分かりやすくなります。

<問題文和訳>

① 地球の月や水星よりも直径が大きいタイタンは、太陽系で唯一真の大気を持つ衛星である。

② タイタンの大気は、メタンやエタンからなる炭化水素雲を支える窒素の濃密な回転霧である。

5-2

① Two main types of chemical bonds hold atoms together.
② These bonds are covalent and electrovalent/ionic bonds.

解答例

Two main types of chemical bonds hold atoms together: covalent and electrovalent/ionic bonds.

（原子を結びつけている化学結合には、主に共有結合と電解質・イオン結合の 2 種類がある）

解説

②は①の具体的な説明になっていることが分かるので①を主節にします。chemical bonds の具体例をコロンで示し 2 文を 1 文にまとめています。コロンはこのように例示や説明など追加情報を示すときに使われます。原則としてコロンの後は小文字で始めます。節が来る場合は大文字にしても OK です。

＜問題文和訳＞

① 原子を結びつけている化学結合は、主に 2 種類ある。
② この化学結合は共有結合と電解質・イオン結合である。

┃ コロンの守備範囲はこれだ！

主節の情報を詳しく説明したり、リストアップしたりするときに使われます。文を整理し、明瞭さを高めるのに役立ちます。コロンの使用例には主に次のようなものがあります。

・リストの紹介
　例）I like animals: dogs, birds, and dolphins.
　　　（犬、鳥、イルカといった動物が好きだ）
・説明や例を紹介する
　例）There's one thing I love about summer: the long days of sunlight.
　　　（私が夏が好きなのは、日照時間が長いことだ）

・引用の紹介

例）He quoted Shakespeare: "All the world's a stage."

（彼はシェークスピアの言葉を引用した：「世界はすべて舞台だ」）

・タイトルとサブタイトルの紹介

例）The book I'm reading is called *The Art of War: Strategies for Success.*

（私が読んでいる本は『The Art of War: Strategies for Success』というタイトルだ）

・比率と時間の紹介

例）The ratio of flour to sugar is 2:1.

（小麦粉と砂糖の割合は2：1だ）

例）The event will take place at 3:00 pm.

（イベントは午後3時に行われる）

① **It's probable that several modifications and revisions will be necessary.**

② **Thorough examination was conducted in previous phases.**

解答例

Thorough examination was conducted in previous phases; yet several modifications and revisions will probably be necessary.

（前フェーズで十分な検証を行ったが、数回の修正・改訂がおそらく必要であろう）

解説

①の「修正・改訂が必要」に対して②の「十分な検証を行った」は逆説になっていることが分かります。もちろん、逆説を表す接続詞でつなげることも可能です。しかしここでは**セミコロン**でスッキリとまとめてみましょう。解答例のように関連する内容の文を緩くつないでいます。

① 数回の修正・改訂が必要になる可能性が高い。
② 前フェーズで十分な検証を行った。

セミコロンの守備範囲はこれだ！

　同じ文の中で、密接に関連する 2 つの独立節（完全な文）をつなぐために使われる句読点です。コンマとピリオドの中間的な強さで文をつなぎます。セミコロンの使用例には次のようなものがあります。

・関連する文をつなぐ
　例）She loves to hike; he prefers to swim.
　　　（彼女はハイキングが好きで、彼は泳ぐのが好きだ）
・コンマ入りのリスト項目を区切る
　例）We visited Paris, France; Rome, Italy; and Barcelona, Spain.
　　　（私たちはフランスのパリ、イタリアのローマ、スペインのバルセロナを訪れた）
・接続副詞と共に使い文をつなぐ
　例）The exam was difficult; however, most students managed to pass.
　　　（試験は難しかったが、ほとんどの生徒が何とか合格した）
　＊セミコロンは、意味が密接に関連する 2 つの独立節の間に使用するので、ピリオドで区切った場合、セミコロンの両側が完全な文として独立していなければなりません。これに対し、コロンに続くのは主節に付随するものであるので、必ずしも完全な文ではありません。

《英文引き締めの極意》
・コロンとセミコロンの特性を意識し、使い分ける！
・コンマとピリオドの中間の強さで接続する「セミコロン」の前後は完全な「文」「コロン」は句も OK！

「倒置・強調・省略」構文を自由自在に！

　ほとんど格変化をせず、助詞もない英語は語順が命！ しかし、その英語の掟破りをしてまで気持ちを伝えたいのが人情というものでしょう。ここではその**オキテ破り構文**ともいえる特殊構文を取り上げます。特殊構文とは、「倒置」「強調」「省略」を指し、いずれも英文を**キュッと引き締め**たり、**インパクトを出す**ために使われます。「倒置」も「強調」の一種だと言えますが、ここではあえて分けて考えることにしました。

　まずは次のダイアログを読んで、意味を考えてみてください。

A: Could you read my report and correct the mistakes, ①<u>**if any**</u>?

B: ②<u>**Not a single mistake did I find**</u> in your report.

　　③<u>**So great**</u> is my astonishment **that** I'm ④<u>**truly**</u> proud of you.

A: ⑤<u>**Relieved to hear that**</u> because I did i ⑥<u>**all by myself**</u>.

B: ⑦<u>**Easier said than done**</u>. Most peopl ⑧<u>**just cannot**</u> do so.

<和訳>

A：私のレポートを読んで、間違いがあれば訂正してもらえますか。

B：あなたのレポートは一か所も間違いはありませんでした。とても驚き本当にすごいと思います

A：私が全く独力で書いたのでそれを聞いて安心しました。

B：言うは易く行うは難し。たいていの人はなかなかできないですよ。

<解説>

① **if any**【there is の省略】

　元々は **if there is any mistake** です。他に The sooner (it is)、the better (it is) のように文脈で自明の理の場合 **there is** や **it is** はよく省略されます。また、この文では mistake も文脈から判断できるので省略されています。

② **Not a single mistake did I find**【否定語句文頭の倒置】

　否定を強調したいときに、否定を表す副詞や副詞句を文頭に置き、倒

378

置（疑問文の形）させます。否定語句には never、seldom、hardly、only、under no circumstances などがあります。（＊ only は「〜しかない」というニュアンスなので否定語扱い）

なぜ倒置するのかと言えば、英語はリズム重視の言語だからだと言えるでしょう。つまり、強調する否定語 Not a single mistake が当然強く読まれ、次の did I はそれほど重要な語ではないので弱く、そして最後の find は意外性をもってまた強くという、音楽記号でいうとフォルテ、ピアノ、フォルテとなりリズムよくかつ重要語を強く相手に伝えることができるのです。

③ **So great** is my astonishment **that**【補語を文頭に置いて倒置】
　　元々は My astonishment is so great that I'm 〜. です。これは**第 2 文型（SVC）の倒置形**で、CVS になっています。他にも Lucky was my daughter.（幸運は私の娘だった）などがあり、これは②と同様に、Lucky と my daughter は重要な情報なのでフォルテで読んで強調し、was はあまり重要ではないのでピアノで、つまり弱く読む「強・弱・強」のリズムになっています。ただし、主語が代名詞の場合は Lucky she was. のように CSV の順になります。これは、人称代名詞は普通弱く読まれるからでしょう。他の CVS の形では Here comes the train.（電車が来たよ）、CSV の形では Here you are.（どうぞ）などがあります。

④ **truly**【副詞 **truly** で強調】
　　日本語でも「本当に」と言って強調しますが、それと全く同じで**副詞を用いて強調**しています。他に **simply** も日本語の「私はただただ驚くばかりだった」の「ただただ」にちょうど相当する強調表現です。**so、really、only、just、enough** などがあります。

⑤ **Relieved to hear that**【「S ＋ be 動詞」の省略】
　　元々は **I'm relieved to hear that** です。会話などで Sorry to hear the news.（そのニュースを聞いて残念だ）のように省略されます。

⑥ **all by myself**【副詞 **all** で強調】
　　様々な用法を持つ all ですが、ここでは副詞の働きをし、形容詞や前置詞の前でそれらの意味を強調します。「全く」「ずっと」などの意味になります。この他の例では The man lives **all** alone in the mountain.（その男性は山の中でたった 1 人で住んでいる）、Her cheek was **all** red.（彼女の頬は真っ赤だった）などがあります。

⑦ **Easier said than done【ことわざでの省略】**

ことわざや慣用表現は簡潔性が求められるためか、省略して使われることが多く、この場合は元々 It is easier to be said than to be done. です。この他にも When in Rome do as the Romans do.（郷に入っては郷に従え）も本来なら When you are in Rome ... となり、First come, first served.（早い者勝ち）は本来なら Those who come first are served first. のような文になります。

⑧ **just cannot【副詞 just で強調】**

④でも見た副詞での強調表現ですが、中でも **just** は映画やドラマを見ていてもよく使われているのが分かります。いろいろな意味がありますが、副詞の **just** が否定語の直前に置かれると「なかなか〜ない」といった強調表現になります。

肯定文でも I **just** called to say "How's going?"（ただ「元気？」と言うために電話しただけだ）、I've **just** finished my homework.（ちょうど宿題を終えたばかりだ）のように動詞の前に置いて使われます。

「倒置」「強調」「省略」のまとめ

■「倒置」

1. 否定語句が文頭にあるとき、疑問文の形に倒置　☞②参照
2. それぞれの文型でも倒置　＜それぞれの下段は倒置なしバージョン＞

   i) By the window is his desk.（窓際が彼のデスクだ）[MVS]
     His desk is by the window. [SVM]

   ii) Lucky was my daughter.（幸運は私の娘だった）☞③参照

   iii) This memory I will never forget.（この思い出は一生忘れない）
     [OSV]
     I will never forget this memory. [SVO]

   iv) When he will come back, he didn't tell me.
     （彼はいつ戻るか言わなかった）[OSVO]
     He didn't tell me when he will come back. [SVOO]

   v) Attached please find a file.（ファイルを添付しました）[C(S)
     VO] Please find a file attached. [(S)VOC]

■「強調」

1. 強調構文　It was last month that I met him.（彼に会ったのは先月だ）
2. 副詞で強調　☞ ④⑥⑧参照
   ＊ so、really、only、just、enough、all など
3. 句で強調
   i）否定を強調「少しも～ない」
     例）I do <u>not</u> care <u>at all</u>.（少しも気にしていない）
     ＊ not in the least、not by any means、not whatsoever など
   ii）疑問詞を強調「一体全体～？」
     例）What <u>on earth</u> are you doing here?（一体ここで何をしているんだ）
     ＊ in the world など
4. 比較級、最上級を強調　☞第 6 章参照

■「省略」　＊自明の理、既述の場合などに使われる
1. **there is**、**it is** の省略　☞①参照
2.「**S ＋ be** 動詞」の省略　☞⑤参照

② 最重要！英文ライティングの 「核」たる 3C をマスター！

　論理明快で力強く引き締まった英文を書くためのテクニックには「主語統一」「パラレル」「倒置」「省略」構文があります。そこで本章では、それらを用いて、インパクトのある無駄のない英文が書けるスキルを身につけていただきましょう。

1．「主語統一」で論理明快で引き締まった英文を発信するテクニック

　英語の、特に 3C、つまり正確（**Correct**）、明確（**Clear**）、簡潔（**Concise**）を重視するテクニカル・ライティングでは、パラグラフ内の各文はキーワードで主語を統一しなければなりません。ところがたいていの人のエッセイを読むと、すぐに and をつけて主語をどんどん変えて書く傾向があります。主語と述語との関係が分かりにくく、引き締まらず、美しくない英文になってしまうのです。また、主語を変える場合は、唐突にならないように既出の語句を主語にするというルールがあり、これは、英文は 1 つのパラグラフには 1 つのアイデアでなければならないという原則に基づいています。**主語を統一することでパラグラフのポイントがぶれることなく明確**になり、読み手に正確かつ簡潔に主題を伝えることができます。また既出の語句を使用することで文と文のつながりが生まれ、**旧情報**から**新情報**へと話を進めることで話が飛躍せず、論理的で読み手にとって分かりやすい文章となります。

　ではここで、次の各日本語を英語にしてみましょう。

① 高層ビルで火事が起き、100 人が重傷を負った。

　A fire broke out in the high-rise building, <u>and</u> 100 people got seriously injured.ではなく、A fire broke out in the high-rise building, **leaving 100 people seriously injured**. ⇒等位接続詞で

はなく**分詞構文**を用いる。

同様に、「火山が噴火し、巨大なクレーターができた」は、A volcano erupted, and a huge crater was formed. ではなく、A volcano erupted, **leaving a huge crater**.

また、「彼は向こうで髪をなびかせて立っている」は、He is standing over there and his hair is flying in the wind. ではなく、He is standing over there **with his hair flying in the wind**. ⇒ **with** の付帯状況の用法で主語統一。

むやみやたらに "**and**" を使わないように！

② その国は戦闘状態で、多くの死傷者が出ている。

The country have been in a war and many people have been killed in the war. ではなく、The country have been **fighting a costly war**. にすると「S＋V＋O」で引き締まる。The country have been in a war in which many people have been killed. も間延びしている。

＊すごい引き締めテクニック！

③ 稲妻は先に起こってから雷鳴が起こる。

Lightning appears first, and thunder occurs next. ではなく、Lightning is followed by thunder.

④ **SNS** はネットの情報共有プラットフォームで、従来の放送局は **SNS** の後によくニュースを拡散する。

SNS is an online information sharing platform, and traditional media outlets often spread news after SNS ではなく、SNS, an online information sharing platform, often spreads news before traditional media outlets. ⇒「同格挿入」テクニックを用いる。

⑤ 高血糖値を持つ腎機能低下した千人の患者が診断され、糖尿病患者の腎不全予防の薬物療法データが得られた。

Thousand patients with high blood sugar levels and decreased renal functions were evaluated. Data were obtained from a clinical trial of drug therapy for the prevention of kidney failure in patients with diabetes. ではなく、

A clinical trial of drug therapy provided data on the prevention of kidney failure in patients with diabetes, evaluating 1,000 patients with high blood sugar levels and decreased renal functions. ⇒能動態を使って、分詞構文で主語統一の高等テクニック。

2.「パラレル」で論理明快で引き締まった英文を発信するテクニック

　英文は、文意を分かりやすくするために、スタイルのよさを重視したリズムの整った語呂のよい形が好まれます。そのテクニックの1つであるパラレルとは、文法的に対等であるものを並列に列挙や対比させることです。これにより、視覚的にも読みやすくなることで文意を正確に明確に、また語数が減ることで簡潔に伝えることができます。そのパラレル構造文には主に次のようなパターンがあります。

6つのパラレルのパターンをマスター！

1. 動詞パラレル

   I had dinner, watched TV and went to bed.
   （夕飯を食べ、テレビを見て、就寝した）

2. 形容詞パラレル

   He is good-looking, intelligent and hard-working. （× and works hard）
   （彼はハンサムで知的でしかも働き者だ）

3. 名詞パラレル

   Enough sleep, relaxation, and moderate exercise are good for your health. （× and doing moderate exercise）
   （十分睡眠をとりリラックスして適度な運動をすると健康によい）

4. 副詞パラレル

   She danced beautifully, rhythmically and gracefully. （× and with grace）
   （彼女は美しくリズミカルに優雅に舞った）

5. 不定詞・動名詞パラレル

I like studying English, playing tennis and listening to music.
（× and to listen to music）
（私は英語の勉強とテニス、音楽鑑賞が好きだ）

6. 句・節パラレル

Tell me how you can do it, not what you want to do.
（自分がしたいことではなく、どのようにできるかを教えてください）

　これらは簡単なように見えますが、いざ自分で作文するとなるとなかなか難しいものです。例えば、「人工知能は翻訳、情報検索、ゲーム、問題解決など複雑な作業を行う」を AI has undertaken complicated tasks such as language translation, information retrieval, playing games, and you can solve problems with AI.

　こうすると、"such as" 以下が、"language translation"、"information retrieval" は名詞ですが、"you can solve problems with AI" は節でパラレルになっていないので、この部分を名詞形 **"problem solving"** に揃え、冗長な部分 "with AI" は省きます。さらに "playing games" は、"translation" および "retrieval" が動作の名詞形になっている部分に揃え、"game playing" とします。

AI has undertaken complicated tasks such as language translation, information retrieval, game playing, and problem solving. と引き締まった格調高いきれいな英文となります。次の英文はいかがでしょうか。

〈必見！型を統一する技！〉

「ゲートははっきりと見え、うまく調節ができ、障害物もない」を The gate can be seen clearly, is properly adjusted /can be properly adjusted, and there are no objects. とすると、"can be seen" や "is adjusted" と、助動詞ありとなしのフレーズが混じり、さらに and 以下は "there are" と、主語が変わっています。この文の主題は「ゲート」なので "the gate" で統一し、be 動詞でまとめると…

The gate is clearly visible, properly adjusted, and clear of obstructions.

be 動詞と形容詞のきれいなダブルパラレルになります。ではもう 1 問。

「彼はもっといい仕事につけ、息子が行ける大学が多くなり、妻がビジネスを拡大できるように都会に引っ越した」を英語にしてください。

He moved to the big city because he could get a better job, more universities for his son, and his spouse's could expand her business.
と言うと because 節の中がパラレルになっていないので次のように句にすると引き締まって明確で格調高い英文になります。

He moved to the big city because of better job opportunities for him, more university options for his son, and business expansion for his spouse.

3.「倒置」で論理明快で引き締まった英文を発信する テクニック

　それでは、次に「倒置テクニック」についてお話ししましょう。主な倒置のパターンは次のように全部で7つあり、すべて使いこなせるようになりたいものです。

重要度１　there が文頭にくる倒置パターンを使いこなせ！

There has been a great improvement [development] in technologies such as bioengineering and artificial intelligence.
（生物工学や人工知能などの技術は大きく進歩した）

　和訳の日本語をそのまま英語にすると、［主　　　語］、was developed. となりバランスが悪いです。There is 構文は、there exist [remain] だけでなく、次のような「**there is ＋名詞**」もマスターしましょう。

There is a growing tendency toward deflation.
（デフレ傾向が高まっている）

There is a growing awareness of environmental protection.
（環境保全の認識が高まっている）

There is an increasing popularity of body adornment through tattoos.（タトゥで身体を飾ることが増々人気になっている）

重要度２　目的語が長い場合の倒置パターンに要注意！

They **attributed to** the researchers the adoption of state-of-the-art agriculture.

（彼らは最先端の農業の導入をその研究者のおかげとした）

attribute to ＋ 間接目的語 ＋ 長い直接目的語

I want to **share with** you the common aim of expanding the market share in the intensifying global competition.

（激化するグローバル競争の中でマーケットシェアを拡大するという共通の目的を皆さんと共有したい）

share with ＋ 間接目的語 ＋ 長い直接目的語

重要度３　否定表現が文頭にくる倒置パターンに全集中！

否定を強調したいときに seldom、nor、only といった否定を表す副詞（句）を文頭に書き、その後「否定語句＋助動詞＋主語＋動詞」と倒置させます。（pp.378-379 参照）

Only after an operation will he be able to walk again.

（手術後初めて、彼はまた歩けるようになるでしょう）

Not a（single）word did he say.（彼は一言も発しなかった）

Under no circumstances will he enter this house again.

（どんなことがあっても、彼は二度とこの家に入ることはない）

重要度４　分詞が文頭にくる倒置パターンは常識！

Lurking in the shadow is a mad scientist, Dr. Hyde.

（陰に潜んでいるのはマッドサイエンティスト、ハイド博士である）

A mad scientist, Hyde, is lurking in the shadow. より読み手にスリルとサスペンスを与える効果があります。.

Nestled in the forest is this beautiful Tudor-style hotel.

（森の中にたたずむのはチューダー様式の美しいホテルだ）

読み手に森の中に何があるんだろう？と考えさせた後で述べるじらし効果もあり、インパクトがあります。

Standing at the door was my ex-girlfriend.

（ドアの前に立っていたのは元カノだった）

主語を後ろに持ってくることによって、My ex-girlfriend was standing at the door. より生き生きとした表現であり、「元恋人が玄関に立っていた」ことが話者にとって思いがけない事態であるというニュアンスを出しています。

ただ、次のように場所を表す副詞句がないものは倒置にできません。

（×）Sitting was our uncle.

（×）Nestled is this beautiful Tudor-style hotel.

重要度５　than、as のあとの倒置パターンを見落とすな！

He can run faster **than can** any other students in the school.

（彼は学校の生徒よりも速く走れる）

than/as 以下の主語が長い場合に倒置。

She traveled to Europe **as** did most of her friends in the organization.

（組織の大部分の友人のように彼女はヨーロッパ旅行に行った）

Even more important is their cooperation.

（さらに重要なのは彼らが協力し合うことだ）

補語・目的語が文頭にきます。（日本語と同じ語順で分かりやすい）― C＋V＋N

This book I find interesting.

（この本が面白い）― O＋S＋V＋C

重要度６　場所を表す副詞句が文頭にくる倒置パターンは便利！

Behind［**On、Under、Beyond、etc**］**this** lies a gold mine.

（この下に金鉱がある）

「場所を表す副詞句＋動詞＋主語」のように倒置し、動詞は be、lie、remain、stand、exist、rise、sit のような「存在」を表すもの。

重要度７　程度・比較を表す語句が文頭にくる倒置パターン

So absurd was his manner that everyone laughed at him.

（彼の振る舞いがあまりにも馬鹿げていたので、みんな彼を笑った）

So much <u>had</u> <u>she</u> changed that I couldn't recognize her.

（あまりにも変貌していたので彼女だと分からなかった）

「あまりにも〜」に相当する "so" や "such" のついた「程度・比較」を表す語句を文頭に置き、その後、「動詞＋主語」の語順で倒置。少し堅い文体になりますがインパクトを出すテクニックです。

次に、文中の語・句・節を強調したい場合の「強調構文」には以下の5パターンがあります。

---

① 強調したいものを **It is** と **that** の間に入れる方法
② 語句を繰り返すことによって強調する方法
③ 助動詞 **do** を動詞の直前に置いてその動詞を強調する方法
④ 形容詞 **very** を名詞の前に置いて「まさにその」と名詞を強調する方法
⑤ 疑問詞や否定語を強調する方法

---

①は <u>It's</u> a car <u>that</u> Tom wants.（ジョンが欲しいものは［家でもなければヨットでもない］車なんだ）のように目的語を強調したり、<u>It's</u> the teaching assistant <u>who</u> grades the papers.（答案を採点するのは［教師ではなく］補助教員だ）のように主語を強調したり、<u>It's</u> in the kitchen <u>that</u> I study.（私が勉強するのは［勉強部屋ではなく］台所だ）のように副詞節を強調したりします。ただ、<u>It's</u> the student <u>that</u> cleans this room. のように、that が単なる関係代名詞か強調構文か分かりにくい場合があります。

例えば、The president relocated the headquarters to Osaka last year.（社長は本社を昨年大阪に移転した）という文で強調構文を使うと、次の4通りがあります。

1. <u>It was</u> the president <u>that</u> / who relocated the headquarters to Osaka last year.
2. <u>It was</u> the headquarter <u>that</u> the president relocated to Osaka last year.
3. <u>It was</u> to Osaka <u>that</u> the president relocated the headquaters last year.
4. <u>It was</u> last year <u>that</u> the president relocated the headquarters to

Osaka.

こうすることで「文を直接構成している名詞句や副詞句」を強調できます。

助動詞を使った強調には次のようなものがあります。

My teacher claims that I didn't turn in my paper but I <u>did</u> turn it in.
（先生は私が論文を提出しなかったと主張しているが、私は確かに提出
　した）

The guest we were waiting for never <u>did</u> arrive.
（私たちが待っていた客が到着することは決してなかった）

I'm relieved to know that she <u>does</u> like beef.
（彼女がビーフが好きでほっとしています）

They definitely <u>did</u> win the game.
（彼らは確かに試合に勝った）

<u>Ambitious she must have been</u>, or she wouldn't have come.
（野心的でなければ、彼女は来ないに違いない）

<u>A professor he was</u>, but in name only.
（彼は教授とは名ばかりだった）

このように叙述用法の形容詞や名詞を前に置いて「**補語＋主語＋動詞**」
の順にすることができ、主に小説などで使われます。

最後に「省略構文」とは、文脈から明らかな場合には語句の繰り返しを
避け、すでに述べた語句を省くことによって簡潔に述べる方法で、次の7
つのパターンがあるのでマスターしましょう。

4. 省略用法を使う 7 つのパターンを使いこなす！

1. **主語を対照**させる場合：状態や行為を述べた直後に「新しい主語＋助
　動詞」のみを用いて、他の部分は省略する！
□ **We can offer better service** than **they** can.
　〔offer better service を省略〕（我々は彼らより良いサービスを提供
　できる）
2. **動詞の時制や法だけを変える**場合：「主語＋新しい助動詞」のみを用い

て、他の部分は省略する！

☐ Very few of them **have enthusiasm for work**, although they know they **ought to.**

[have enthusiasm for work を省略]（そうあるべきだと分かっていても、仕事への情熱を持っている人は彼らの中にほとんどいない）

3. **not** を使った場合：2 番目の節の動詞に not を加え、その後は省略する！

☐ Some **managed to escape**, but most of them **didn't.**

[managed to escape を省略]（なんとか逃げることができた者もあったが、大部分は逃げられなかった）

4. **be** 動詞を知覚動詞（**seem**、**look**、**sound**）と対照させる場合：2 番目の節に「助動詞 + be 動詞」のみを用い、その後は省略する！

☐ "It looks like **coffee**." — "Yes, it could be".

[coffee を省略]

（コーヒーに見えるよ。—そうかもしれないね）

5. 最初の文の主詞が **have** の場合：do の代わりに have を用い、その後は省略する！

☐ You **have** more money than I **have**.

（君は僕よりお金持ちだね）

6. 2 番目の節に助動詞の **have** が含まれている場合：have の後を done にする！

☐ They say they didn't **hear** it but they **must have done**.

（彼らはそれが聞こえなかったと言っているが、聞こえていたに違いない）

7. 否定文中の助動詞 dare、**need**、**had better**、**would rather** の後の動詞を省くことが可能！

☐ "You must **tell him the truth**." — "I know, but I **dare not**."

[tell him the truth を省略]（君は彼に真実を言うべきだ。分かっているけど、あえてそうしないよ）

論理明快で力強く引き締まった英文を書くためのテクニック「主語統一」「パラレル」「倒置」「省略」構文はいかがでしたか。ぜひマスターして、インパクトのある、無駄のない英文が書けるようになりましょう。

索　引

392

編著者紹介

【編著】植田 一三（Ichy Ueda）

次代をリードする年齢・ジェンダー・国籍を超える英悟の超人（ATEP［Amortal "Transagenderace" Educational Philosophartist]）、英語最高峰資格8冠突破＆ライター養成校「Aspire School of Communication（アスパイア）」学長。英語の勉強を通して、キャリアUP・自己実現・社会貢献を目指す「英悟道」精神、"Let's enjoy the process!（陽は必ず昇る）"を教育理念に、指導歴40年で英検1級合格者を約2,800名以上輩出。出版歴36年で著書は英語・中国語・韓国語・日本語学習書と多岐に渡り120冊を超え、多くはアジア5か国で翻訳されている。ノースウェスタン大学院・テキサス大学博士課程留学後、同大学で異文化間コミュニケーションを指導。コミュニケーション学者、教育哲学者（educational philosopher）、比較言語哲学者（comparative linguistic philosopher）、世界情勢アナリスト。オックスフォード大学でSocial Entrepreneurshipコース修了後、NPO法人「JEFA（交際社会貢献人財教育支援協会）」を主宰する社会起業家（social entrepreneur）。

【著者】上田 敏子（うえだ・としこ）

アスパイア英検1級・国連英検特A級・IELTS講座講師。バーミンガム大学院（翻訳学）修了後、ケンブリッジ大学・オックスフォード大学で国際関係論コース修了。国連英検特A級、工業英検1級、英検1級、TOEIC満点、通訳案内士取得。鋭い異文化洞察と芸術的鑑識眼を活かして、教育界をリードするワンダーウーマン。主な著書に、『英語ライティング至高のテクニック36』『英語で経済・政治・社会を討論する技術と表現』（ベレ出版）、『英検®ライティング大特訓シリーズ』『IELTSスピーキング・ライティング完全攻略』（アスク出版）、『TOEFL iBT® TEST スピーキング＋ライティング完全攻略』（明日香出版社）、『英検®面接大特訓シリーズ』（Jリサーチ出版）、『英検®1級最短合格！リーディング問題完全制覇』（ジャパンタイムズ出版）、『英語で説明する日本の文化シリーズ』『英検®1級完全攻略必須単語1750』（語研）がある。

【著者】中坂あき子（なかさか・あきこ）

アスパイア英語教育書＆教材制作・翻訳部門の主力メンバー。英検1級取得。トロント大学に留学後、名門府立高校で約23年間、英語講師を務める。美学と音楽に造詣が深く、高い芸術性を教材作りとティーチングに活かした新時代のエジュケーショナルアーティスト。主な著書に『発信型英語 スーパーレベル類語使い分けマップ』『英語ライティング至高のテクニック36』（ベレ出版）、『英検1級最短合格！リーディング問題完全制覇』（ジャパンタイムズ出版）『英検®1級ライティング大特訓』『英語の議論を極める本』（アスク出版）、『英検®1級完全攻略必須単語1750』（語研）、『Take a Stance』（センゲージラーニング）など。

◉──カバーデザイン　　竹内 雄二
◉── DTP・本文図版　　ＫＤＡプリント株式会社
◉──校正協力　　仲 慶次
◉──本文イラスト　　いげた めぐみ

真の英語力を身につける英文法・語法完全マスター
しん えいごりょく み　　　　　　　えいぶんぽう　　　ごほうかんぜん

2024 年 1 月 25 日　　　初版発行

著者	植田 一三・上田 敏子・中坂 あき子
発行者	内田 真介
発行・発売	ベレ出版 〒 162-0832　東京都新宿区岩戸町 12 レベッカビル TEL.03-5225-4790　FAX.03-5225-4795 ホームページ　https://www.beret.co.jp/
印刷	三松堂 株式会社
製本	根本製本 株式会社

ISBN 978-4-86064-751-3 C2082　　　　　　　　編集担当　脇山和美